GW00792966

studio d A2

Deutsch als Fremdsprache

Kurs- und Übungsbuch | Teilband 2

von
Hermann Funk
Christina Kuhn
Silke Demme
sowie
Britta Winzer und
Carla Christiany

Phonetik:
Beate Lex und
Beate Redecker

studio d **A2**

Deutsch als Fremdsprache
Kurs- und Übungsbuch | Teilband 2

Herausgegeben von Hermann Funk

Im Auftrag des Verlages erarbeitet von Hermann Funk, Christina Kuhn, Silke Demme sowie Britta Winzer und Carla Christiany unter Mitarbeit von Christel Bettermann und Regina Werner

In Zusammenarbeit mit der Redaktion: Gertrud Deutz, Andrea Finster (verantwortliche Redakteurin) sowie Lisa Dörr; Gunther Weimann (Projektleitung)

Redaktionelle Mitarbeit: Andrea Mackensen

Phonetik: Beate Lex und Beate Redecker

Beratende Mitwirkung: Susanne Hausner, München; Andreas Klepp, Braunschweig; Ester Leibnitz, Frankfurt a. M.; Peter Panes, Schwäbisch Hall; Doris van de Sand, München; Ralf Weißer, Prag

Illustrationen: Andreas Terglane
Layoutkonzept: Christoph Schall
Layout und technische Umsetzung: Satzinform, Berlin
Umschlaggestaltung: Klein & Halm Grafikdesign, Berlin

Weitere Kursmaterialien:
Audio-CD ISBN 978-3-464-20775-8
Vokabeltaschenbuch ISBN 978-3-464-20793-2
Sprachtraining ISBN 978-3-464-20816-8
Testvorbereitungsheft A2 ISBN 978-3-06-020048-1
Video A2 (DVD mit Übungsbooklet) ISBN 978-3-464-20846-5
Übungsbooklet 10er-Paket ISBN 978-3-464-20818-2
Unterrichtsvorbereitung (Print) ISBN 978-3-464-20733-8
Unterrichtsvorbereitung interaktiv ISBN 978-3-464-20747-5
Digitaler Stoffverteilungsplaner (CD-ROM) ISBN 978-3-06-020608-7

www.cornelsen.de

Symbole

Kursraum-CD:

 Hörverstehensübung, **14** Track 14

 Ausspracheübung, **15** Track 15

Lerner-CD (im Buch):

 Hörverstehensübung, **14** Track 14

 Ausspracheübung, **15** Track 15

 Übung zur Automatisierung

 Fokus auf Form Punkt 7 in der Grammatik (Anhang)

Die Links zu externen Webseiten Dritter, die in diesem Lehrwerk angegeben sind, wurden vor Drucklegung sorgfältig auf ihre Aktualität geprüft. Der Verlag übernimmt keine Gewähr für die Aktualität und den Inhalt dieser Seiten oder solcher, die mit ihnen verlinkt sind.

1. Auflage, 5. Druck 2011

Alle Drucke dieser Auflage sind inhaltlich unverändert und können im Unterricht nebeneinander verwendet werden.

Druck: CS-Druck CornelsenStürtz, Berlin

ISBN 978-3-464-20768-0

 Inhalt gedruckt auf säurefreiem Papier aus nachhaltiger Forstwirtschaft.

studio d – Hinweise zu Ihrem Deutschlehrwerk

Liebe Deutschlernende, liebe Deutschlehrende,

Das Lehrwerk studio d erscheint in zwei Ausgaben: einer dreibändigen und einer fünfbändigen.
Sie blättern gerade im vierten Band der fünfbändigen Ausgabe. studio d orientiert sich eng an
den Niveaustufen des Gemeinsamen europäischen Referenzrahmens. Band 1 und 2 führen zur
Niveaustufe A1, Band 3 und 4 zu A2 und der fünfte Band (identisch mit dem dritten Band der
dreibändigen Ausgabe) führt Sie zum *Zertifikat Deutsch*.

Das Kursbuch und der Übungsteil studio d A2, Teilband 2

Das Kursbuch gliedert sich in sechs Einheiten mit thematischer und grammatischer Progression.
Der Übungsteil folgt unmittelbar nach jeder Kursbucheinheit und schließt mit einer Überblicks-
seite „Das kann ich auf Deutsch". In transparenten Lernsequenzen bietet studio d Ihnen Aufgaben
und Übungen für alle Fertigkeiten (Hören, Lesen, Schreiben, Sprechen). Sie werden mit interessanten Themen und Texten in den Alltag der Menschen in den deutschsprachigen Ländern eingeführt
und vergleichen ihn mit Ihren eigenen Lebenserfahrungen. Sie lernen entsprechend der Niveaustufe A2, in Alltagssituationen sprachlich zurechtzukommen und einfache gesprochene und
geschriebene Texte zu verstehen und zu schreiben. Die Erarbeitung grammatischer Strukturen ist
an Themen und Sprachhandlungen gebunden, die Ihren kommunikativen Bedürfnissen entspre-
chen. Die Art der Präsentation und die Anordnung von Übungen soll entdeckendes Lernen
fördern und Ihnen helfen, sprachliche Strukturen zu erkennen, zu verstehen und anzuwenden.
Die Lerntipps unterstützen Sie bei der Entwicklung individueller Lernstrategien. In den *Stationen*
finden Sie Materialien, mit denen Sie den Lernstoff aus den Einheiten wiederholen, vertiefen und
erweitern können.
Da viele von Ihnen die deutsche Sprache für berufliche Zwecke erlernen möchten, war es für uns
besonders wichtig, Sie mittels unterschiedlicher Szenarien in die Berufswelt sprachlich einzufüh-
ren und Ihnen Menschen mit interessanten Berufen vorzustellen.
Der Band schließt mit einem Modelltest, mit dem Sie sich auf die Prüfung *Start Deutsch 2* vorbereiten können.
Auf der Audio-CD, die dem Buch beiliegt, finden Sie alle Hörtexte des Übungsteils. So können
Sie auch zu Hause Ihr Hörverstehen und Ihre Aussprache trainieren. Im Anhang des Kursbuchs
finden Sie außerdem Partnerseiten, eine Übersicht über die Grammatik und Phonetik, eine alphabetische Wörterliste, eine Liste der unregelmäßigen Verben und die Transkripte der Hörtexte,
die nicht im Kursbuch abgedruckt sind. Der Lösungsschlüssel liegt dem Buch separat bei.

Die Audio-CDs/-Kassetten

Die separat erhältlichen Tonträger für den Kursraum enthalten alle Hörmaterialien des Kursbuch-
teils. Je mehr Sie mit den Hörmaterialien arbeiten, umso schneller werden Sie Deutsch verstehen,
außerdem verbessern Sie auch Ihre Aussprache und Sprechfähigkeit.

Das Video

Der Spielfilm zum Deutschlernen kann im Unterricht oder zu Hause bearbeitet werden. Im Video
begleiten Sie die Protagonisten auf eine Recherchereise durch Hamburg und gewinnen mit ihnen
viele Eindrücke von unterschiedlichen Regionen Deutschlands. Die Übungen zum Video finden
Sie in den Stationen. Weitere Übungen finden Sie im Booklet und auf der CD-ROM *Unterrichtsvorbereitung interaktiv*.

Das Sprachtraining und die Lerner-CD-ROM

Umfangreiche Materialien für alle, die noch intensiver im Unterricht oder zu Hause üben möchten.

Das Vokabeltaschenbuch

Hier finden Sie alle neuen Wörter in der Reihenfolge ihres ersten Auftretens.

Wir wünschen Ihnen viel Spaß und Erfolg beim Deutschlernen mit studio d!

Inhalt

4

vier

Teilband 1

Grammatik	Aussprache	Lernen lernen
Nebensätze mit *weil* Komparation mit *wie* und *als* Superlativ: *am höchsten, am weitesten*	deutsche Wörter erkennen der Wortakzent	englische Wörter und Inter- nationalismen zum Lernen nutzen
Possessivartikel im Dativ Adjektive im Dativ Nebensätze mit *dass* Genitiv-*s*	Konsonanten: [b, v, m]; Endung -*er*	eine Grafik auswerten selektive Textauswertung
Modalverb *sollen*	s-Laute: [z, s, ts]	Hörverstehen: Hypothesen testen

Videostation 1, Magazin: Mehrsprachigkeit und Sprachen lernen

Grammatik	Aussprache	Lernen lernen
Reflexivpronomen: *sich ausruhen* Zeitadverbien: *zuerst, dann, danach* Verben mit Präpositionen: *sich ärgern über* Indefinita *niemand, wenige, viele, alle*	Aussprache emotional mar- kieren	mit Wörternetzen arbeiten Lerntechnik Wörterpaare Lesestrategie: Texte durch Zahlen erschließen
indirekte Fragen im Nebensatz: *ob*-Sätze / indirekte W-Fragen Adjektive ohne Artikel: Nominativ und Akkusativ	Vokal und *h* am Silbenanfang	Wortschatz nach Kategorien ordnen
Personalpronomen im Dativ: *mit dir, mit ihm* Relativsatz, Relativpronomen im Nominativ und Akkusativ	Aussprache von Konsonanten- häufungen	Lesestrategie: schnelles Lesen

Evaluation, Videostation 2, Magazin: Geschichten und Gedichte

Unregelmäßige Verben; Hörtexte; Lösungen

Inhalt

Themen und Texte **Sprachhandlungen**

Grammatik	Aussprache	Lernen lernen
Modalverben im Präteritum Nebensätze mit *als*	der „sch"-Laut	Wortfeldarbeit
Zeitadverbien: *damals, früher / heute, jetzt* Verben im Präteritum: *er lebte, ich arbeitete, es gab* Perfekt und Präteritum – gesprochene und geschriebene Sprache	Theaterintonation	einen Redemittelkasten selbst schreiben Regeln erkennen
Sätze verbinden mit *denn – weil* das Verb *werden* Nominalisierungen: *wohnen – die Wohn-ung, lesen – das Lesen* Wünsche/Höflichkeit: *hätte, könnte*	„Zwielaute": z. B.: *ei, eu, au*	Wortschatz systematisch: mit Wortfeldern und Wort- familien arbeiten Nomen und Verben verknüpfen

Evaluation, Videostation 3, Magazin: Tiere in der Zeitung

Grammatik	Aussprache	Lernen lernen
Präpositionen mit Dativ Verben mit Dativ Verben mit Dativ- und Akkusativ- ergänzung Bedingungen und Folgen: Nebensätze mit *wenn*	Konsonanten üben: „scharf flüstern"	eine Grafik ergänzen Lernen mit Merkversen
Indefinita: *einige, manche* Wechselpräpositionen Verben mit Akkusativ / Verben mit Dativ: *legen/liegen* Texte lesen: Genitiv verstehen Relativsätze: *in, mit* + Dativ	Emotionale Intonation Laute dehnen	mit einer Textgrafik arbeiten mit der Uhr lernen
Nebensätze mit *um zu / damit* Vorgänge beschreiben: Passiv mit *werden/wurden*	Akzent und Textgliederung	Sachinformationen in einer Tabelle sammeln

Spiel: Mit 30 Fragen durch studio d A2; Videostation 4; Magazin: Weihnachtsseite

1 Stadtleben oder Landluft?

1 Stadt oder Land?

Sehen Sie sich die Fotos an und sammeln Sie: Was gehört für Sie zum Leben in der Stadt und was zum Leben auf dem Land?

Stadt	Land
die U-Bahn	*die Tiere*

das Krankenhaus
die Tiere, die Kuh
das Konzert, die Kultur
die Fußgängerzone
die Natur, der Waldweg
der Traktor
das Hochhaus
der Verkehrsstau
die Luftverschmutzung
in die Stadt / aufs Land ziehen
draußen spielen
im Garten grillen
…

2 Umzüge. Lesen Sie die
Ü1 Texte und notieren Sie die Gründe für die Umzüge von Familie Leuther und von Familie Hanika.

Dagmar und Jens Leuther wollten schon lange aus Berlin weg: zu viele Menschen, zu volle Straßen, zu schlechte Luft und vor allem zu viel Stress für die Kinder. Doch Familie Leuther konnte erst jetzt mit ihren Kindern Lars (6) und Frida (4) aufs Land ziehen. Jens ist selbstständig und arbeitet zu Hause am PC. Dagmar arbeitet im Sportforum in Berlin-
5 Hohenschönhausen. Familie Leuther lebt jetzt seit einem halben Jahr in Buckow, einem kleinen Ort in der Märkischen Schweiz, ca. 50 km östlich von Berlin. Mit dem Auto braucht Dagmar eine knappe Stunde nach Hohenschönhausen. Lars geht in Buckow in die Grundschule, und für Frida mussten sie schnell einen Platz im Kindergarten finden. Buckow liegt sehr schön zwischen zwei Seen, und gleich neben ihrem Haus ist ein Bauern-
10 hof. Hühner, Kühe, Pferde – das ist toll für die Kinder. Lars hat jetzt eine kleine Katze.

Hier lernen Sie

▶ über das Stadt- und Landleben sprechen
▶ Wohnungsanzeigen lesen und auswerten
▶ nach einer Wohnung fragen
▶ einen Umzug planen
▶ über Unfälle im Haushalt berichten
▶ Modalverben im Präteritum
▶ Nebensätze mit *als*
▶ der „sch"-Laut

Einheit 7

9

neun

Eigentlich wollten Annette und Heiko Hanika in eine Stadt im Norden ziehen, wie Hamburg oder Kiel. Aber Heiko hat dort keine Stelle gefunden. Sie haben lange bei Annettes Eltern in einem kleinen Ort in der Nähe von Güstrow gewohnt, weil sie nicht viel Geld hatten. Heiko war arbeitslos und Annette wollte ihre Banklehre in Rostock beenden.
5 Als Heiko dann endlich eine Stelle bei der Stuttgarter Zeitung hatte, mussten sie in Stuttgart eine Wohnung suchen und konnten umziehen. Das war gut, weil das Zusammenleben mit Annettes Eltern und das Landleben nicht das Richtige für sie waren. Stuttgart finden sie super: Man kann gut einkaufen, es gibt ein großes Kulturangebot und viele junge Menschen.

2

2 In Stuttgart und in Buckow

1 **Nach dem Umzug.** Dagmar und Jens kennen Annette und Heiko aus dem Urlaub. Sie treffen sich in einem Restaurant.

a) Vor dem Hören: Lesen Sie die Vor- und Nachteile zum Leben in der Stadt und auf dem Land.

2

b) Hören Sie das Gespräch zweimal. Kreuzen Sie an: Welche Vor- und Nachteile nennen die beiden Paare?

	Land	**Stadt**
Vorteile	▨ billigere Mieten	▨ interessantes Nachtleben
	▨ mehr Platz für Kinder	▨ S- und U-Bahn
	▨ Haustiere	▨ gutes Kinoprogramm
	▨ Natur	▨ viele Geschäfte
Nachteile	▨ lange Fahrten zum Arbeitsplatz	▨ schlechte Luft
	▨ weniger Kulturangebote	▨ Lärm
	▨ keinen Flughafen	▨ höhere Mieten
	▨ schlechte Busverbindung	▨ keinen Garten

2 **Dialekt.** So sprechen viele Menschen in Stuttgart und Umgebung. Hören Sie den Dialog. Welche Laute fallen Ihnen auf?
3

3 *„Sch"-Laut.* Sprechen Sie nach. Machen Sie die Lippen rund.
4

4 **Stadt oder Land?** Vor- und Nachteile in Ihrem Land. Vergleichen Sie.
Ü2-3

Redemittel	**Vor- und Nachteile nennen**
	Ich lebe lieber / Ich finde es schöner auf dem Land / in der Stadt, weil … Ein Vorteil/Nachteil ist, dass … Für mich ist es (un)wichtig, dass …

Bei uns ist der Unterschied zwischen Stadt und Land viel größer als in Deutschland. Die meisten Menschen möchten gern in der Stadt leben. Auf dem Land gibt es zu wenig Arbeit.

5 **Das Ideal.** Lesen Sie das Gedicht. Beschreiben Sie Ihr Ideal.

Das Ideal

Ja, das möchste:
Eine Villa im Grünen mit großer Terrasse,
vorn die Ostsee, hinten die Friedrichstraße;
mit schöner Aussicht, ländlich-mondän,
vom Badezimmer ist die Zugspitze zu sehn –
aber abends zum Kino hast dus nicht weit.

Das Ganze schlicht, voller Bescheidenheit.
…

Kurt Tucholsky

6 Modalverben im Präteritum

a) Markieren Sie die Modalverben in den Texten auf Seite 8 und 9.

b) Lesen Sie die Beispiele und ergänzen Sie die Tabelle.

In Berlin durften wir keine Haustiere haben. Jetzt haben wir eine Katze.
In Berlin konnte ich oft ins Theater gehen. Jetzt gehe ich nicht mehr ins Theater.
In Berlin wollten sie eine Wohnung mit Balkon. Jetzt haben sie ein Haus mit Garten.

Grammatik		müssen	dürfen	können	wollen
	ich	musste			wollte
	du		durftest		
	er/sie/es/man				
	wir				
	ihr		durftet		
	sie/Sie				

> **!** Die **Modalverben im Präteritum** haben keinen Umlaut – aber immer ein *t*:
>
> wir konnten / ihr musstet / sie durften

7 Partnerinterview. Erinnern Sie sich? Interviewen Sie Ihren Partner / Ihre Partnerin und berichten Sie.

Durftest du mit 16 allein ausgehen?
Wann musstest du in deiner Schulzeit morgens aufstehen?
Durftest du mit 17 Auto fahren?
Wie viele Sprachen konntest du mit 13 sprechen?

Ja.

Um ...

8 Mit 6, 14, 18, 24 ... Jahren. Schreiben Sie auf und berichten Sie: Was konnten/wollten/durften oder mussten Sie (nicht) tun?

Mit sechs wollte ich groß sein.

Mit 14 musste ich pünktlich zu Hause sein.

Mit 18 durfte ich alles!

Mit 24 konnte ich endlich die Welt sehen.

3 Nebensätze mit *als*

 1 Struktur. Lesen und vergleichen Sie.

3 Ü5

	Position 2	
Lars	konnte	schon laufen, **als** er ein Jahr alt war.
Als er ein Jahr alt war,	konnte	Lars schon laufen.
Annika	hat	geheiratet, als sie 20 war.
Als Annika 20 war,	hat	sie geheiratet.

2 Lügen

 a) Hören Sie die Beispiele.

5

■ Ich konnte schon Fahrrad fahren, als ich drei war.
◆ Ach was!
■ Doch, als ich drei war, konnte ich schon Fahrrad fahren.

■ Ich hatte meine erste Million, als ich zwanzig war.
◆ Wie bitte?
■ Doch, als ich 20 war, hatte ich meine erste Million.

b) Sprechen Sie im Kurs.

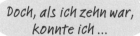
Ich konnte Auto fahren, als ich zehn war.

Ach was!

Doch, als ich zehn war, konnte ich ...

c) Und Sie? Lügen Sie.

3 Wie alt waren Sie? Berichten Sie im Kurs.

Ü6

die Schule verlassen –
den ersten Job haben –
die erste Auslandsreise gemacht –
den Deutschkurs angefangen –
geheiratet –
die erste Wohnung haben –
...

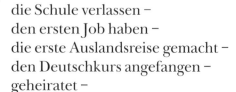
Als ich 16 war, habe ich die Schule verlassen.

Ich hatte ...

4 Auf Wohnungssuche

1 **Wohnungsanzeigen lesen.** Finden Sie die Informationen zu den Fragen.

Ü7

1. Wie groß ist die größte Wohnung?
2. Wie teuer ist die billigste Wohnung?
3. Welche Wohnung liegt in der Nähe vom Hauptbahnhof?
4. Welche Wohnung hat einen Balkon?
5. Zu welcher Wohnung gehört eine Terrasse?

a

Stuttgart/Feuerbach, schöne AB-Whg. Wfl. 70 m². 3 ZKB, Terrasse, Keller, ca. 5 Min. zur S-Bahn. Kaltmiete: Euro 770,– + NK, KT: Euro 770,–. Frisch Immobilien, Goetheplatz 4, 70374 Bad Cannstatt, Tel. 0711-30 22 566

Stuttgart/Möhringen, 2 Zi., Wfl. 45 m², Miete: 415,– Euro, Garage, BLK, ideal für Flughafenpersonal, Infos unter ☎ 0711/88855

b

Stuttgart/Zentrum, 2-Zi.-Whg, NB, 44,50 m², 565,– Miete + 110 Euro NK, KT: 1 Monatsmiete, Immobilien Stuttgart, ✆ 0711/34 35 33

Stuttgart, 1-Zi.-EG-Whg., möbliert, Euro 365 (plus NK 60,00), Wfl. ca. 20 m², kein BLK, ruhige, zentrale Lage, Keller u. Stellplatz, 10 Min. zum Hbf., Rufen Sie uns an: Tel. 0711/674843 Fax: 0711/674844

c   d

Abkürzungen	
Whg.	Wohnung
1 Zi.	Zimmer
AB	Altbau
NB	Neubau
EG	Erdgeschoss
DG	Dachgeschoss
3 ZKB	3 Zimmer und Küche, Bad
KT	Kaution
BLK	Balkon
Wfl.	Wohnfläche
NK	Nebenkosten
Hbf.	Hauptbahnhof

2 **Informationen erfragen und eine Wohnungsbesichtigung vereinbaren**

6

a) Hören Sie die Telefongespräche. Zu welchen Anzeigen aus Aufgabe 1 passen sie?

b) Hören Sie die Gespräche noch einmal und sammeln Sie Informationen.

Herr Bendermacher	Frau Pierolt
Kaution:	*nur für Berufstätige* ....

3 **Partnerspiel: Nach einer Wohnung fragen.** Sie sind Spieler/in 1. Ihr Partner /

Ü8-9 Ihre Partnerin arbeitet mit der Seite 112. Fragen Sie nach Wohnung a) und benutzen Sie die Redemittel. Beantworten Sie dann die Fragen von Spieler/in 2 zu b).

a

Ruhige, sonnige Whg. im Zentrum Stuttgart zu vermieten. Tel.: 735591

2 ZKB, ab 01.05. frei, 62 m²
€ 350 + 75 NK + 1 Monatsmiete KT, kein BLK, im Zentrum, Nähe Hbf. Besichtigung So. zw. 9 und 11 Uhr

b

Guten Tag. Ich habe Ihre Anzeige gelesen. Ist die Wohnung noch frei?

nach Informationen zu einer Wohnung fragen

Ich interessiere mich für die Wohnung in der Anzeige ...
Wie viele Quadratmeter/Zimmer hat die Wohnung?
Wo liegt die Wohnung / das Haus? Liegt die Wohnung zentral?
Wie hoch ist die Miete? / ... sind die Nebenkosten?
Muss man eine Kaution bezahlen?
Hat die Wohnung eine/einen ...
(Wann) Kann ich mir die Wohnung ansehen / die Wohnung besichtigen?

Redemittel

5 Der Umzug

1 **Die Umzugscheckliste.**
Sie planen einen Umzug. Die Checkliste hilft. Was haben Sie schon
gemacht, was müssen Sie noch tun?
Schreiben Sie Sätze.

Umzugs-checkliste

Kinder Babysitter für den Umzugstag organisieren	☐
Umzugskartons besorgen	☑
Lkw mieten	☐
Freunde um Hilfe bitten	☑
Packen • Sachen sortieren	☐
• Hausrat einpacken	☐
• Kartons beschriften (Inhalt/Zimmer)	☐
Extrakartons packen für • Babybedarf	☐
• Verpflegung und Getränke für die Helfer	☐
• Waschzeug	☐
• wichtige Medikamente	☑
Parkplatz vor dem alten und vor dem neuen Haus reservieren	

Wir haben schon viele Freunde um Hilfe gebeten.

Wir müssen noch einen Baby-sitter organisieren.

2 **Mein letzter Umzug.**
Berichten Sie über Ihren
letzten Umzug.

Ich-Texte schreiben

Mein letzter Umzug war ...
Als ich das letzte Mal umgezogen bin, ...
Vor ... Jahren bin ich ...

3 **Meine vier Wände**

7

a) Hören Sie das Lied.
Was ist dem Sänger
wichtig?

b) Beschreiben Sie Ihre
vier Wände.

Vier Wände

Vier Wände
Meine vier Wände
Ich brauch meine vier Wände für mich
Die mich schützen vor Regen und Wind
Wo ich nur sein muss wie ich wirklich bin

Vier Wände ...

Eine Wand für mein Klavier
Eine Wand für ein Bild von dir
Eine Wand für eine Tür
Sonst kommst du ja nicht zu mir

Vier Wände ...

Eine Wand für ein Bett nicht zu klein
Eine Wand für den Tisch mit dem Wein
Eine Wand für den Sonnenschein
Denn bei mir soll's nicht dunkel sein

Vier Wände
Meine vier Wände
Ich brauch meine vier Wände für mich
...

Rio Reiser

6 Erste Hilfe

1 Was tun, wenn …? Ordnen Sie zu.

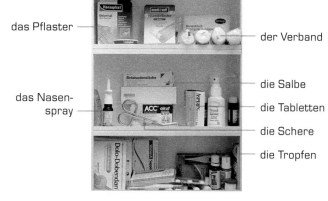

das Pflaster — der Verband

das Nasen-spray — die Salbe
— die Tabletten
— die Schere
— die Tropfen

die Hausapotheke

 Sie haben sich am Kopf gestoßen. **1**

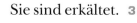 Ihr Kollege hat sich das Bein gebrochen. **2**

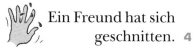 Sie sind erkältet. **3**

 Ein Freund hat sich geschnitten. **4**

Ein Kind hat sich an der Hand verbrannt. **5**

a Sie machen einen Tee mit Zitrone.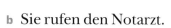

b Sie rufen den Notarzt.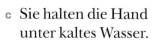

c Sie halten die Hand unter kaltes Wasser.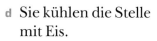

d Sie kühlen die Stelle mit Eis.

e Sie reinigen die Wunde und kleben ein Pflaster auf die Stelle.

2 Der Unfall
Ü 10–11

a) Dagmar und Jens sehen fern. Was passiert? Bringen Sie die Fotos in die richtige Reihenfolge.

1. ▦
2. ▦
3. ▦
4. ▦

b) Wer sagt was? Ordnen Sie zu. Dann kontrollieren Sie mit der CD.
8

Dagmar   Jens

1. Ich bin ein Fan vom „Marienhof". Gestern haben wir uns wieder eine Folge angesehen und ich habe dabei Abendbrot gemacht. ▦ ▦
2. Dann war die Hochzeitsszene – und da habe ich mich geschnitten. ▦ ▦
3. Mir ist ganz schlecht geworden, als ich das Blut gesehen habe. ▦ ▦
4. Ja, aber losgerannt bist du trotzdem. ▦ ▦
5. Und wir hatten sogar Pflaster und Salbe in der Hausapotheke. ▦ ▦

1 **Hamburg und Altendonop**

a) Lesen Sie die Texte. Welche Wörter aus den Texten passen?

Hamburg

1. So nennt man den Norden Deutschlands.   *Norddeutschland* ....

2. Dort starten und landen Flugzeuge.   ....

3. Dort treffen sich viele Bahnlinien.   ....

4. Dort sind viele Firmen und Industrie.   ....

5. Dort kommen Schiffe an.   ....

Altendonop

1. Dort verkauft man Obst und Gemüse.   ....

2. Das ist das Zentrum im Dorf.   ....

3. Dort hat man Zugang zur Autobahn.   ....

4. Nordrhein-Westfalen ist ein ...   .

5. Das bekommt man für sehr gute Ergebnisse.   ....

HAMBURG

Lage: Hamburg liegt in Norddeutschland und ist wie Bremen und Berlin ein Bundesland.
Hamburg in Zahlen: In Hamburg leben rund 1 738 000 Menschen. Damit ist Hamburg hinter Berlin die zweitgrößte Stadt Deutschlands. Die Stadt ist ein wichtiger Industriestandort in Deutschland.

Verkehr: Hamburg ist der größte Eisenbahnknotenpunkt in ganz Nordeuropa und hat den ältesten Flughafen Deutschlands. Der Hamburger Hafen – „Hamburgs Tor zur Welt" – ist der größte Seehafen in Deutschland.
Kultur erleben: Hamburg ist Deutschlands Musical-Metropole Nr. 1! Sehr erfolgreich sind die Musicals „König der Löwen" und „Mamma Mia!". Die Stadt hat zehn Theater und über 50 Museen. Weltbekannt ist das Hamburger Ballett.
Sie können in über 3 500 Restaurants essen gehen, und abends warten 430 Bars und Kneipen auf Ihren Besuch!
Informationen: Lesen Sie mehr über Hamburg unter www.hamburg.de.

ALTENDONOP

Lage: Altendonop ist ein kleines Dorf bei Blomberg im Bundesland Nordrhein-Westfalen.
Altendonop in Zahlen: Altendonop hat 275 Einwohnerinnen und Einwohner. Das Dorf liegt sehr idyllisch am Wald. 2001 hat es im Wettbewerb „Unser Dorf soll schöner werden" einen Preis bekommen.
Verkehr: Altendonop hat keinen direkten Autobahnanschluss und auch keinen Bahnhof. Sie müssen mit dem Auto oder mit dem Bus über die Landstraße anreisen.

Kultur und Natur erleben: In Altendonop verbinden sich Kultur und Natur. Feiern Sie mit den Dorfbewohnern auf dem neuen Dorfplatz! Besuchen Sie den Bauernmarkt und kaufen Sie dort frisches Obst und Gemüse direkt aus dem Garten. Ein Muss ist das Restaurant in Altendonop. Probieren Sie hier auch den Wein, den man im Dorf macht.
Besonders schön ist die grüne Umgebung von Altendonop. Hier kann man reiten, wandern und sich in der Natur entspannen.
Informationen: Lesen Sie mehr über Altendonop unter www.altendonop.de.

b) Sammeln Sie Informationen zu den beiden Orten.

	Hamburg	Altendonop
Einwohner	....	....
Lage	....	....
Verkehr	....	....
...		

2 **Klangbilder**

a) Hören Sie die Toncollage. Wo ist das? Ordnen Sie zu.

in der Natur – auf dem Bahnhof – im Café – auf dem Bauernhof

1. .... 3. ....

2. .... 4. ....

b) Finden Sie mehr Wörter.

1. im Café

der Kaffee, der Kuchen, die Kellnerin ....

2. in der Natur

....

3. auf dem Bahnhof

....

4. auf dem Bauernhof

....

3 **Stadt und Land.** Finden Sie ein Wort zu jedem Buchstaben.

S
T
der B A HNHOF
D
T

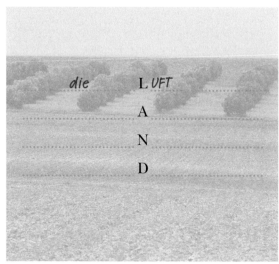

die L UFT
A
N
D

4 **Als Kind auf dem Land.** Ergänzen Sie *dürfen* und *müssen* im Präteritum.

Als ich sieben Jahre alt war, ...¹ ich immer sehr früh ins Bett

gehen. Meine drei älteren Brüder ....² länger wach bleiben und

fernsehen. Wir haben auf einem Bauernhof gewohnt und hatten viel Arbeit.

Meine Mutter ....³ jeden

Tag den Haushalt machen und wir Kinder

....⁴ nach der Schule

unserem Vater auf dem Bauernhof helfen.

Im Sommer ....⁵ wir aber

viel draußen spielen. Das war toll! Mein Vater

....⁶ jeden Tag die Tiere

füttern und auf dem Feld arbeiten. Als ich fünf Jahre alt war, ...⁷

ich das erste Mal auf dem Traktor mitfahren. Das vergesse ich nie!

5 **Haupt- und Nebensatz erkennen.** Markieren Sie die Nominativergänzung
im Hauptsatz.

1. Als ich fünf war, konnte | ich | schon lesen.

2. Sie wollte Musik studieren, als sie das Abitur hatte.

3. Als er das erste Mal in Hamburg war, war er begeistert.

4. Als du vier Jahre alt warst, konntest du schon Gitarre spielen.

5. Wir sind oft mit den Eltern nach Hamburg gefahren, als wir Kinder waren.

6 **Nebensätze mit *als*.** Schreiben Sie Sätze.

1. konnte – Ellen – rechnen – schon,   fünf Jahre alt – als – war – sie
   Ellen konnte schon rechnen, als sie fünf Jahre alt war.

2. schon – wollte – Computer – spielen – Thomas,   drei Jahre alt – als – war – er.
   Thomas

3. waren – auf der Musikschule – Als – sie,   viel Klavier – spielen – sie – mussten.
   Als

4. allein – das erste Mal – Du – durftest – fliegen,   als – 14 Jahre alt – du – warst.
   Du

5. 65 Jahre alt – Als – war – sie,   endlich – Hannelore – studieren – konnte.
   Als

6. wir – Als – geheiratet haben,   schon ein Kind – hatten – wir.
   Als

7 **Wohnungsanzeigen verstehen.** Kennen Sie die Abkürzungen? Schreiben Sie die
Wörter in das Rätsel. Wie heißt das Lösungswort?

1. NB
2. qm
3. Zi.
4. Min.
5. EG
6. NK
7. Wfl.
8. Hbf.
9. KT
10. BLK
11. DG

Rätsel:
1. _ _ _ _ U _ _
2. _ _ _ _ _ _
3. _ _ _ G _ _
4. M I N U T E N
5. _ _ _ G _ _
6. _ _ _ _ C _ _
7. _ _ _ _ C _ _
8. _ _ _ _ _ A _
9. _ _ _ A _ _
10. _ _ _ _ _
11. A C H _ _ S

NEBENKOSTEN

8 **Wohnungsinformationen per E-Mail.** Ergänzen Sie den Text. Die Wörter helfen.

Nebenkosten – Wohnfläche – Balkon – ersten Stock – Kaution – Keller

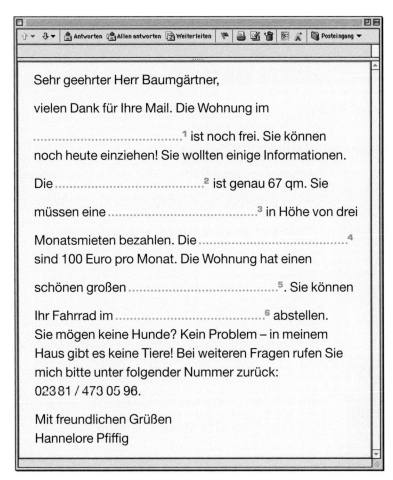

Antworten Allen antworten Weiterleiten   Posteingang ▼

Sehr geehrter Herr Baumgärtner,

vielen Dank für Ihre Mail. Die Wohnung im

.......................¹ ist noch frei. Sie können
noch heute einziehen! Sie wollten einige Informationen.

Die ....² ist genau 67 qm. Sie

müssen eine ....³ in Höhe von drei

Monatsmieten bezahlen. Die ....⁴
sind 100 Euro pro Monat. Die Wohnung hat einen

schönen großen ....⁵. Sie können

Ihr Fahrrad im ....⁶ abstellen.
Sie mögen keine Hunde? Kein Problem – in meinem
Haus gibt es keine Tiere! Bei weiteren Fragen rufen Sie
mich bitte unter folgender Nummer zurück:
02381 / 473 05 96.

Mit freundlichen Grüßen
Hannelore Pfiffig

Hamm/Pelkum, Nähe Selbachpark
NB, 1. Stock, 3 Zi.,
Miete 380 € + NK, KT.
Infos: hpfiffig@web.de

KELLER
UNTER
WASSER

9 **Nach einer Wohnung fragen.** Sie haben die Antwort von Hannelore Pfiffig gelesen.
Was hat Herr Baumgärtner gefragt? Schreiben Sie.

1. Ist die Wohnung im ersten Stock noch frei?

10 **Ein Rettungssanitäter berichtet.** Hören Sie das Interview.
³ **Was ist richtig? Kreuzen Sie an.**

1. ▦ Herr Renner ist Notarzt.
2. ▦ Herta BSC spielt gegen den VfL Wolfsburg.
3. ▦ Herr Renner mag Fußball nicht besonders.
4. ▦ Herr Renner musste bei der Fußball-WM arbeiten.
5. ▦ Herr Renner arbeitet nur im Stadion.
6. ▦ Sein Beruf ist manchmal stressig.
7. ▦ Im Sommer haben viele Leute Probleme mit den hohen Temperaturen.
8. ▦ Herr Renner lernt viele bekannte Fußballspieler kennen.

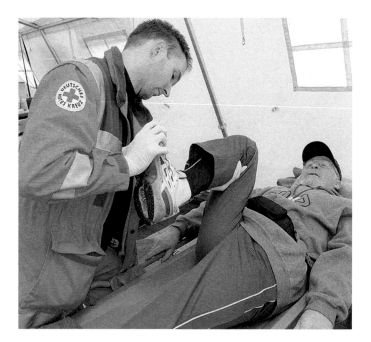

11 **Die meisten Unfälle passieren im Haushalt.** Ergänzen Sie die Verben.

halten – gestoßen – vergessen – ~~backen~~ – verbrannt – geschnitten – kühlen

Letzte Woche hat mich meine Freundin Andrea zum Kaffee eingeladen. Wir wollten zusammen einen Kuchen ....*backen*............¹. Weil wir so viel geredet haben, hat Andrea den Kuchen im Ofen ....². Sie wollte den Kuchen ganz schnell aus dem Ofen holen und hat sich ....³. Sie musste die Hand lange unter kaltes Wasser ....⁴. Der Kuchen war sehr dunkel. Sie wollte ihn in Stücke schneiden und hat sich mit einem Messer in den Finger ....⁵. Als ich ein Pflaster für die Wunde gesucht habe, habe ich mich am Kopf ....⁶. Das hat sehr weh getan. Ich konnte meinen Kopf aber nicht ....⁷, weil kein Eis im Kühlschrank war! Danach wollten wir keinen Kuchen mehr essen.

Das kann ich auf Deutsch

sagen, warum man in der Stadt / auf dem Land lebt

Ich lebe in der Stadt, weil der Weg zur Arbeit kurz ist. / ..., weil ich gern ausgehe.
Ich lebe auf dem Land, weil ich die Natur mag. / ..., weil wir Kinder haben.

Vor- und Nachteile von Stadt- und Landleben nennen

Ich lebe lieber auf dem Land. Die Mieten sind billiger.
Ich finde es schön, dass es in der Stadt viele Geschäfte gibt.
Ein Nachteil ist, dass in der Stadt die Luft oft schlecht ist.

nach einer Wohnung fragen

Wie viele Zimmer hat die Wohnung?
Wie hoch ist die Miete?

einen Umzug planen

Wir haben eine Checkliste gemacht.
Wir haben alles in Kartons gepackt.

Wortfelder

Landleben

der Bauernhof – die Tiere –
die Natur – der Wald

Wohnungssuche

die Wohnungsanzeige / Abkürzungen in
Anzeigen: BLK – Balkon, KT – Kaution,
NK – Nebenkosten

Erste Hilfe

das Pflaster, die Salbe, der Verband, die Schere / mit Eis kühlen

Grammatik

Modalverben im Präteritum

Wir **wollten** gern in der Stadt leben. – Auf dem Dorf **konnten** wir selten ausgehen.
Die Kinder **durften** nicht allein in den Kindergarten gehen.
Annette und Heiko **mussten** bei den Eltern wohnen.

Nebensätze mit *als*

Als ich zwölf **war**, musste ich schon auf dem Bauernhof helfen.
Ich konnte schon lesen, **als** ich im Kindergarten **war**.

Aussprache

Der „sch"-Laut: Stuttgart, Schule, Haltestelle

Laut lesen und lernen

4

Wo liegt die Wohnung? Hat das Haus einen Garten? Können wir die Wohnung
besichtigen? Mit dem Auto brauche ich eine halbe Stunde zur Arbeit.
Ruf schnell den Notarzt! Hilfe!

Kultur erleben

1 Kulturhauptstädte Europas

1 **Städte und Kultur.** Was sehen Sie auf den
Fotos? Sammeln Sie Wörter zum Begriff *Kultur*
und ergänzen Sie das Assoziogramm.

Theater —————————⟨ Kultur ⟩

2 Lesen Sie den Text und ergänzen Sie das Assoziogramm aus Aufgabe 1.

1985 wählte man zum ersten Mal in Europa eine Stadt zur *Kulturstadt Europas* (seit
2005 heißt es *Kulturhauptstadt*). Die griechische Kulturministerin Melina Mercouri
machte damals den Vorschlag. Sie wollte, dass sich Menschen aus verschiedenen
Ländern und Kulturen besser kennen lernen. 1985 wählte man Athen. Danach hatten
5 noch viele andere europäische Großstädte diesen Titel.
Weimar war 1999 die erste deutsche Kleinstadt, die den Titel bekam. Die österreichische Stadt Graz startete als Kulturstadt 2003 mit einem großen Theaterfestival in
einer alten Fabrik. Es gab rund 1000 Ausstellungen, Opern- und Theateraufführun-
gen, Konzerte, Lesungen und andere Veranstaltungen. 2001 waren Rotterdam und
10 Porto die Kulturstädte Europas. Die Innenstädte und die Häfen waren große Open-
Air-Bühnen für Opern, Rock-Konzerte und Literaturfestivals. 2005 zeigten in Cork
Künstler aus neun europäischen Ländern ihre Arbeiten in einer gemeinsamen
Ausstellung. Jedes Jahr bewerben sich viele Städte, weil der Titel *Kulturhauptstadt*
einige Vorteile bringt: Geld von der Europäischen Union und viele Touristen, die
15 die Stadt besuchen.

1985 Athen	1986 Florenz	1987 Amsterdam	1988 Berlin	1989 Paris	199
1996 Kopenhagen	1997 Thessaloniki	1998 Stockholm	1999 Weimar	200
2001 Rotterdam und Porto	2002 Brügge und Salamanca	2003 Graz	2004 Genua u

Bauhaus Weimar

Hier lernen Sie

▶ über kulturelle Interessen sprechen
▶ ein Programm für eine Stadtbesichtigung planen
▶ einen Theaterbesuch organisieren
▶ über Vergangenes sprechen und schreiben
▶ Zeitadverbien: *damals, früher / heute, jetzt*
▶ Verben im Präteritum: *er lebte, ich arbeitete, es gab*
▶ Theaterintonation

3 **Über kulturelle Interessen sprechen.** Fragen und antworten Sie.

Redemittel

so können Sie fragen	so können Sie antworten
Waren Sie schon mal auf einem Rock-Konzert?	Ja, ich gehe oft in Konzerte.
Gehen Sie gern ins Theater?	Nein, ich gehe selten/nie ins ...
Mögen Sie Mozart?/Musicals?	Nein, das interessiert mich nicht.
Interessieren Sie sich für ...?	Ja, ich bin ein Fan von ...

4 **Meine Kulturhauptstadt.** Wählen Sie eine Stadt aus Ihrem Land.
Begründen Sie Ihre Wahl zur Kulturhauptstadt.

Ich schlage ... vor, weil
- die Stadt eine interessante Geschichte hat.
- die Stadt viele Partnerstädte hat.
- es dort viele Theater- und Kunstfestivals gibt.
- ...

lasgow   1991 Dublin   1992 Madrid   1993 Antwerpen   1994 Lissabon   1995 Luxemburg

vignon, Bergen, Bologna, Brüssel, Helsinki, Krakau, Prag, Reykjavik und Santiago de Compostela

ille   2005 Cork   2006 Patras   2007 Luxemburg und Sibiu   2008 Liverpool und Stavanger

2 Weimar – gestern und heute

1 Touristen in Weimar

Ü1

Jedes Jahr kommen vier Millionen Touristen nach Weimar. Die *Thüringische Landeszeitung* hat Touristen gefragt: „Warum sind Sie in Weimar?"

a) Lesen Sie die Texte und ergänzen Sie die Tabelle.

Name	Gründe
....	....

Yuka aus Japan: Ich bin geschäftlich in Deutschland. Meine Firma hat ein Büro in Düsseldorf. Über Weimar habe ich zu Hause von Freunden viel gehört. Das hat mich neugierig gemacht, ich wollte mir das einfach alles mal ansehen: Goethes Wohnhaus, das Schillerhaus und die Herzogin-Anna-Amalia-Bibliothek. Und natürlich gehe ich ins Deutsche Nationaltheater!

Krzysztyna aus Polen: Ich wollte unbedingt an die Hochschule für Musik und im Sommer an den „Weimarer Meisterkursen" für Klavier teilnehmen. Hier lehren international bekannte Musiker. Das finde ich toll! Und im Liszthaus war ich auch schon. Ich wollte doch den Flügel von Liszt sehen!
Ja, und dass Johann Sebastian Bach früher hier gelebt hat, wusste ich auch nicht. Heute Abend gehe ich zum Orgelkonzert in die Herderkirche.

Brian aus den USA: Meine Hobbys sind Architektur und Design. Ich komme gerade aus dem Bauhausmuseum und bin total begeistert! Ich lebe in New York, da gab es im letzten Jahr auch eine Ausstellung von Feininger und Gropius. Und da habe ich gedacht, dass ich bei meiner nächsten Europareise Weimar unbedingt mit einplanen muss. Das hat sich auf jeden Fall gelohnt! Jetzt muss ich weiter, ich habe noch einen Termin an der Bauhaus-Universität.

b) Berichten Sie im Kurs.

Yuka möchte ...   Krzysztyna wollte ...   Brian interessiert sich für ...

2 Weimar zu Fuß

9

a) Hören Sie, was die Reiseleiterin erklärt. Suchen Sie die Sehenswürdigkeiten und zeichnen Sie die Route auf dem Stadtplan ein.

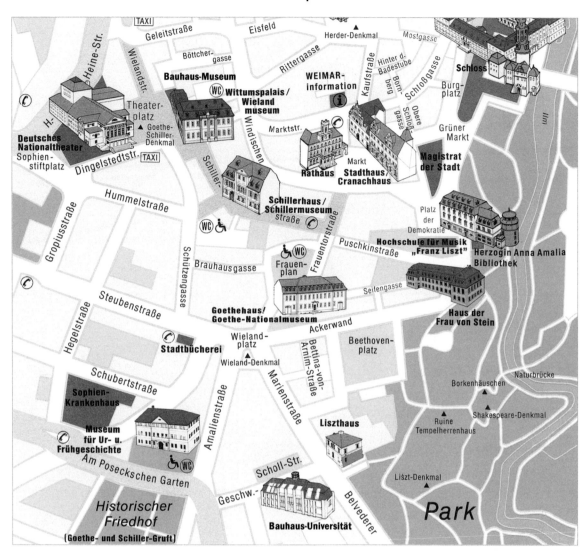

b) Hören Sie noch einmal. Ergänzen Sie die passenden Sehenswürdigkeiten.

Information	Sehenswürdigkeit
1. Davor steht das Goethe-Schiller-Denkmal.	*das Deutsche Nationaltheater*
2. Das ist ein Museum für Kunst und Design.	
3. Hier wohnte Schiller für kurze Zeit.	
4. Das ist die größte Touristenattraktion.	
5. Hier gibt es viele wertvolle Bücher.	
6. Hier kann man Musik studieren.	
7. Das war eine Kunstschule.	

3 Und Sie? Was möchten Sie gern in Weimar sehen?

Ich möchte gern …

Ich interessiere mich für …

3 Einen Theaterbesuch organisieren

1 **Karten reservieren. Die Reiseleiterin plant für ihre Gruppe einen Besuch im Nationaltheater. Sie ruft an der Theaterkasse an. Hören Sie und ergänzen Sie den Dialog.**

10

■ Deutsches Nationaltheater Weimar, was kann ich für Sie ....?

◆ Ich habe eine Reisegruppe und möchte wissen, ob Sie .... oder

.... noch Karten für „Wilhelm Tell" haben.

■ Ja, für morgen gibt es noch ....

◆ Ich hätte gern .... Karten. In welcher Reihe ist noch etwas frei?

■ Im Parkett, Reihe ....

◆ Ja, das ist gut. Gibt es eine Ermäßigung für ....?

■ Nein, nur für Studenten und für .... Ich kann Ihnen noch Karten

für .... Euro anbieten.

◆ Prima, dann reservieren Sie mir .... zwölf Karten. Kann ich die

Karten an der Abendkasse ....?

■ Ja, aber bitte kommen Sie bis .... Uhr. Und auf welchen

.... soll ich ....?

◆ Auf Miriam Novak.

■ Das geht dann in Ordnung.

◆ Vielen .... Auf Wiederhören.

2 **a) Schreiben Sie selbst einen Redemittelkasten. Sammeln Sie wichtige Redemittel
aus dem Dialog.**

Ü 2-3

so kann man fragen	so kann man antworten
Haben Sie noch Karten für ... In welcher Reihe ...	Ja, für ... Im Parkett, Reihe ...

b) Reservieren Sie Karten für das Kino/Theater/Konzert. Spielen Sie einen Dialog.

 3 **Theaterintonation. Sprechen Sie leise, laut, dramatisch, fröhlich, traurig ...**

11

Wer reitet so spät durch Nacht und Wind? (Goethe, Erlkönig)

Sein oder nicht sein, das ist hier die Frage! (Shakespeare, Hamlet)

Ernst ist das Leben, heiter die Kunst. (Schiller, Wallenstein)

4 **Internetprojekt: www.weimar.de. Organisieren Sie ein Besichtigungsprogramm für
zwei Tage in Weimar und präsentieren Sie Ihr Programm im Kurs.**

Planen Sie: An- und Abreise, Unterkunft, Besichtigungen, Theaterbesuch.

4 Über Vergangenes sprechen und schreiben

1 Zeitadverbien üben: *damals, früher ... / heute, jetzt ...* Sehen Sie die Bilder an. Vergleichen und beschreiben Sie: Was gab es früher, was gibt es heute?

Redemittel	**etwas vergleichen: damals/heute**
	Damals/früher gab es hier ... ein Theater / einen Bäcker / einen Park
	Früher war/waren hier ... ein Kino / eine Ampel /
	Heute ist / sind / gibt es eine Disko / einen Supermarkt /
	hier ... eine Fußgängerzone / einen Parkautomaten

2 Partnerspiel: *damals* und *heute.* Stellen Sie Fragen und ergänzen Sie die Antworten von Spieler/in 2. Die Tabelle für Spieler/in 2 ist auf Seite 112.

in der Bebelstraße	in der Müllerstraße	in der Bahnhofsstraße
früher:	früher: *ein Bäcker*	früher: ....
heute: *eine Schule*	heute:	heute: *ein Ärztehaus*
in der Kastanienallee	**in der Goethestraße**	**auf dem Domplatz**
früher:	früher: *ein Theater*	früher: ....
heute: *ein Kino*	heute:	heute: *Büros*

Spieler 1

■ Heute ist in der Bebelstraße eine Schule.

   Was | war / gab es | hier früher?

Spieler 2

◆ Früher war hier ... /
Heute gibt es in der Müllerstraße ...
Was ...

3 Menschen verändern sich.

Ü 4-5

Beschreiben Sie.

 *Früher hatte ich Größe 50.*

Früher war ich ...   Heute bin ...
Früher hatte ...   Heute habe ...

4 **Der Komponist Johann Sebastian Bach.**
12 Hören Sie die Musik. Was meinen Sie:
Welches Stück ist von J. S. Bach?
Kreuzen Sie an.

☐ Stück 1
☐ Stück 2
☐ Stück 3

 5 **Verbformen erkennen**
29

a) Lesen Sie den Text und markieren Sie die Verben im Präteritum.

> **Stationen im Leben von Johann Sebastian Bach**
> Johann Sebastian Bach lebte von 1685 bis 1750. Er arbeitete zuerst in Weimar, Arnstadt
> und Mühlhausen. Von 1708 bis 1717 wohnte er in Weimar und war dort Organist und
> Konzertmeister. Danach lebte er in Köthen und ab 1723 in Leipzig. Dort arbeitete er an
> der Thomaskirche. Er spielte Orgel und leitete den berühmten Thomanerchor.

b) Lesen Sie den Text auf Seite 22 und markieren Sie die Verben im Präteritum.

 6 **Regelmäßige Verben im Präteritum.** Ergänzen Sie die Tabelle.

Grammatik

		leben	wohnen	arbeiten
Singular	ich/er/sie	leb-**te**	....	arbeit-**e**-te
Plural	wir/sie	leb-**ten**	....	....

7 **Eine Regel erkennen.** Ergänzen Sie.

Regel Regelmäßige Verben bilden das Präteritum in der 1. und 3. Person so:

Singular: Infinitivstamm + ...

Plural: Infinitivstamm + ...

> **!** **Lerntipp**
> *arbeiten:* Infinitivstamm
> auf *-t* will immer noch
> ein *-e*.

Minimemo

> **Lernen Sie extra:**
> geben – es gibt – es gab
> gehen – ich ging

> **!** **Lerntipp**
> Das Präteritum in der 2. Person
> (*du/ihr*) verwendet man fast nur bei
> Modalverben und *haben* und *sein*.

8 Ü6 Eine Aussage, zwei Zeitformen. Vergleichen und ergänzen Sie.

Eine Stadtführerin erklärt:

„Der junge Goethe hat einige Monate in Wetzlar gelebt.

Hier hat er sich in die Verlobte eines Freundes verliebt.

Von dieser Liebe hat Goethe in seinem ersten Roman erzählt."

Im Reiseführer steht:

Der junge Goethe lebte einige Monate in Wetzlar.

Hier verliebte er sich in die Verlobte eines Freundes.

Von dieser Liebe erzählte Goethe in seinem ersten Roman.

In der gesprochenen Sprache verwendet man meistens ....

In der geschriebenen Sprache verwendet man meistens ....

9 Ü7 Eine „Dreiecksgeschichte"

a) Sehen Sie die Skizze an. Was können Sie über die Personen sagen?

Lotte ist …

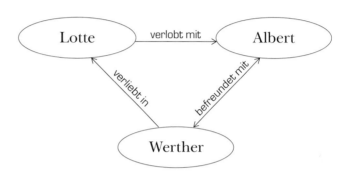

b) Lesen Sie den Text. Sammeln Sie weitere Informationen und erweitern Sie die Skizze.

Das Bild zeigt eine Szene aus Goethes erstem Roman „Die Leiden des jungen Werthers", der ihn über Nacht berühmt machte. Werther, der Romanheld, berichtet seinem Freund Wilhelm in Briefen von seiner unglücklichen Liebe zu Lotte. Er hat sie auf einem Ball kennen gelernt und sich sofort in sie verliebt. Aber Lotte ist mit Werthers Freund Albert verlobt, der oft auf Reisen ist. Werther besucht Lotte gern. Sie ist schön und alle bewundern sie, weil sie sich liebevoll um ihre acht jüngeren Geschwister kümmert. Lottes Mutter ist tot. Lotte hat Sympathien für Werther, aber sie liebt ihren Verlobten Albert. Weil sie ihn heiratet, endet Werthers Liebe tragisch.

10 Ü8-9 Spiel: Personen raten. Wählen Sie eine bekannte Persönlichkeit und schreiben Sie einen kurzen biografischen Text. Lesen Sie vor, die anderen raten.

Meine Person war sehr …
Sie lebte in …

1 Katastrophe in der Anna-Amalia-Bibliothek

a) Lesen Sie den Text und ergänzen Sie die passenden Wörter.

1. Weimarer – **2.** ~~Katastrophe~~ – **3.** Welt – **4.** Umzug – **5.** Nacht – **6.** Bibliothek – **7.** Feuer

Anna-Amalia brennt

Katastrophe in der weltberühmten Herzogin-Anna-Amalia-Bibliothek in Weimar

Weimar – Eine  spielte sich vor den Augen der Weimarer in der ▣ vom 2. September 2004 ab. In der Weimarer Anna-Amalia-▣ mit über 1 000 000 Büchern gab es unter dem Dach ein großes Feuer. Die Feuerwehr konnte das ▣ stoppen und noch in der Nacht 50 000 Bücher retten, so zum Beispiel eine Luther-Bibel aus dem Jahre 1534. Aber 50 000 Bücher aus dem 17. und 18. Jahrhundert sind verloren und 62 000 Bücher schwer beschädigt.

Die Bibliothek ist weltberühmt – sie hat mit 13 000 Büchern die größte „Faust"*-Sammlung der ▣ und auch eine große Shakespeare-Sammlung von circa 10 000 Büchern.

Die Bibliothek sollte bis Februar 2005 in ein neues Haus umziehen. Doch das Feuer war schneller! Viele ▣ sind traurig über das Feuer.

„Ich kann es nicht glauben! Was passiert jetzt mit der Bibliothek?", fragt Herr Nöller, der in der Nacht geholfen hat. Fragen wie diese gibt es viele. Geplant ist jetzt der schnelle ▣ der Bücher in ein neues Haus.

2.09.04 – 23.50 Uhr

* Faust = Drama von Goethe

b) Was ist richtig? Lesen Sie den Text noch einmal und kreuzen Sie an.

1. ▣ In der ersten Etage gab es ein großes Feuer.
2. ▣ Die Herzogin-Anna-Amalia-Bibliothek ist weltberühmt für ihre Bücher.
3. ▣ Das Feuer war am 2. September 2004.
4. ▣ Die Feuerwehr konnte eine Luther-Bibel aus dem Jahre 1534 retten.
5. ▣ Die Bibliothek hat 100 000 Bücher.
6. ▣ Die Bücher sollten bis März 2007 in ein neues Haus umziehen.
7. ▣ Die Bibliothek hat die größte „Faust"-Sammlung der Welt.
8. ▣ Viele Weimarer interessieren sich nicht für die Katastrophe.

c) Machen Sie in Ihrem Heft ein Assoziogramm zum Thema Bibliothek.

die Bibliothek

die Anna-Amalia-Bibliothek

das Buch

Lieblingsbücher

2 Eintrittskarten kaufen

a) Ordnen Sie die Sätze und schreiben Sie einen Dialog.

- ■ **2** Guten Tag! Was kann ich für Sie tun?
- ◆ ■ Schade. Was kosten die Karten?
- ◆ ■ Gibt es noch Karten für „Alles auf Zucker" heute Abend?
- ■ ■ Das macht dann 24 Euro.
- ■ ■ Nein, für Studenten leider nicht.
- ◆ ■ Wir sind vier Personen. Gibt es eine Ermäßigung für Studenten?
- ■ ■ Hier die Karten und ein Euro zurück. Vielen Dank und viel Spaß heute Abend.
- ◆ **1** Guten Tag!
- ■ ■ Ja, natürlich! Der Film läuft ja schon seit Wochen. Für wie viele Personen?
- ◆ ■ Bitte schön. Hier sind 25 Euro.

+ Guten Tag!
− Guten Tag! Was kann ich für Sie tun?
+ ...

b) Kontrollieren Sie Ihren Dialog mit der CD.

5

3 Textkaraoke. Hören Sie und sprechen Sie die ∽–Rolle im Dialog.

6

🕭 ...

∽ Guten Tag! Haben Sie noch Karten für das Fußballspiel am Samstag?

🕭 ...

∽ Genau. Das Spiel meine ich.

🕭 ...

∽ Ich brauche sechs Stück. Zwei Erwachsene und vier Kinder.

🕭 ...

∽ Das ist kein Problem. Hauptsache, wir sind dabei.

🕭 ...

∽ Herr Lahr. L wie Ludwig. A wie Anton. H wie Heinrich. R wie Richard.

🕭 ...

∽ Wunderbar! Vielen Dank und auf Wiederhören.

🕭 ...

4 Damals und heute

a) Edmund Fröbel erinnert sich. Welche Sätze passen zusammen?

Damals hatte ich keinen Fernseher. **1**

Damals war ich noch unverheiratet. **2**

Früher habe ich in Weimar gelebt. **3**

Früher war ich sportlich. **4**

Damals war ich Student. **5**

Früher hatte ich kein Geld für Urlaub. **6**

a Jetzt jogge ich nur noch manchmal.

b Heute wohne ich in Freiburg im Breisgau.

c Heute habe ich mein eigenes Architekturbüro.

d Jetzt bin ich schon 40 Jahre verheiratet!

e Heute sehe ich viel fern.

f Jetzt mache ich oft Urlaub.

b) Und Sie? Schreiben Sie Sätze. Verwenden Sie das Perfekt.

1. Wo haben Sie vor fünf Jahren gelebt, wo leben Sie heute?
2. Was haben Sie damals beruflich gemacht?
3. Haben Sie damals oft Urlaub gemacht?
4. Haben Sie früher viel Sport gemacht?

> 1. Damals habe ich in ... Heute lebe ich ...
> 2. Früher ... Jetzt arbeite ich als ...

5 Unterwegs

a) Ordnen Sie die Personen den Tickets zu.

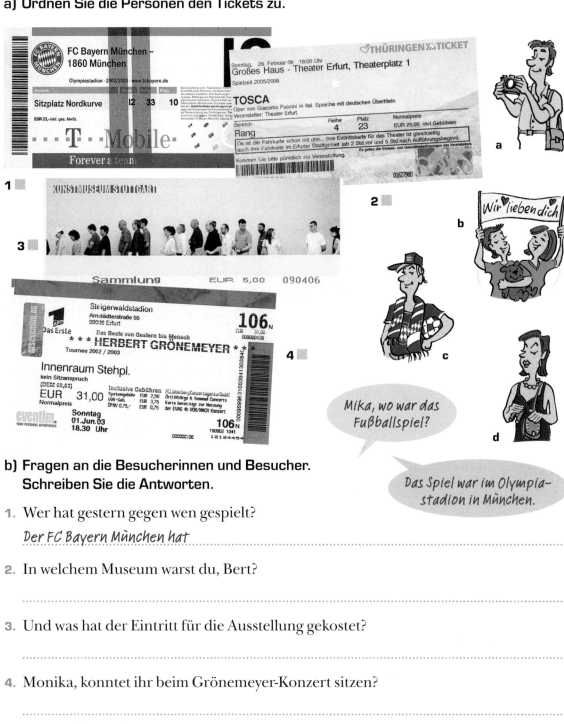

Mika, wo war das Fußballspiel?

Das Spiel war im Olympia-stadion in München.

**b) Fragen an die Besucherinnen und Besucher.
Schreiben Sie die Antworten.**

1. Wer hat gestern gegen wen gespielt?

   Der FC Bayern München hat
   ....

2. In welchem Museum warst du, Bert?

   ....

3. Und was hat der Eintritt für die Ausstellung gekostet?

   ....

4. Monika, konntet ihr beim Grönemeyer-Konzert sitzen?

   ....

5. Eva, war die Puccini-Oper in Erfurt in deutscher Sprache?

   ....

6 Goethes Jugendliebe.
Ergänzen Sie die Verben
im Präteritum.

11. Oktober 1772
Geliebte Lotte

1. Goethe .... *lebte* .... 1772 einige Monate in Wetzlar. (leben)

2. Dort .... er Charlotte Buff kennen. (lernen)

3. Er .... sich sofort in sie. (verlieben)

4. Aber Lotte .... mit seinem Freund Albert verlobt. (sein)

5. Weil es für diese Liebe keine Hoffnung .... (geben),

.... Goethe bald wieder abreisen. (wollen)

7 Goethe und Christiane. Eine Reiseführerin erzählt

a) Lesen Sie den Text und ergänzen Sie das Perfekt.

„Goethe .... *hat* .... Christiane Vulpius 1788 im

Weimarer Park ...... *kennen gelernt* .... (kennen lernen)

Sie war 23 Jahre alt und er war 39. Sie ....¹

sich schnell ....². (verlieben)

Die junge Frau ....³ bald in Goethes Haus

...........................⁴. (wohnen) Aber viele Bekannte von

Goethe ....⁵ sie nicht ....⁶

(akzeptieren), weil sie eine einfache Arbeiterin war. Goethe
und Christiane hatten einen gemeinsamen Sohn, August.

Erst 1806 ....⁷ Goethe und Christiane ....⁸. (heiraten)

Christiane ....⁹ viel im Haushalt ....¹⁰. (arbeiten)

Sie ....¹¹ das Theater sehr ....¹² (lieben) und es oft

...........................¹³. (besuchen) Goethe und Christiane Vulpius ....¹⁴

bis zu Christianes Tod 1816 ....¹⁵.“ (zusammenleben)

b) Kontrollieren Sie den Text mit der CD.

c) Im Reiseführer steht der Text im Präteritum. Schreiben Sie den Text in Ihr Heft.

Goethe (hat) Christiane [...] (kennen gelernt).   *Goethe lernte Christiane ...*

Goethe (lernte) Christiane [...] (kennen).

8 **Walter Gropius und das Bauhaus.**
Ordnen Sie den Lebenslauf von Walter Gropius.

░ Im Jahr 1915 heiratete er Alma Mahler.

░ Ab 1934 lebte er in Großbritannien.

░ Walter Gropius starb 1969 in Boston.

░ Von 1926 bis 1934 baute Gropius viele Wohnhäuser.

░ 1919 gründete er das „Staatliche Bauhaus in Weimar".

░ Von 1903 bis 1907 studierte er Architektur in München und Berlin.

1 Walter Gropius wurde 1883 in Berlin geboren.

░ Er arbeitete ab 1937 an der Harvard-Universität in den USA.

░ Nach dem Studium eröffnete er ein Architekturbüro.

9 **Möbelklassiker aus dem Bauhaus**

a) Benennen Sie die Möbel mit Artikel.

1. ....

2. ....

3. ....

4. ....

5. ....

b) Kommentieren Sie die Möbel. Benutzen Sie die Adjektive wie im Beispiel.

schön/hässlich – bequem/unbequem – langweilig/interessant – modern/altmodisch

1. Ich finde, der Stuhl sieht unbequem aus, aber das Sofa sieht bequem aus.
2. ...

Das kann ich auf Deutsch

über kulturelle Interessen sprechen

Mögen Sie Mozart?
Interessieren Sie sich für Museen?

eine Stadtbesichtigung planen

Was möchten Sie besichtigen?
Ich möchte zum Nationaltheater gehen.

einen Theaterbesuch organisieren

Haben Sie noch Karten für die Abendvorstellung?
Es gibt noch Karten im Parkett.
Bitte reservieren Sie zehn Karten.

etwas vergleichen: damals, früher / heute, jetzt

Damals gab es hier ein Theater. Jetzt ist hier ein Kino.

einen biographischen Text schreiben

Goethe lebte in Weimar. Er war Minister.

Wortfelder

Kultur

die Kulturhauptstadt, der Theaterbesuch, die Ausstellung, das Literaturfestival

Beziehungen

befreundet mit, verliebt in, verlobt mit, verheiratet mit

Grammatik

Zeitadverbien

Damals war das Goethes Wohnhaus, **heute** ist es ein Museum.

Präteritum der regelmäßigen Verben

Goethe **lebte** in Frankfurt am Main. Später **wohnte** und **arbeitete** er in Weimar.

Perfekt und Präteritum – gesprochene und geschriebene Sprache

„Hier **hat** Bach **gelebt**." – Hier **lebte** Bach.

Aussprache

Theaterintonation

laut – leise, fröhlich – traurig: „Sein oder nicht sein, das ist hier die Frage!"

Laut lesen und lernen

Können wir eine Stadtbesichtigung machen?
Ich möchte ins Museum gehen.
Ich bin geschäftlich in Deutschland. / Ich bin beruflich in Deutschland.
Ich muss weiter, ich hab' noch einen Termin.
Früher war alles besser!

1 Ausbildung, Umschulung, Beruf

1 **Berufsbiografien.** Lesen Sie die Texte. Ordnen Sie die Bilder den Texten zu.

Jörg Braun, München

„Nach der Schule habe ich in Strelitz eine Ausbildung zum Facharbeiter[1] für Rinderzucht[2] gemacht, weil ich mit Tieren arbeiten wollte", erzählt Jörg Braun. Nach der Wende[3] 1990 musste der Betrieb schließen, und er war plötzlich arbeitslos. „Ich habe viele Bewerbungen[4] geschrieben, aber es gab im Osten
5 keine Jobs in der Landwirtschaft[5] mehr. Das Arbeitsamt hat mir 1992 eine Umschulung[6] zum Programmierer angeboten." Die Umschulung dauerte 14 Monate. „Das lange Sitzen am Computer und das Lernen waren am Anfang nicht leicht. Aber das Programmieren hat mir sofort Spaß gemacht", sagt Jörg. „Ich hatte Glück, denn ich habe nach der Umschulung eine Stelle in einer Softwarefirma in München bekommen. Seit vier Jahren ist meine
10 Frau auch hier. Sie arbeitet Teilzeit[7] als Erzieherin[8] in einem Kindergarten."

1

[1] der/die Facharbeiter/in, -/-nen: jd, der eine Ausbildung gemacht hat (meistens drei Jahre)

[2] die Rinderzucht, -en: viele Kühe haben, aufziehen und verkaufen

[3] die Wende: *hier:* Vereinigung von Ost- und Westdeutschland

[4] die Bewerbung, -en: in einem Brief oder einem Gespräch zeigen, dass man gerne in der Firma arbeiten möchte

[5] die Landwirtschaft, *: das, was ein Bauer macht, z. B. Tiere aufziehen

Hier lernen Sie

▶ über Berufsbiografien und -wünsche sprechen
▶ Stellenanzeigen und einen Lebenslauf verstehen
▶ am Telefon: eine Nachricht hinterlassen
▶ Sätze verbinden mit *denn – weil*
▶ das Verb *werden*
▶ Nominalisierungen: *wohnen – die Wohn-ung;*
  lesen – das Lesen
▶ Wünsche/Höflichkeit: *hätte, könnte*
▶ „Zwielaute": z.B. *ei, eu, au*

Güler Erdogan, Hamburg

„Ich bin 1978 aus der Türkei nach Deutschland gekommen. Ich habe an der Volkshochschule Deutsch gelernt. Abends habe ich meistens Büros geputzt und tagsüber
in einer Großküche gearbeitet. Die Arbeit war anstrengend und ich habe nicht viel
Geld verdient. Ich wollte schon immer Frisörin werden." Aber für den Beruf musste
5 Frau Erdogan erst eine Ausbildung[9] machen. Im Geschäft einer Freundin hat sie einen Ausbildungsplatz gefunden. Die Ausbildung dauerte drei Jahre. Zwei Tage in der Woche war sie in
der Berufsschule, drei Tage im Frisörsalon. „In der Berufsschule habe ich auch besser Deutsch
gelernt, denn als Frisörin muss man sich mit den Kundinnen unterhalten", sagt sie. Vier Jahre
später eröffnete sie einen eigenen Frisörsalon. Heute bildet Frau Erdogan selbst aus. Sie hat
10 zwei Angestellte[10] und eine Auszubildende[11]. „Ich wusste, dass ich es schaffe."

2

[6] die Umschulung, -en: nach der ersten Ausbildung einen neuen
  Beruf lernen

[7] Teilzeit arbeiten: z.B. 20 Stunden pro Woche; Vollzeit arbeiten:
  37,5–40 Stunden pro Woche

[8] der/die Erzieher/in: jd, der mit Kindern arbeitet

[9] eine Ausbildung machen: einen Beruf lernen

[10] der/die Angestellte, -n: jd, der bei einer Firma oder einem Amt
  arbeitet

[11] der/die Auszubildende, -n: jd, der gerade eine Ausbildung macht

f

---

2 **Personen und Informationen zuordnen. Güler (a) oder Jörg (b)?**
Ordnen Sie zu und lesen Sie die Sätze vor.

1. **a** hat einen Deutschkurs besucht.
2. ▇ ist für die Arbeit umgezogen.
3. ▇ bildet Leute aus.
4. ▇ hat den Job verloren und lange
   keinen neuen mehr bekommen.
5. ▇ schreibt Computerprogramme.

6. ▇ musste das Lernen wieder lernen.
7. ▇ hat eine Ausbildung bei einer
   Freundin gemacht.
8. ▇ hatte mehrere Jobs, aber nicht viel
   Geld.
9. ▇ hat sich selbstständig gemacht.

---

3 **Ihre Berufsbiografie. Was haben Sie schon beruflich gemacht? Sprechen Sie im Kurs.**

Ü1

Redemittel

sagen, was man beruflich gemacht hat

Nach der Schule habe ich eine Ausbildung zum/zur ... gemacht.
Ich war beim Militär. / Ich war als Au-Pair in ... / Ich habe ... studiert. /
Ich habe ein Praktikum bei ... gemacht. / Ich habe als ... gearbeitet. /
Ich wollte ... werden, aber ...

2 Arbeitssuche

1 Stellenanzeigen in der Zeitung
Ü2

a) Lesen Sie die Anzeigen. Markieren Sie die Informationen zu Arbeitszeiten und Anforderungen.

Krankenschwester/-pfleger gesucht

Alle Arbeiten in der Krankenpflege. Schichtdienst auch am Wochenende, Voll- oder Teilzeit, flexibel, 3 Jahre Berufserfahrung, Führerschein Klasse B und eigenes Auto, in ambulanter Pflegestation in Bad Friedrichshall.

Bewerbungen bitte an:
PBH Ambulante Pflege, Andrea Zachert, Chausseestr. 7, 74188 Bad Friedrichshall

a

Koch/Köchin gesucht mit Erfahrung in der Küche, Führerschein Klasse B und PKW, Vollzeit (z. T. am WE), flexibel. Schriftliche Bewerbung bitte an: Restaurant Zum Schafhof, Herr Dustmann, Schafhof 34, 73335 Kirchheim

b

Für Baustellen in der Schweiz suchen wir **Maurer/in, Maler/in, Lackierer/in,** auch Berufsanfänger, Führerschein Klasse B, Vollzeit, flexible Arbeitszeiten zwischen 6.00 und 22.00 Uhr. Bewerbungen bitte an: Willi Weidner, Anton-Bruckner-Str. 35, 28196 Bremen, Tel. 0421/3490 71 22

c

Technische/r Zeichner/in

Abgeschlossene Berufsausbildung, programmieren mit TOPS 100, Kenntnisse in MS-Office (Word, Excel, Access), Englischkenntnisse, Vollzeit, ab 01.10.

Schmidt Eisen & Stahl, Industriestr. 65, 32009 Herford, Tel. 052 21/768 90 40

d

Industriekauffrau/-mann für Export

Ihre Aufgaben:
Sachbearbeitung, Kundenkontakt

Ihr Profil:
Ausbildung Industriekauffrau/-mann, sehr gute Englisch- und Deutschkenntnisse, Computerkenntnisse (Word, Excel, PowerPoint)

Ihre Chancen:
interessante Tätigkeit, attraktive Sozialleistungen
Ihr Ansprechpartner auch für telefonische Informationen: Herr Bach, Tel.: 02 28-769 48-13. Ihre Bewerbung richten Sie bitte schriftlich an: Rechle Personal Service GmbH, Pützstr. 25, 53129 Bonn; g.bach@rechle-personal.de

e

---

b) Ordnen Sie die passende/n Anzeige/n zu und nennen Sie die Berufe.

1. Arbeitsstellen, für die man einen Führerschein braucht ▪ ▪ ▪
   ....

2. Arbeitsstellen, für die man Computerkenntnisse braucht ▪ ▪
   ....

3. Eine Arbeitsstelle für Berufsanfänger ▪
   ....

4. Arbeitsstellen mit Wochenendarbeit ▪ ▪
   ....

5. Arbeitsstellen, für die man Fremdsprachenkenntnisse braucht ▪ ▪
   ....

Arbeitssuche über Internet verdoppelt **Bundesagentur für Arbeit**

Im letzten halben Jahr hat sich die Zahl der Deutschen, die über das Internet einen Job suchen, verdoppelt. Das stellt eine Studie der Forschungsgruppe MMXI Europe fest. Die Arbeitssuchenden verbringen jetzt auch mehr Zeit auf den Webseiten (23,3 Minuten). Der „Renner" unter den Jobbörsen ist www.arbeitsagentur.de mit fast der Hälfte aller Arbeitssuchenden, danach folgen www.jobpilot.de und www.stepstone.de. Insgesamt suchen ca. 2 Mio. Internetnutzer nach Jobs.

2 Der tabellarische Lebenslauf

Ü3

a) Lesen Sie den Lebenslauf und beantworten Sie die Fragen. Unter welchen Stichworten finden Sie die Antworten?

Lebenslauf

Persönliche Daten

Name	Corinna Kalbach
Anschrift	Ahornweg 23
	53177 Bonn
	Tel.: (0228) 313977
	c.kalbach@gmx.de
geboren am	30.05.1972 in Bonn

Schulausbildung

1978–1982	Elsa-Brändström-Grundschule in Bonn
1982–1991	Beethoven-Gymnasium in Bonn
	Abschluss: Abitur

Berufsausbildung

09/1991–07/1993	Ausbildung zur Industriekauffrau bei den Stadtwerken Bonn GmbH

Berufserfahrung

08/1993–02/1999	Buchhaltung, Serenco GmbH, Bonn
03/1999–02/2006	Sachbearbeitung, Buchhaltung, SBK Köln GmbH, Köln

Fremdsprachen	Englisch (C1), Spanisch (B2)
Hobbys	Lesen, Fotografieren, Reisen

> Die Antwort zur Frage 1 steht unter „Schulausbildung".

1. Welche Schulen hat Corinna besucht?
2. Wo wohnt sie?
3. Welchen Schulabschluss hat sie gemacht?
4. Von wann bis wann ist sie zur Schule gegangen?
5. Welche Ausbildung hat sie gemacht?
6. Wo hat sie gearbeitet? Von wann bis wann?
7. Welche Sprachen spricht sie?
8. Was macht sie gern in ihrer Freizeit?

b) Machen Sie sich Notizen zu Ihrem Lebenslauf. Stellen Sie die Fragen aus Aufgabe a) Ihrer Partnerin / Ihrem Partner und berichten Sie.

Sehr geehrter Herr Bach,

in Ihrer Stellenanzeige im General-Anzeiger vom 15.10.2006 suchen Sie eine Industriekauffrau. Ich bewerbe mich um diese Stelle. Meinen Lebenslauf sende ich Ihnen als Anhang. Ich freue mich über eine Einladung zu einem Gespräch.

Mit freundlichen Grüßen
Corinna Kalbach

3 Berufswünsche

 1 **Was Kinder werden wollen**

a) Wir haben vier Personen interviewt: „Was wollten Sie werden, was sind Sie geworden?" Hören Sie die Interviews und verbinden Sie.

Person 1	a	Schauspielerin	e	Bautechniker
Person 2	b	Schiffskapitän	f	Lehrerin
Person 3	c	Bäcker	g	Tierärztin
Person 4	d	Tierärztin	h	Bankangestellter

b) Hören Sie die Interviews noch einmal. Nennen Sie die Gründe für den Berufswunsch.

Sein Onkel war Schiffskapitän.

2 **Drei Berufe, die Sie interessant finden, und drei, die Sie langweilig finden.** Notieren Sie.

 3 **Traumberufe.** Fragen und antworten Sie.

	als Kind	
Was wolltest du	mit 12 Jahren	werden?
Was wollten Sie	mit 17 Jahren	
	...	

Ich wollte Tänzerin werden.

Lokomotivführer!

 4 **Sätze verbinden. Gründe nennen mit** *weil* **und** *denn*

a) Vergleichen Sie die Sätze. Markieren Sie die Verben und ergänzen Sie die Regel.

Hauptsatz   Nebensatz
Ich wollte Tierärztin werden, **weil** mein Vater auch Tierarzt war.

Hauptsatz   Hauptsatz
Ich wollte Tierärztin werden, **denn** mein Vater war auch Tierarzt.

Regel Mit *weil* beginnt ein ....satz. Nach *denn* folgt ein ....satz.

b) Wenden Sie die Regel an. Ergänzen Sie *denn* oder *weil*.

1. Martin möchte eine Umschulung machen, ... er mit seiner Arbeit unzufrieden ist.

2. Frau Fischer sucht eine neue Stelle, ... sie hat Probleme mit den Kollegen.

3. Tolkun hat Deutsch gelernt, ... sie wollte in einer deutschen Firma arbeiten.

 5 **„Zwielaute":** *ei, eu, au ...* **Hören Sie die Sätze und sprechen Sie sie nach.**

Toi toi toi wünscht Karl Mai aus Hanoi! – Regen im Mai, April vorbei. – In neunundneunzig Träumen wächst die Zeit auch noch auf Bäumen.

4 Wortschatz systematisch

1 Wörter in Wortfeldern und Wortfamilien sammeln
Ü7

a) Wortfeld *Arbeit.* Sammeln Sie Wörter im Wörternetz.

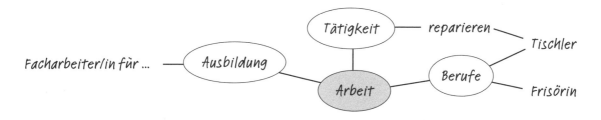

b) Wortfamilie *Arbeit.* Sammeln Sie
Wörter in einer Liste.

arbeiten, Facharbeiter

2 Nomen und Verben zusammen lernen
Ü8

a) Lesen Sie die Texte auf Seite 36 und 37. Notieren Sie die Verben,
die zu diesen Nomen gehören.

1. Bewerbungen ....
2. Geld ....
3. eine Stelle ....

4. Teilzeit ....
5. einen Friseursalon ....
6. einen Ausbildungsplatz ....

b) Eine/r sagt ein Nomen, eine/r das Verb. Üben Sie zu zweit.

eine Ausbildung ...   machen

einen Deutschkurs ...   besuchen

3 Nomen mit *-ung.* Finden Sie die Verben. Sammeln Sie weitere Beispiele.
14

die Wohnung – ....   die Einladung – ....

die Bestellung – ....   die Planung – ....

4 Aus Verben werden Nomen.
14 Ü9 Sammeln Sie weitere Beispiele
im Text auf Seite 36.

5 Nachdenken über das Lernen. Ergänzen Sie die Tabelle und vergleichen Sie im Kurs.

das laute Lesen von Texten – das Arbeiten mit Karteikarten – das Arbeiten mit einer
Grammatik – das Nachsprechen von Dialogen vor dem Spiegel – das Hören von
Texten – das Suchen von Informationen im Internet – ...

hilft mir	hilft mir nicht	noch nicht gemacht
....	....	....
....	....	....

5 Höflichkeit

15 Ü10

1 **Am Telefon.** Hören Sie das Gespräch. Kreuzen Sie die richtigen Aussagen an.

1. ▨ Frau Kalbach spricht mit Herrn Bach.
2. ▨ Herr Bach ist nicht da.
3. ▨ Frau Kalbach ruft an, weil sie gern einen Termin mit Herrn Bach hätte.
4. ▨ Die Besprechung dauert bis 15 Uhr.
5. ▨ Frau Kalbach möchte keine Nachricht hinterlassen.
6. ▨ Frau Kalbach möchte Herrn Bach später noch einmal anrufen.

2 **Ein Rollenspiel.** Lesen Sie die Redemittel, wählen Sie
eine Rollenkarte aus und üben Sie die Dialoge mit Ihrem
Partner / Ihrer Partnerin.

Ü11

1.
Herr Granzow + Frau Müller:

Herr Granzow ruft bei der
SBK Software GmbH an und
möchte Herrn Tauber sprechen, der aber nicht da ist.
Herr Granzow hinterlässt
seine Telefonnummer und
bittet um Rückruf. Er braucht
dringend einen Termin mit
Herrn Tauber.

2.
Frau Rodríguez + Herr Klein:

Frau Rodríguez ruft beim
Goethe-Institut in München
an und möchte Herrn
Schmidt sprechen. Herr
Schmidt ist in einer Besprechung. Frau Rodríguez
hinterlässt die Nachricht,
dass die Flüge nach Madrid
reserviert sind.

3.
Frau Zhu + Herr Döpel:

Frau Zhu ruft aus China im
Institut für Auslandsgermanistik an. Sie möchte Frau
Zahn sprechen, die aber leider heute nicht da ist. Die
Verbindung ist sehr schlecht.
Frau Zhu möchte, dass Herr
Döpel lauter und langsamer
spricht. Herr Döpel notiert,
dass Frau Zhu wissen möchte,
ob ihre Bewerbung angekommen ist.

Redemittel

Telefonieren am Arbeitsplatz

sich vorstellen ⟶ *sich verbinden lassen*
Guten Tag. Hier ist ...   Ich möchte mit Herrn/Frau ... sprechen.
Mein Name ist ...   Könnten Sie mich bitte mit Herrn/Frau ...
                                           verbinden?

eine Nachricht hinterlassen
Könnte ich eine Nachricht für
Herrn/Frau ... hinterlassen?
Es ist dringend. Herr/Frau ... möchte mich
bitte unter der Nummer ... zurückrufen.

den Grund für den Anruf nennen   *jdn unterbrechen, nachfragen*
Ich rufe an, weil ...   Entschuldigung, dass ich Sie unterbreche.
Ich habe eine Frage.   Könnten Sie das bitte wiederholen?
Ich möchte wissen, ob ...   Könnten Sie bitte lauter/langsamer
Es geht um ...   sprechen?
                                           Möchten Sie eine Nachricht hinterlassen?

sich bedanken und verabschieden
Vielen Dank für Ihre Hilfe. / ... für die Auskunft. / Danke. Auf Wiederhören.

3 Sprachschatten. **Ihre Partnerin / Ihr Partner bittet Sie um etwas. Spielen Sie Echo.**

Könntest du bitte das Fenster zumachen?　　Das Fenster zumachen? Ja, natürlich.
Könntest du mir bitte das Wörterbuch geben?　Das Wörterbuch? Ja, klar.
Könnten Sie bitte lauter sprechen?　　　　Lauter sprechen? Ja, natürlich.
Hättest du ein Taschentuch für mich?　　　Ein Taschentuch? Ja, ...
Hättest du ... / Hätten Sie ...

4 Höfliche Bitten mit *könnte* und *hätte*. **Könnten Sie das bitte höflicher sagen?**

1. Haben Sie heute Zeit?
2. Kann ich an deinem Computer arbeiten?
3. Geben Sie mir zwei Flaschen Mineralwasser.
4. Verbinden Sie mich bitte mit Frau Müller.
5. Haben Sie mal kurz einen Kuli?

 5 Wünsche/Höflichkeit: *könnte, hätte.* **Ergänzen Sie die Tabelle im Heft.**

33　Ü12

Grammatik			können	haben
Präsens	du		....	....
	Sie		....	....
Höflichkeitsform	du		....	....
	Sie		....	....

 6 Höflichkeit. **Hören und vergleichen Sie. Was klingt für Sie höflicher?**

16

1. a) ▣ b) ▣
2. a) ▣ b) ▣
3. a) ▣ b) ▣
4. a) ▣ b) ▣

7 Höfliches Sprechen interkulturell. **Wie macht man das in Ihrer Sprache / in Ihren Sprachen?**

Höfliches Sprechen heißt in den meisten Sprachen, dass man „bitte" und „danke" sagt und sich entschuldigt. Man kann mit Worten höflich sein, aber auch mit der Betonung und mit der Körpersprache. In vielen Ländern ist es höflich, wenn man den Dialogpartner nicht direkt anschaut und wenn man leise spricht. In manchen Sprachen, zum Beispiel auf Englisch, ist eine hohe Stimme am Satzanfang höflich.

Übungen 9

1 Ausbildung, Umschulung, Beruf

a) Lesen Sie die Fragen, danach die Texte und antworten Sie.

Tanja Kaminski, Nürnberg

„Nach der Schule habe ich bei Schöller-Eis als Schichtarbeiterin angefangen", sagt Tanja Kaminski. „Das war hart, denn man arbeitet von 6 bis 14 Uhr, von 14 bis 22 Uhr oder von 22 bis 6 Uhr. Ich musste oft nachts arbeiten und war immer müde. Dann habe ich eine Ausbildung zur Floristin angefangen. Zwei Tage in der Woche war ich in der Berufsschule, drei Tage habe ich in einer Gärtnerei gearbeitet. Die Ausbildung hat drei Jahre gedauert", erzählt Tanja. Nach der Ausbildung hat sie eine Stelle in einem Garten-Center gefunden. „Auf die Stelle haben sich 43 Leute beworben. Ich hatte Glück! Jetzt habe ich um 20 Uhr Feierabend."

Michael Tefs, Dresden

„Ich bin Flugzeugbauer, aber nach der Ausbildung hatte ich Lust auf ein Studium. Ich lebe jetzt in Dresden und studiere Geschichte, Politik und Kommunikationswissenschaften", erzählt Michael Tefs. „Ich habe lange in Freiberg gelebt und arbeite noch immer für das Freiberger Flower-Power-Festival, ein Musikfest. Ich arbeite auch noch für die Band ‚Modern Gallery' und habe zusammen mit zwei Freunden eine Flugzeugkneipe – die ‚Cessna 172'. Mein Leben ist etwas chaotisch", sagt er und lacht.

1. Warum war die Arbeit als Schichtarbeiterin hart?

   Weil man auch in der Nacht arbeiten muss.
   ....

2. Wo arbeitet Tanja jetzt?

   ....

3. Warum hatte Tanja Glück?

   ....

4. Welche Ausbildung hat Michael?

   ....

5. Was macht Michael zusammen mit seinen zwei Freunden?

   ....

b) Hören Sie das Interview mit Michael. Lesen Sie den Text. Drei Informationen sind falsch. Korrigieren Sie den Text und schreiben Sie ihn ins Heft.

Michael hat eine Ausbildung zum Flugzeugbauer gemacht. Jetzt studiert er in Dresden, aber das Studium macht ihm keinen Spaß. Er wohnt in einem kleinen Ort in der Nähe von Dresden. Das Geld für sein Studium verdient er mit verschiedenen Jobs. Nach dem Studium möchte er ins Ausland gehen.

2 Auf Arbeitssuche

a) Lesen Sie die Anzeigen. Was ist richtig? Kreuzen Sie an.

a **Wir suchen Talente.** Du liebst das Programmieren? Du denkst in Bits und Bytes? Du kannst HTML besser als deine Muttersprache? Du bist Fachinformatiker/in? Wir sind ein junges Team von Programmierern und suchen Leute, die am liebsten 24 Stunden vor dem Computer sitzen. Interesse? Online-Bewerbung an thimo.pien@absofort.de! Dein Dexodesign-Team

b Kall-Dentaltechnik GmbH in Berlin sucht junge/n **Zahntechniker/in** (28–35 J.) für Teilzeitjob (flexibel 20–25 h/Wo). Die Stelle ist auf 18 Monate befristet. Telefon: 030/17509433! Wir freuen uns auf Sie!

c Junge und moderne Zahnarztpraxis in Duisburg sucht zum 01.07. **Zahnarzt/-ärztin** für zwölf Monate. Mindestens zwei Jahre Berufserfahrung! Tel. 0203/728872

d Sie sind **Mediendesigner/in** oder **Fachinformatiker/in**? Sie haben drei Jahre praktische Erfahrung mit XHTML, Flash mit ActionScript, JavaScript, XML, CSS und JSP? Sie wollen flexible Arbeitszeiten? Wir freuen uns auf Ihre Bewerbung! DTO-Team Mannheim, Frau Neus, ✆ 0621/4472 8090

1. ☐ Die Kall-Dentaltechnik GmbH bietet eine Vollzeitstelle.
2. ☐ Die Duisburger Zahnarztpraxis sucht zum 1.7. eine/n Zahnarzt/-ärztin.
3. ☐ Das DTO-Team sucht Mediendesigner und Fachinformatiker (gern auch Berufsanfänger/innen).
4. ☐ Wer bei Dexodesign arbeiten möchte, muss Fachinformatiker/in sein.
5. ☐ Die Zahntechnikerstelle ist befristet.
6. ☐ Man kann sich bei Dexodesign mit einer E-Mail bewerben.

b) Lesen Sie die Informationen zu den Personen. Welche Anzeige aus Aufgabe a) passt?

Frau Hanna Christiansen ist 32 Jahre alt und Fachinformatikerin. Sie hat vier Jahre Berufserfahrung in Webdesign und möchte nach ihrer Babypause wieder arbeiten. Für sie sind flexible Arbeitszeiten wichtig.

Herr Mirko Scharfe sucht eine Stelle als Zahntechniker. Er interessiert sich für eine Vollzeitstelle, arbeitet aber auch Teilzeit. Herr Scharfe hat zwei Jahre Berufserfahrung.

3 **Tipps zum Lebenslauf.** Sehen Sie sich den Lebenslauf auf Seite 39 an und ergänzen Sie den Text.

Fremdsprachen – ~~Anschrift~~ – Schulen – Berufserfahrung – Passfoto – Bewerbung – Lebenslauf – Telefonnummer – Geburtsdatum

Sie möchten sich bewerben? Dann brauchen Sie einen .... ¹.

Der Lebenslauf ist ein wichtiger Teil der .... ². Zuerst beginnt man

mit den persönlichen Daten, wie Name, ...*Anschrift*...... ³, ... ⁴

und Geburtsort. Auch die .... ⁵ darf nicht fehlen, weil man

Sie vielleicht anrufen möchte. Rechts oben kommt das .... ⁶ hin.

Unter der Schulausbildung notiert man alle .... ⁷, die man besucht

hat. Danach kommt der Punkt „Berufsausbildung". Wer schon .... ⁸

hat, muss schreiben, wie lange er wo gearbeitet hat. Nennen Sie auch die

.... ⁹, die Sie sprechen – für viele Jobs brauchen Sie mindestens

Englisch.

4 **Das Berufe-ABC von A bis N.** Ergänzen Sie weitere Berufe.

A ....
B ....
C ....
D *olmetscher/in*
E ....
F ....
G *rafiker/in*

H ....
I ....
J *ournalist/in*
K ....
L ....
M ....
N *ationaltrainer/in*

5 **Warum ich kein Superstar bin.** Schreiben Sie Sätze mit *weil*.

Ich spiele kein Musikinstrument.
Ich tanze nie.
Ich kann nicht singen.
Ich mag keine Kameras.
Ich will lieber Ärztin werden.

1. Ich bin kein Superstar, weil ich kein Musikinstrument spiele.
2. ..., weil ...

6 Gründe nennen mit *weil* und *denn.* **Verbinden Sie die Sätze.**

1. Eva will den Arbeitsplatz wechseln. Die Kollegen sind nicht besonders nett.
2. Torsten macht eine Umschulung. Es gibt keine Stellen für Architekten.
3. Wenke arbeitet Teilzeit. Sie hat drei Kinder.
4. Siri geht jeden Tag zur Volkshochschule. Sie möchte den Deutschtest schaffen.
5. Peter ist sehr zufrieden mit seinem Job. Er bekommt interessante Aufgaben.
6. Güler muss auch am Wochenende arbeiten. Sie hat sich selbstständig gemacht.

> 1. Eva will den Arbeitsplatz wechseln, weil die Kollegen nicht besonders nett sind.
>   Eva will den Arbeitsplatz wechseln, denn die Kollegen sind nicht besonders nett.

7 Berufsbilder. **Ordnen Sie zu. Manchmal gibt es mehrere Möglichkeiten.**

baut Möbel – muss mehrere Sprachen können – arbeitet in einer Werkstatt – hilft kranken Tieren – arbeitet in einer Praxis – repariert Stühle – ist oft selbstständig – arbeitet in einem Büro – tippt und korrigiert Texte – hat studiert – hat eine praktische Ausbildung gemacht

Übersetzer/in	Tischler/in	Tierarzt/-ärztin

8 Wörter in Paaren lernen. **Was passt am besten zusammen?**

1. eine Arbeit ▩ ▩   a) machen

2. Karriere ▩   b) finden

3. eine Ausbildung ▩ ▩   c) eröffnen

4. ein Geschäft ▩ ▩   d) bekommen

5. einen Job ▩ ▩   e) beginnen

9 Aus Verben werden Nomen.
Ergänzen Sie die Sätze.

organisieren – sprechen – schreiben –
lesen – arbeiten – ~~tippen~~

Das Arbeiten mit Excel und Access ist kein Problem für mich.

Früher hatte ich mit dem ....*Tippen*............¹
am Computer Probleme. Jetzt schreibe ich mit

zehn Fingern und das ....² geht

ganz schnell. Das ....³ von
Projekten macht mir großen Spaß und das

...............................⁴ im Team ist mir wichtig.

Auch das ....⁵ von englischen und französischen E-Mails ist für mich

kein Problem, aber beim ....⁶ bin ich etwas unsicher. Ich mache
deshalb einen Französischkurs.

10 Anrufbeantworter. Sie arbeiten bei „Copy Maxe". Hören Sie die Nachrichten ab und machen Sie Notizen.

Guten Tag, Sie sind mit „Copy Maxe" verbunden.
Wir sind zurzeit leider nicht zu erreichen.
Bitte hinterlassen Sie nach dem Signalton Ihren
Namen, Ihre Telefonnummer und den Grund
für Ihren Anruf, wir rufen Sie dann gern zurück.

Name	Telefonnummer	Frage
Herr Meister	*0179/34567912*	*Preise für Einladungskarten*

  11 Textkaraoke. Hören Sie und sprechen Sie die ⌒–Rolle im Dialog.

🎧 ...

⌒ Guten Tag! Mein Name ist Klose, asferon GmbH. Ich möchte bitte mit Herrn Klinsmann sprechen.

🎧 ...

⌒ Das ist schlecht.

🎧 ...

⌒ Ich rufe an, weil es Probleme mit unserem Computer gibt, Modell Maxdata Pro 660 X.

🎧 ...

⌒ Maxdata Pro 660 X. Der Computer ist kaputt.

🎧 ...

⌒ 0151/18 20 22 63. Danke schön und auf Wiederhören.

🎧 ...

12 Höflichkeit. Frau Unhöfl spricht mit ihren Angestellten. Sagen Sie es höflicher.

Alfons, du ...   *Ja, aber selbstverständlich, Frau Unhöfl.*

1. Herr Meier, haben Sie morgen um 14 Uhr Zeit?

   Herr Meier, hätten Sie morgen um

   14 Uhr Zeit?

2. Frau Scheffel, rufen Sie mich bei Problemen mit dem Projekt sofort an!

   Frau Scheffel, könnten Sie

3. Alfons, du kommst morgen um sechs Uhr!

4. Meine Herren, arbeiten wir morgen bis 22 Uhr?

5. Frau Huth, haben Sie ein Glas Wasser für mich?

Das kann ich auf Deutsch

über Berufsbiografien und -wünsche sprechen

Ich wollte gern Lehrer werden, aber dann habe ich einen Ausbildungsplatz als Bankangestellter bekommen.

Stellenanzeigen verstehen

Koch/Köchin gesucht, mind. 4 Jahre Berufserfahrung in Hotel-Restaurant ...

Notizen zum tabellarischen Lebenslauf machen

Persönliche Daten, Schulausbildung, Berufsausbildung, Berufserfahrungen, ...

telefonieren / eine Nachricht hinterlassen / höfliche Bitten

Könnten Sie mich bitte mit Herrn Müller verbinden?
Ich habe eine Frage zu Ihrer Anzeige. Könnten Sie mich zurückrufen?

Wortfelder

Arbeit

die Ausbildung, der Beruf, die Umschulung, die Arbeitsstelle
eine Ausbildung machen, eine Stellenanzeige lesen, eine Bewerbung schreiben

Grammatik

Sätze verbinden mit *denn – weil*

Ich konnte keine Ausbildung machen, **denn** es **gab** keinen Ausbildungsplatz.
Ich konnte keine Ausbildung als Frisörin machen, **weil** es keinen Ausbildungsplatz **gab**.

das Verb *werden*

Was möchten Sie **werden**? – Ich möchte Lehrer **werden**. Meine Freundin **wird** Ärztin.

Nominalisierungen

Sie **lesen** gern. –
Das Lesen macht ihnen Spaß.

mit *-ung*

wohnen – **die** Wohn**ung**
übersetzen – **die** Übersetz**ung**

Aussprache

„Zwielaute" *ei, eu, au:* Alles neu macht der Mai. Ein Traum von einem Baum!

Laut lesen und lernen

12

Könnten Sie bitte langsamer sprechen?
Hätten Sie etwas Zeit für mich?

Ich suche einen Job als ...
Könnte ich eine Nachricht hinterlassen?

1 Berufsbild Ergotherapeutin

1 **Gesundheitsberufe. Welche kennen Sie? Sammeln Sie: Wer, wo und was?**

Der Arzt / die Ärztin: im Krankenhaus, Patienten untersuchen ...

2 **Von Beruf Ergotherapeutin**

a) Lesen Sie den Text. Ordnen Sie den Fotos Zeilen aus dem Text zu.

Zeile ..3–5..

Zeile ....

Zeile ....

Zeile ....

Anna Landmann (22) will Ergotherapeutin werden. Ergotherapeuten arbeiten mit Patienten, die sich nicht richtig bewegen können oder Probleme mit der Konzentration haben. Sie planen die Therapien mit den Ärzten zusammen. Durch spezielle Bewegungen und durch das Spielen und Basteln mit unterschiedlichen Materialien, wie z. B. Holz oder Papier, verbessern die Patienten ihre Bewegungen
5 und ihre Konzentration.
Anna ist Auszubildende im dritten Ausbildungsjahr und lernt an einer Berufsfachschule. Die Ausbildung macht ihr viel Spaß. „Der Fachschulunterricht ist eine Mischung aus Theorie und praktischer Arbeit. Ein Vorteil ist, dass wir den Berufsalltag in vier Praktika kennen lernen", erzählt Anna. Zurzeit macht sie ein Praktikum in einem Seniorenheim. Anna übt mit den alten Menschen
10 alltägliche Bewegungen, z. B. das An- und Ausziehen. Im letzten Praktikum hat Anna mit hyper-aktiven* Kindern gearbeitet. Sie hat mit den Kindern z. B. das Erkennen und Nachbauen von Formen und Strukturen geübt. Die Kinder sollten so das ruhige und konzentrierte Spielen lernen.

* Hyperaktive Kinder sind immer in Bewegung. Sie können nicht ruhig sitzen und sich nur schwer konzentrieren.

b) Wer macht was? Ordnen Sie zu und lesen Sie vor.

a) Die Ergo-therapeuten
b) Die Patienten

1. ▢ machen eine dreijährige Ausbildung.
2. ▢ haben Probleme mit der Bewegung oder mit der Konzentration und dem Lernen.
3. ▢ arbeiten mit Ärzten zusammen und planen Therapien.
4. ▢ verbessern durch Spielen und Basteln ihre Konzentration.
5. ▢ müssen alltägliche Bewegungen trainieren.
6. ▢ arbeiten auch mit Kindern, die Probleme mit der Konzentration haben.

3 **Nachdenken über das Lernen.** Wie und wann lernen Sie am besten? Kreuzen Sie an und machen Sie eine Kursstatistik.

1.
a) ▉ im Sitzen
b) ▉ im Stehen
c) ▉ im Liegen
d) ▉ ich muss mich immer bewegen

2.
a) ▉ allein
b) ▉ in der Gruppe
c) ▉ im Kurs
d) ▉ mit einer Partnerin / einem Partner

3.
a) ▉ morgens
b) ▉ mittags
c) ▉ nachmittags
d) ▉ abends

4.
a) ▉ mit Musik
b) ▉ bei Ruhe
c) ▉ beim Fernsehen
d) ▉ ...

5.
a) ▉ in der Küche
b) ▉ im Bett
c) ▉ in meinem Zimmer
d) ▉ in der Bibliothek

4 **Lernen mit Bewegung**

a) Artikelgymnastik: Jede/r schreibt zwei Nomen auf einen Zettel. Sammeln Sie die Zettel ein. Bilden Sie drei Gruppen: *der, das, die.* Eine/r liest die Nomen ohne Artikel laut vor. Jede Gruppe springt bei „ihrem" Artikel auf.

b) Bewegtes Lesen: Notieren Sie gemeinsam 15 Komposita aus der Wörterliste. Stellen Sie sich im Kreis auf. Sprechen Sie die Wörter langsam und bewegen Sie sich im Kreis. Jede Silbe ist ein Schritt. Beginnen Sie mit dem rechten Fuß.

5 **Eine Hörcollage aus einem Satz**

a) Verstehen Sie den Satz? Hören Sie und schreiben Sie die Wörter in der richtigen Reihenfolge auf.

b) Einige Kursteilnehmer/innen gehen vor die Tür. Die anderen denken sich einen Satz aus. Jede/r sagt ein Wort von dem Satz. Die Kursteilnehmer/innen kommen wieder in den Kursraum zurück. Sie müssen den Satz raten und die Sprecher/innen in der richtigen Reihenfolge aufstellen.

2 Wörter – Spiele – Training

1 Beruferaten. Was bin ich?

a) Sammeln Sie Berufe, die Sie aus studio d kennen, an der Tafel.

b) Schreiben Sie jeden Beruf auf eine Karte. Mischen Sie die Karten und ziehen Sie eine. Die Gruppe fragt, Sie antworten mit *ja* oder *nein*. Nach fünfmal *nein* haben Sie gewonnen. Die Fragen unten helfen.

Arbeiten Sie Arbeitest du	an der Universität / an der Schule / ...? am Theater / ...? im Krankenhaus / im Büro / ...? in der Werkstatt / in der Bank / ...? mit Menschen / mit Kindern / am Computer / allein? tagsüber / nachts / am Wochenende?
Verkaufen Sie	Schuhe? Brötchen? Fahrkarten?
Kannst du Müssen Sie ...	Autos reparieren / Fremdsprachen / ...? planen / Kunden beraten / Termine machen / kochen / ...?

2 Rückendiktat. Mit dieser Übung trainieren Sie Aussprache, Hören und Schreiben. Setzen Sie sich Rücken an Rücken und diktieren Sie abwechselnd Wort für Wort. Den Text für Partner/in 2 finden Sie auf Seite 113.

Partner/in 1

Zwei ....*Bauarbeiter*.... unterhalten ....

in .... Mittagspause. .... eine .... : „Wenn

.... sechs Richtige .... Lotto .... , dann

.... ich .... zu arbeiten." Da .... ihn

.... andere: „Und .... machst .... , wenn

.... nur .... Richtige .... ?"

.... erste .... : „Ist .... klar! Dann

.... ich .... noch .... Tage .... !"

3 Wortkette. Wie viele Wörter schaffen Sie in 60 Sekunden (mündlich oder schriftlich)? Nennen Sie jedes Wort nur einmal.

Buch → Haus → Sonne → Europa

4 Testen Sie sich! Kreuzen Sie an. Zählen Sie dann die Punkte in der Tabelle zusammen. Die Auflösung finden Sie auf Seite 113.

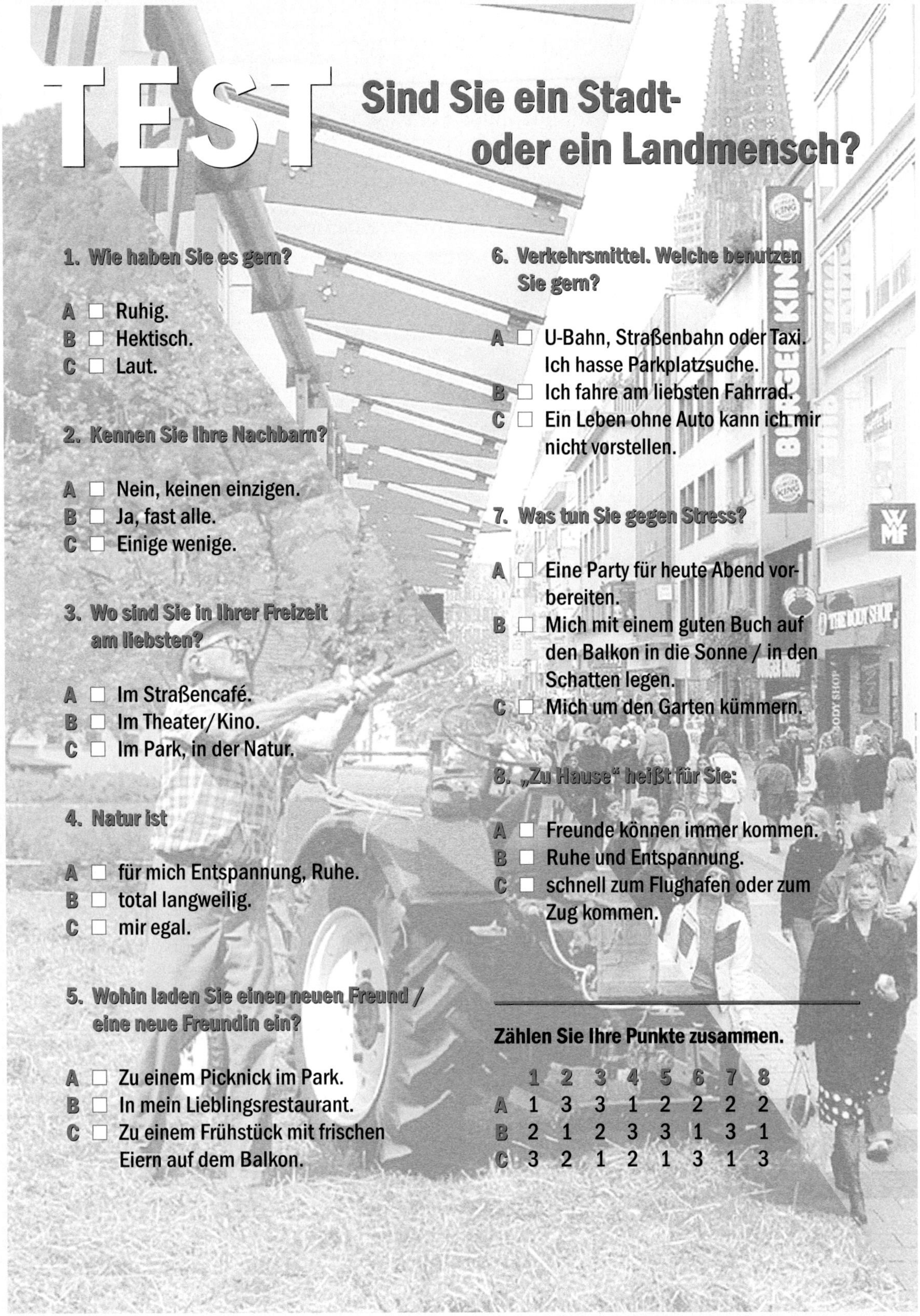

TEST Sind Sie ein Stadt- oder ein Landmensch?

1. Wie haben Sie es gern?

A ☐ Ruhig.
B ☐ Hektisch.
C ☐ Laut.

2. Kennen Sie Ihre Nachbarn?

A ☐ Nein, keinen einzigen.
B ☐ Ja, fast alle.
C ☐ Einige wenige.

3. Wo sind Sie in Ihrer Freizeit am liebsten?

A ☐ Im Straßencafé.
B ☐ Im Theater/Kino.
C ☐ Im Park, in der Natur.

4. Natur ist

A ☐ für mich Entspannung, Ruhe.
B ☐ total langweilig.
C ☐ mir egal.

5. Wohin laden Sie einen neuen Freund / eine neue Freundin ein?

A ☐ Zu einem Picknick im Park.
B ☐ In mein Lieblingsrestaurant.
C ☐ Zu einem Frühstück mit frischen Eiern auf dem Balkon.

6. Verkehrsmittel. Welche benutzen Sie gern?

A ☐ U-Bahn, Straßenbahn oder Taxi. Ich hasse Parkplatzsuche.
B ☐ Ich fahre am liebsten Fahrrad.
C ☐ Ein Leben ohne Auto kann ich mir nicht vorstellen.

7. Was tun Sie gegen Stress?

A ☐ Eine Party für heute Abend vorbereiten.
B ☐ Mich mit einem guten Buch auf den Balkon in die Sonne / in den Schatten legen.
C ☐ Mich um den Garten kümmern.

8. „Zu Hause" heißt für Sie:

A ☐ Freunde können immer kommen.
B ☐ Ruhe und Entspannung.
C ☐ schnell zum Flughafen oder zum Zug kommen.

Zählen Sie Ihre Punkte zusammen.

	1	2	3	4	5	6	7	8
A	1	3	3	1	2	2	2	2
B	2	1	2	3	3	1	3	1
C	3	2	1	2	1	3	1	3

3 Grammatik und Evaluation

1 *Denn* **oder** *weil* ? Ergänzen Sie den Text und korrigieren Sie mit dem Partner / der Partnerin.

Die Insel Fehmarn ist die drittgrößte Insel Deutschlands. Jedes Jahr machen ca. 300 000 Touristen

Urlaub auf Fehmarn, ...[1] die Sonne
scheint hier mehr als 1920 Stunden im Jahr. Die
meisten Touristen besuchen die Insel im Sommer,

...............................[2] sie bei gutem Wetter am Strand
liegen und in der Ostsee baden wollen. Aber die
Insel hat noch mehr Attraktionen. Man kann auf
Fehmarn besonders gut Fahrrad oder Mountain-

bike fahren, ...[3] es viele Radwege gibt.
Man kann auch an einem Tag nach Dänemark und

zurück fahren, ...[4] die Fahrt mit dem
Schiff dauert nur eine Stunde. Viele Touristen fahren auch nach Fehmarn,

...........................[5] sie sich für Vögel interessieren. Sie verbringen dann viel Zeit im

Vogelreservat, ...[6] hier kann man verschiedene Vogelarten beobachten.

Fehmarn ist eigentlich keine richtige Insel mehr, ...[7] seit 1963 gibt es
eine Brücke für den Auto- und Zugverkehr.

2 Sätze verbinden. Schreiben Sie Sätze mit *aber/und, denn/weil* und *ob/dass*.
Manchmal gibt es mehrere Möglichkeiten. Achten Sie auf die Wortstellung.

1. *aber/und*
Kunst interessiert mich sehr. – Mein Freund interessiert sich (nicht/auch) für Kunst.
Ich möchte ins Schwimmbad gehen. – Ich habe keine Zeit.

2. *denn/weil*
Ich fahre im Winter gern nach Fehmarn. – Es gibt nicht so viele Touristen.
Alexander Nowak hat lange einen Job gesucht. – Auf dem Land gibt es nicht so viele Jobs.

3. *ob/dass*
Ich bin sicher, ... – Morgen scheint die Sonne.
Ich möchte wissen, ... – Morgen bist du auf einer Geschäftsreise.

3 Drei Satzanfänge + *weil, denn.*
Wählen Sie einen Satzanfang.
Wiederholen Sie ihn einmal mit
weil und einmal mit *denn.*
Ihr Lernpartner / Ihre Lern-
partnerin ergänzt den Satz.

Ich habe wenig Zeit, ...
Ich bin oft müde, ...
Ich muss am Wochenende arbeiten, ...

Ich habe wenig Zeit, weil ...

... ich zwei Kinder habe.

4 **Nomen mit *-ung*. Welche Verben erkennen Sie?**

1. Die Beschreibung: ....
2. Die Rechnung: ....
3. Die Übung: ....
4. Die Entscheidung: ....

5 **Sagen Sie es höflicher! Verwenden Sie *hätte, könnte* und *bitte*.**

1. Mach den Fernseher leiser!
2. Geben Sie mir die Zeitung!
3. Hast du ein Wörterbuch für mich?
4. Kannst du Brot kaufen?
5. Bring mir einen Kaffee mit!
6. Haben Sie einen Euro für mich?

6 **Bäcker seit drei Generationen. Ergänzen Sie die Verben im Präteritum und korrigieren Sie mit dem Partner/ der Partnerin.**

Schon mein Großvater .... [1] (sein) Bäcker und .... [2] (arbeiten) in einer Bäckerei in Berlin. Als er 25 Jahre alt .... [3] (sein), ... [4] (lernen) er meine Großmutter Marie kennen. Meine Großeltern .... [5] (eröffnen) 1948 ihre erste Bäckerei. Damals .... [6] (haben) sie zwei Angestellte und .... [7] (es gibt) jeden Tag Brot, Brötchen und Kuchen. Meine Großeltern .... [8] (haben) vier Kinder. Nur mein Vater, der Älteste, ... [9] (wollen) Bäcker werden. Er .... [10] (beenden) 1970 seine Ausbildung und .... [11] (müssen) zuerst in der Bäckerei von meinem Großvater arbeiten. 1972 .... [12] (heiraten) meine Eltern und 1975 .... [13] (eröffnen) sie eine eigene Bäckerei mit Café. Als ich ein Kind .... [14] (sein), ... [15] (sein) die Bäckerei mein Spielplatz. Heute spielt mein fünfjähriger Sohn hier. Vielleicht wird er ja auch mal Bäcker.

7 **Systematisch wiederholen – Selbstevaluation.**
Wiederholen Sie die Übungen. Was meinen Sie: ☺ oder ☹?

Das kann ich auf Deutsch	Einheit	Übung	☺ gut	☹ noch nicht so gut
1. eine Wohnungsanzeige verstehen	7	4.1	■	■
2. über einen Unfall im Haushalt berichten	7	6.2	■	■
3. über kulturelle Interessen sprechen	8	1.3	■	■
4. Karten für einen Theaterbesuch reservieren	8	3.2	■	■
5. etwas vergleichen: damals/heute	8	4.1	■	■
6. sagen, was ich beruflich gemacht habe	9	1.3	■	■
7. jemanden nach seinem Traumberuf fragen	9	3.3	■	■
8. am Telefon eine Nachricht hinterlassen	9	5.2	■	■

4 Videostation 3

1 **Auf Goethes Spuren.** Goethe lebte in Frankfurt am Main (F), Wetzlar (Wt), Leipzig (L) und Weimar (We).

a) Sehen Sie den Filmausschnitt an und schreiben Sie die Orte unter die Bilder.

....

b) Ordnen Sie diese Informationen den Orten zu.

Ort

1. Hier steht das Haus, das seinen Eltern gehörte. F..........
2. Hier verliebte er sich zum ersten Mal. ....
3. Hier war er ab 1765 Student. ....
4. Hier wohnte er die meiste Zeit in seinem Leben. ....
5. Hier kann man noch heute sein Arbeitszimmer besuchen. ....
6. Hier arbeitete er oft zusammen mit Schiller. ....
7. Hier erinnert ein Restaurant in einer Einkaufspassage an ihn. ....
8. Hier machte er ein Praktikum. ....
9. Hier hatte er auch ein Gartenhaus zum Arbeiten. ....

2 **Eine unglückliche Liebe und Goethes erster Roman „Die Leiden des jungen Werthers".** Sehen Sie den Film im Film. Und wie war es im Roman? Kreuzen Sie an: Was ist richtig?

1. ☐ Lotte liebt Werther.
2. ☐ Werther ist in Lotte verliebt.
3. ☐ Lottes Mutter war gestorben.
4. ☐ Lotte ist verlobt.
5. ☐ Lotte und Werther werden zusammen glücklich.
6. ☐ Der Roman macht Goethe in der ganzen Welt bekannt.

3 **Landeskunde – Tourismus im Winter.** Welche Aktivitäten sehen Sie im Film?

1. ☐ eine Fahrt mit dem Pferdeschlitten
2. ☐ Eislaufen auf der Alster
3. ☐ eine Autofahrt durch den Winterwald
4. ☐ einen Flug in die Alpen
5. ☐ ein Eishockeyspiel
6. ☐ Ski fahren

4 **Glashütten im Bayerischen Wald.** Sehen Sie die Szene über alte Berufe.

a) Ergänzen Sie die Verbformen: Infinitiv oder Partizip II.

Infinitiv	Partizip II
....	produziert
machen	....
gewinnen	....
sprechen	....
....	weitergezogen

b) Was erzählt Max Hannes? Ergänzen Sie den Text.

„Hier hat man alles vorgefunden, was notwendig[1] war, um

Glas zu .... Der Wald war vorhanden[2] zur

Beheizung[3] der Öfen; Quarzsand[4], Pottasche[5] hat man

auch aus Holz .... Man hat zu dieser Zeit

von so genannten Wanderglashütten[6] ....,

das heißt: Man hat eine Hütte gebaut, hat den Wald

gerodet[7], und ist dann wieder ein Stück ...."

1 = was man braucht; 2 = der Wald war da; 3 = heiß machen; 4+5 = Materialien für die Produktion von Glas;
6 = kleines Haus, dort hat man Glas gemacht; 7 = hat Bäume geschlagen

5 **Am Flughafen.** Katja erklärt dem Team das Projekt: Sie wollen Menschen am Flughafen interviewen. Welche Fragen können sie stellen? Notieren Sie und vergleichen Sie mit dem Film.

....

....

....

6 **Menschen am Flughafen.** Sehen Sie die Interviews, ordnen Sie zu und lesen Sie die Sätze laut.

a) Herr K.

b) Herr G.

c) Herr B.

1. ■ hat Ferien gemacht und fliegt jetzt nach Frankreich.
2. ■ und ■ sind beruflich unterwegs.
3. ■ hat ein Seminar, das drei Tage dauert.
4. ■ ist ungewöhnlich früh unterwegs.
5. ■ und ■ fliegen nach Hause.
6. ■ fliegt nach Stuttgart.

5 Magazin: Tiere in der Zeitung

In vielen Nachrichten im Radio, im Fernsehen und in Zeitungen spielen Tiere eine wichtige Rolle. Menschen und Tiere leben seit Jahrhunderten zusammen. Die Tiere helfen den Menschen, aber sie machen auch oft Probleme. Menschen finden es besonders witzig, wenn Tiere menschlich sind.
Der frühere deutsche Bundespräsident Johannes Rau sagte über seinen Hund:
„Als Hund ist er eine Katastrophe, aber als Mensch ist er unersetzlich!"

Feuerdrama in Bayern

Wau! Ronja rettet Familie das Leben

Würzburg – Die fünf Jahre alte Husky-Hündin Ronja hat ihrem „Frauchen" das Leben gerettet. Das Haus brannte schon bis zum Dach, als sie laut bellte und auf das Bett von Heide P. sprang. Die 43 Jahre alte Frau aus Lembach (Mühlkreis) weckte ihre Töchter (19 und 16) und ihren Mann. Gemeinsam konnten sie sich dann mit dem Hund aus dem brennenden Haus retten. Der Bürgermeister von Lembach sagte: „Die Familie hat großes Glück gehabt. Es war eine Rettung in letzter Minute!"

Die Hündin Ronja (5) und ihre Familie haben jetzt kein Zuhause mehr.

Kuh frisst Handy: Klingeln im Bauch

Kairo – Nach einem Bericht der Zeitung „Oman" suchte eine junge Frau aus der ägyptischen Provinz Al-Sahm, die ihrer Mutter im Kuhstall geholfen hatte, ihr Handy. Weil sie es nicht finden konnte, wählte sie

Die Kuh mit dem großen Appetit

die Nummer von einem anderen Telefon aus und hörte ihr Handy – im Bauch der Kuh. Die Zeitung berichtet nicht, ob die junge Frau das Handy zurückbekam.

Maus stoppt Jumbo Jet

Weil eine Maus im Passagierraum war, musste gestern der Flug BA 369
von London nach New York ausfallen

London – Ein Passagier hatte eine Maus mit an Bord des Jumbo Jets vom Typ Boeing 747 gebracht, die vor dem Start plötzlich weg war. Alle Passagiere mussten den Jet verlassen. Das Personal von British Airways suchte den blinden Passagier drei Stunden lang – ohne Erfolg. Ein Sprecher der Airline sagte: „Die Gefahr, dass die Maus ein Kabel durchbeißt, war zu groß." Die Passagiere konnten auf andere Flüge umbuchen.

Was kann man mit Zeitungsartikeln machen ?!

- Überschriften lesen; Artikel überfliegen
- Vermutungen äußern: Was steht in dem Artikel?
- wichtige Wörter markieren
- Notizen machen: Wer? Wo? Was?
- eine Nachricht mit einem Satz zusammenfassen
- einen interessanten Artikel auswählen und ganz genau lesen
- mit dem Wörterbuch arbeiten

Hund schießt auf Jäger

n Bulgarien hat ein Hund auf ein Herrchen geschossen nd den 35 Jahre alten Jäger eicht verletzt.

ofia – Das Unglück passierte m Nordosten des Landes bei asgrad. Der Mann war auf er Jagd und hatte auf einen Vogel geschossen, wie Zeitungen in Sofia berichten. Der Hund war schneller als sein Herr. Weil der Dackel den Vogel nicht loslassen wollte, wollte der Mann den Hund mit dem Gewehr schlagen. Dabei trat der Hund auf den Abzug und ein Schuss ging los.

Betrunkene schwedische Elche randalieren vor Seniorenheim

Große Tiere nach dem Genuss von faulen Äpfeln außer Kontrolle

Stockholm (nach dpa) – Polizisten mit Hunden mussten die Bewohner des Seniorenheims „Am Waldesrand" im schwedischen Östra Gynge vor betrunkenen Elchen schützen. Gestern berichtete die Zeitung „Dagens Nyheter", dass die großen Tiere viele faule Äpfel gefressen hatten und dann betrunken durch den Wald liefen. Auch ein Polizeikommando mit Hunden konnte die Elche nicht stoppen. Polizeisprecher Fredrik Jonson sagte: „Aggressive betrunkene Elche sind hier ganz normal im Herbst, weil die Tiere richtige Apfelfans sind und große Mengen fressen. Viele Äpfel, die am Boden

Der Elch ist normalerweise ein sehr friedliches Tier

liegen, sind faul und enthalten Alkohol." Er konnte aber nicht sagen, wie viele faule Äpfel ein Elch essen muss, bis er betrunken ist.

Eichhörnchen unterbricht Champions-League-Spiel

Das kleine Tier wird in England zum Medienstar

London – Am Mittwoch beim Champions-League-Spiel zwischen dem FC Arsenal und Villareal rannte ein Grauhörnchen zehn Minuten lang durch den Strafraum von Arsenal-Keeper Jens Lehmann. Das Spiel musste sogar unterbrochen werden. Das aus Amerika eingewanderte Grauhörnchen hat in England seine europäischen roten Verwandten fast ganz verdrängt. Es ist ro-

buster und kommt vor allem in Städten gut zurecht. Mitten in der ersten Halbzeit war so ein Grauhörnchen, von den Zuschauern begeistert gefeiert, in die Nähe von Arsenals Tor gelaufen. „Es turnte irgendwo links rum", so Lehmann, und ließ sich erst nach ein paar Minuten wieder verjagen. Lehmann: „Es war einfach zu schnell für mich."

1 Feste und Bräuche

1 **Symbole. Welche kennen Sie? Zu welchen Festen gehören sie?**

> *Ich glaube, dass ... zu ... gehört.*

> *Die Maß gehört zum Oktoberfest.*

die Weihnachts-pyramide

Eine Kellnerin trägt zehn Maß Bier

... gehört / gehören ...
– zum Valentinstag – zum Oktoberfest – zu Halloween – zu Weihnachten

2 **Feste international: „Export und Import"**

Ü1

a) Lesen Sie den Text und markieren Sie die Feste und Symbole aus Aufgabe 1.

Viele Feste sind heute international. Sie wandern von einer Region zur anderen. Viele
Weihnachtsbräuche und Weihnachtssymbole gab es zuerst in den deutschsprachigen
Ländern, so z. B. den Weihnachtsbaum.
Das Münchner Oktoberfest feierte man zuerst 1810. Heute gibt es Oktoberfeste in der
5 ganzen Welt, von Amerika bis Japan, oft mit Bier und Brezeln aus Bayern.
Aber es kommen auch Feste aus anderen Regionen in die deutschsprachigen Länder.
Manche Feste, z. B. der Valentinstag oder Halloween, haben ihren Ursprung in Europa.
Sie wanderten mit den Einwanderern in die USA und später von dort wieder nach
Europa zurück. Das wichtigste Halloween-Symbol ist der Kürbis. Wenn man Augen,
10 Mund und Nase in den Kürbis schneidet und eine Kerze hineinstellt, dann vertreibt
das die bösen Geister. Kinder verkleiden sich als Geister, gehen von Haus zu Haus und
sammeln Süßigkeiten.
Am Valentinstag tauschen Liebespaare kleine Geschenke. In den USA ist es wichtig,
dass der Partner seiner Liebsten ein Geschenk macht. Aber noch wichtiger sind für
15 die amerikanischen Jugendlichen kleine rosa Briefe, die „Valentines". Wenn man viele
rosa Briefe bekommt, dann ist man bei den anderen sehr beliebt. Den Valentinstag
feierte man früher in Deutschland eher selten. Heute schenken sich viele Paare gegenseitig Blumen und kleine Überraschungen.

Hier lernen Sie

▶ über Feste und Bräuche sprechen
▶ über Geschenke sprechen
▶ Feste in D-A-CH und anderen Ländern vergleichen
▶ Präpositionen mit Dativ
▶ Verben mit Dativ
▶ Verben mit Dativ- und Akkusativergänzung
▶ Bedingungen und Folgen: Nebensätze mit *wenn*
▶ Konsonanten üben: „scharf flüstern"

die verkleideten Kinder

der Weihnachtsbaum

der Kürbis

Zum Valentinstag

die Blumen und Herzen

die Brezel

b) Notieren Sie: Woher kommen die Feste und Symbole?

Weihnachten: der Weihnachtsbaum – aus Deutschland

3 **Über Feste sprechen.** Fragen Sie im Kurs.

Redemittel	
Was sind für Sie wichtige Feste?	Ich feiere gern ... Für mich ist ... das wichtigste Fest.
Wann feiern Sie ...?	Wir feiern am ... / im ...
Wie feiern Sie ...?	Wir feiern mit einem guten Essen. / Wir unterhalten uns. / Wir machen Musik. / Wir tanzen, ...
Mit wem feiern Sie ...?	Wir feiern mit Kollegen / mit Freunden / mit Nachbarn / mit meiner Schwester / mit ...
Wo feiern Sie?	Wir feiern zu Hause / bei Freunden. Wir feiern im Restaurant/Hotel / in der Kneipe / draußen. / Wir mieten einen Raum.

2 Feste im Jahreslauf

1 Feste und Bräuche
Ü2

a) Sehen Sie die Fotos an.
Welche Feste kennen
Sie, und wie heißen sie
in Ihrer Sprache?

b) Lesen Sie die Texte. Ordnen Sie die Fotos zu und ergänzen Sie die Grafik.

1. ■ In vielen Ländern feiert man Karneval. In Köln und Mainz hat der Karneval eine große Tradition. Am Rosenmontag im Februar verkleiden sich die Leute. Sie tragen bunte Kostüme und feiern auf der Straße. Rund um den Bodensee feiert man die alemannische Fasnacht mit traditionellen Masken.

2. ■ Ostern ist in Deutschland im Frühling. Der Osterhase versteckt für die Kinder Ostereier aus Schokolade. Ein anderer Brauch ist das Eierklopfen.

3. ■ Sommerfeste feiert man je nach Region unterschiedlich. Es gibt Stadt- oder Straßenfeste. An Neckar, Mosel, Main und Rhein feiert man Weinfeste.

4. ■ Im Herbst feiert man auf dem Land Erntefeste. Das sind Dorffeste mit Musik, Tanz und einem Umzug durch das Dorf. Man freut sich über die Ernte. In der Alpenregion feiert man den Almabtrieb.

5. ■ Weihnachten ist in Deutschland das wichtigste Familienfest im Jahr. Am Heiligen Abend (24.12.) bringt der Weihnachtsmann oder das Christkind die Geschenke, die dann unter dem Weihnachtsbaum liegen.

6. ■ Das Jahresende feiert man mit Silvesterpartys und einem großen Feuerwerk. Man stößt mit Sekt an und sagt: „Prosit Neujahr!" Die Leute wünschen sich ein „Frohes neues Jahr".

c) Sprechen Sie über die Grafik. Welche Feste feiern Sie?

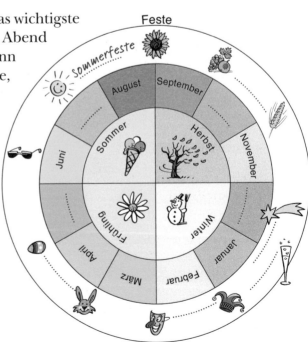

Feste

Sommerfeste

August September

Sommer Herbst

Juni November

Frühling Winter

April Januar

März Februar

2 Fragen zum Text üben

Ü3

a) Notieren Sie drei Fragen zum Text.

> *Was macht man …? / Wann feiert man …? / Wo …?*

b) Fragen Sie im Kurs.

3 Wortfeld Feste. Ergänzen Sie das Wortfeld.

Ü4

sich verkleiden

das Karnevalskostüm

Feste feiern

der Karneval

das Sommerfest

die Grillparty

das Stadtfest

Lieber Feste feiern als feste arbeiten

4 Ja oder nein? Trainieren Sie im Kurs.

zum Karnevalsumzug – zum Sommerfest – auf eine Silvesterparty – zum Erntefest

Ich gehe zum Stadtfest. Willst du nicht mitkommen?

☺ / ☹

Zum Stadtfest? Ja, gerne.
Ich mag Stadtfeste.

Zum Stadtfest? Nein danke,
ich mag keine Stadtfeste.

5 Kein Fest ohne Dativ

22 Ü5

a) Lesen Sie den Merkvers, achten Sie auf Rhythmus und Reim.

Herr *AusBeiNach* und
Frau *von SeitZuMit*
sind für die Dativ Party fit.

b) Lesen Sie den Text und lösen Sie das Rätsel. Wer sitzt neben wem?
Wer hat keine Einladung für die Dativ-Party?

Herr *Aus* mag Frau *Seit* und Herrn *Nach* nicht
und will nicht neben ihnen sitzen. Er findet
aber Frau *Bei* sehr nett, die mit Herrn *Zu*
gekommen ist. Frau *Seit* und Herr *Von* waren
zusammen im Urlaub und wollen die Fotos
anschauen. Herr *Nach* möchte Frau *Mit*
gerne kennen lernen. Aber Herr *Durch,* ihr
Freund, sitzt neben Herrn *Zu* und hat schon
einen Platz für sie reserviert.

3 Feste und Geschenke

1 Geschenke

a) Über welche freuen Sie sich (nicht)?

Ich freue mich über Bücher.

Ich finde, ein Mülleimer ist kein Geschenk!

die Krawatte

der Kuss

der Mülleimer

der Gutschein

die Socken

das Geschirr

der Badeschaum

der Schmuck

das Geld

der Gummibaum

b) Was schenken Sie wem und wann? Was darf man in Ihrem Land *nicht* schenken?

Ich schenke meiner Frau ...

Bei uns darf man keine weißen Blumen schenken.

 2 **Die Prinzen.** Hören Sie das Lied und lesen Sie mit. Machen Sie Geschenkvorschläge.

18

Was soll ich ihr schenken?

Jeden Tag und jede Nacht
muss ich daran denken,
jeden Tag und jede Nacht,
was soll ich ihr schenken,
was soll ich ihr schenken?
Alles, alles hat sie schon,
alles, alles und noch mehr,
alles, alles hat sie schon,
was soll ich da schenken,
ohne sie – ohne sie zu kränken.

Die Prinzen

'n Gummibaum? – hat' se schon!
Badeschaum? – hat' se schon!
'n rotes Tuch? – hat' se schon!
'n Sparbuch? – hat' se schon!
'n Knutschfleck? – will' se nich!
'n Bumerang? – da hat' se mich!
Sogar 'ne Matratze –
  hat' se, hat' se, hat' se!
Was soll ich da schenken,
ohne sie zu kränken?!

 3 **Was soll ich schenken?** Konsonanten durch Übertreibung üben *(scharfes Flüstern)*.

19

a) Hören Sie den Dialog. Achten Sie auf die stimmlose, starke und scharfe Aussprache der Konsonanten. Sprechen Sie nach.

- ■ Was schenkst du Beate zum Geburtstag?
- ◆ Weiß ich auch noch nicht. Wollen wir etwas zusammen schenken?
- ■ Das neue Buch von Donna Leon?
- ◆ Beate liest nicht gern. Vielleicht einen Blumenstrauß?
- ■ Wie langweilig! Wie wär's mit einer CD? Oder eine Handtasche?
- ◆ Viel zu teuer! ... Ein grünes Tuch hat sie sich gewünscht.
- ■ Gute Idee! Machen wir so!

b) Spielen Sie „Stille Post": Was wollen Sie verschenken? Flüstern Sie Ihrem Nachbar / Ihrer Nachbarin die Geschenkidee ins Ohr.

4 Verben mit Dativ- und Akkusativergänzung

1 Interviews: Geschenke. **Fragen Sie im Kurs.**

Fragen   Unterschrift

1. Haben Sie Ihrer Mutter schon einmal Parfüm geschenkt?
2. Kann man einem Mann Parfüm schenken?
3. Haben Sie schon einmal einem Kind Geld geschenkt?
4. Finden Sie, dass man ein Messer schenken kann?
5. Kann man dem Partner Kleidung schenken?

2 **Typisch Mann –**
Ü 6–7 **typisch Frau?**
Wer schenkt
wem was?

Er schenkt **ihr**
Sie schenkt **ihm**

ein teures Parfüm.
einen Ring.
ein Hemd.
Blumen.
ein Taschenmesser.
eine Krawatte.
…

Können Sie mir helfen?
Ich suche ein Geschenk.

 3 **Ein kurzes Grammatikdrama**
8   Ü8

a) Lesen Sie den Text. Wie geht die Geschichte weiter?

Sie schreibt ihm einen Brief. Er öffnet ihn nicht.
Sie schreibt ihm eine SMS. Er ignoriert sie.
Sie schenkt ihm ein Buch. Er liest es nicht.
Sie gibt ihm ihre Telefonnummer. Er ruft sie nie an.
Sie gewinnt im Lotto und zeigt ihm ihren Lottoschein.
Er …

b) Lesen Sie den Lerntipp. Markieren Sie die Verben,
    die immer mit Dativ und Akkusativ stehen.

> **! Lerntipp**
>
> geben, schenken,
> zeigen, bringen:
> immer mit Dativ
> und Akkusativ

4 **Sätze-Rallye. Welche Gruppe kann in zwei Minuten**
die meisten Sätze schreiben?

Nominativ (wer?)		**Dativ** (wem?)	**Akkusativ** (was?)
		seiner Frau	ein Buch.
	gibt	ihrem Kollegen	einen Schal.
Frieda	schenkt	seinen Freunden	eine Einladung.
Mein Bruder	zeigt	ihrer Nachbarin	die Stadt.
	bringt	seinem Chef	ein Videospiel.
		ihren Kindern	Geld.

 5 **Dativ und Akkusativ im Satz. Vergleichen Sie und schreiben Sie je fünf Sätze.**
8   Ü9

Nominativ	Dativ	Akkusativ	
Ich	bringe	meiner Kollegin	einen Kaffee .
Bringst	du	deiner Kollegin	einen Kaffee?

1. N – V – D – A.
2. V – N – D – A?

5 Bedingungen und Folgen: Nebensätze mit *wenn*

1 Weihnachtsbaumbrand. **Lesen Sie den Text. Markieren Sie die Sätze mit** *wenn*.
Ü10

Alle Jahre wieder ...

Echte Kerzen am Weihnachtsbaum sind viel romantischer als
elektrische. Aber was passiert, wenn der Baum brennt? Dann
geht alles ganz schnell, weil der Baum oft sehr trocken ist.
Zuerst brennt der Baum, dann brennt die Gardine und am
5 Ende die ganze Wohnung. Was kann man dagegen tun? Die
Feuerwehr sagt: Wenn man Kinder im Haus hat, dann soll
man nur elektrische Kerzen benutzen. In den USA sind echte
Kerzen sogar verboten. Hier sind ein paar Tipps: Der Baum
darf nicht vor einer Tür stehen, weil man sonst nicht aus dem
10 Raum kann. Wenn man echte Kerzen benutzt, stellt man einen
Eimer Wasser neben den Baum. Dann kann man ein Feuer
schnell löschen. Den Baum nie allein lassen! Wenn man aus
dem Zimmer geht, muss man die Kerzen löschen.

2 Wenn – dann

a) Lesen Sie das Beispiel.

Wenn man Kinder (hat), (dann) soll man elektrische Kerzen benutzen.

b) Ergänzen Sie und markieren Sie wie in Aufgabe a).

1. Wenn der Baum brennt, ...

2. Wenn man echte Kerzen benutzt, ...

3. Wenn man aus dem Zimmer geht, ...

3 Wenn man Stress hat. **Lesen und ergänzen Sie.**

Wenn ich Geschenke kaufen muss, (dann) habe ich Stress.
Wenn ich Stress habe, (dann) bin ich schlecht gelaunt.
Wenn ich schlecht gelaunt bin, (dann) muss ich mir selbst ein Geschenk kaufen.
Wenn ...

4 Was tun Sie, wenn ...? **Ergänzen Sie.**
Ü11

Wenn ich traurig bin, ...
Wenn ich einen Tag frei habe, ...
Wenn ich gute Laune habe, ...

6 Ostern – ein Fest in vielen Ländern

1 Ostern international. **Lesen Sie die Texte.**

Ü 12

a) Was vermuten Sie? Aus welchem Land kommen diese Osterbräuche?

1. ▨ Tschechien – 2. ▨ Schweiz – 3. ▨ Griechenland – 4. ▨ Spanien – 5. ▨ Italien

Viele Leute machen mit der Familie oder mit Freunden am Montag einen Ausflug. Beim Picknick essen wir die Ostertorte, das ist ein salziger Kuchen mit Spinat und gekochten Eiern.

a

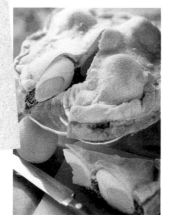

Bei uns kommen am Ostersonntag alle auf den Marktplatz und schlagen ihre bunten Eier zusammen. Das Ei, das nicht kaputt geht, gewinnt.

b

Am Ostersonntag färben und bemalen die Mädchen und Frauen die Ostereier. Am Ostermontag gehen die jungen Männer auf dem Land mit Osterruten von Haus zu Haus und singen Osterlieder.

c

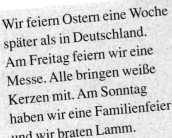
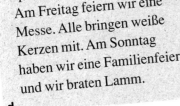

Wir feiern Ostern eine Woche später als in Deutschland. Am Freitag feiern wir eine Messe. Alle bringen weiße Kerzen mit. Am Sonntag haben wir eine Familienfeier und wir braten Lamm.

d

Bei uns gibt es in der „Heiligen Woche" Prozessionen mit prächtig geschmückten Figuren.

e

20

b) Hören Sie zu und überprüfen Sie Ihre Vermutungen.

2 Über Feste schreiben

Ü 13

Ich-Texte schreiben

Ich freue mich auf …
Ich feiere … zusammen mit …
Bei uns ist es Tradition, dass …
Für mich es ist wichtig, dass …

Übungen 10

1 **Rätsel.** Hier sind acht Feste versteckt. Welche sind es? Notieren Sie.

1. Ostern ....
2. ....
3. ....
4. ....

5. ....
6. ....
7. ....
8. ....

2 **Feste und Bräuche.** Was ist richtig? Kreuzen Sie an. Die Texte auf Seite 60 und 62 helfen Ihnen.

1. ■ Die Weihnachtsbaumtradition kommt aus Island.
2. ■ Das Münchner Oktoberfest gibt es seit fast 200 Jahren.
3. ■ Halloween kommt eigentlich aus Europa.
4. ■ Zum Valentinstag schenkt man dem Großvater Blumen.
5. ■ In Mainz feiert man den Karneval nicht.
6. ■ Zu Silvester gibt es in Deutschland immer ein großes Feuerwerk.
7. ■ Eierklopfen ist eine Ostertradition.

3 **Klangbilder**

13

a) Was hören Sie? Wo ist das? Ordnen Sie zu.

1. ....
2. ....
3. ....
4. ....
5. ....

Geburtstagsparty

Silvesterparty   **Münchner Oktoberfest**

Weihnachten   *KARNEVAL*

b) Wie feiern Sie? Machen Sie in Ihrem Heft ein Wörternetz zum Thema Silvester/Neujahr.

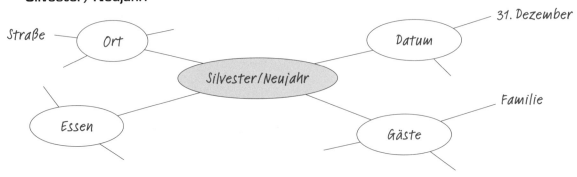

Straße — Ort

Datum — 31. Dezember

Silvester/Neujahr

Essen

Gäste — Familie

4 Mein schönstes Fest

a) Lesen Sie die Texte. Welches Wort passt? Ordnen Sie zu.

Johannes Schorcht. Ich mag keine ▊ 4. Zum Beispiel Weihnachten: Die Leute kaufen viel zu viele ▊ 5 ein. Ich finde es ganz schrecklich, wenn alle nur noch an das Einkaufen denken. Oder der ▊ 6 – der ist doch vor allem für die Blumenläden wichtig. Ich schenke meiner Freundin das ganze Jahr Blumen, aber ganz bestimmt nicht am 14. Februar!

Katrin Berger. Ich liebe *b* 1. Das ist für mich das schönste Fest, weil dann der Winter zu Ende ist und endlich der Frühling kommt. Meistens ist meine ▊ 2 mit den Enkelkindern zu Besuch. Wenn schönes Wetter ist, verstecken wir die ▊ 3 im Garten. Das Suchen ist immer ein Spaß für die ganze Familie.

Sylvi Fechner. ▊ 7 in Köln ist echt toll. Wir wohnen in Köln und meine Eltern gehen nie auf Partys. Aber am Rosenmontag verkleiden wir uns alle und tanzen und feiern auf den ▊ 8 – das ist total cool. Später, wenn ich mein eigenes Geld habe, fahre ich nach Basel zur alemannischen Fasnacht und schaue mir dort die Umzüge und die tollen ▊ 9 an.

1.	a) Weihnachten	b) Ostern	c) Halloween
2.	a) Tochter	b) Vater	c) Bruder
3.	a) Ostereier	b) Osterhase	c) Kinder
4.	a) Kinder	b) Feste	c) Gäste
5.	a) Geld	b) Essen	c) Geschenke
6.	a) Silvester	b) Valentinstag	c) Halloween
7.	a) Grillparty	b) Ostern	c) Karneval
8.	a) Marktplatz	b) Straßen	c) Kino
9.	a) Masken	b) Leute	c) Museum

b) Diese Sätze sind falsch. Korrigieren Sie sie.

1. Frau Berger hat zu Weihnachten immer Besuch von ihren Eltern.
   Frau Berger hat zu Ostern meistens Besuch von ihrer Tochter und den Enkelkindern.

2. Frau Berger mag Ostern überhaupt nicht, weil dann ihre Tochter zu Besuch kommt.

3. Frau Berger versteckt mit ihrer Tochter die Enkelkinder im Garten.

4. Herr Schorcht findet, dass Weihnachten das schönste Fest ist.

5. Zum Valentinstag schenkt er seiner Freundin immer eine Rose.

6. Wenn Sylvi einen Job in Basel hat, fährt sie zur alemannischen Fasnacht.

7. Zu Weihnachten verkleidet sich die ganze Familie und feiert zu Hause.

5 **Rätsel**

a) Welche Präposition ist richtig? Streichen Sie die falsche Präposition durch.

Das Fest kommt ursprünglich aus/~~nach~~ Europa. Es ist von/mit den Einwanderern in die USA gekommen. Nach/Von dort ist es wieder nach Europa zurückgewandert. Das Fest feiert man seit/zu vielen hundert Jahren. Mit/Bei uns in Deutschland feiern meistens die Kinder dieses Fest. Sie laufen von Haus zu/nach Haus und sammeln Süßigkeiten. Nach/Vor dem Fest kommt bald Weihnachten.

b) Wie heißt das Fest?

....

6 **Verben mit Dativ**

a) Ergänzen Sie die Pronomen im Dativ.

1. ■ Gefallen Ihnen die Rosen nicht? ◆ Oh doch, die gefallen ....*mir*....... sehr gut.

2. ■ Helft ihr Claudia bei den Partyvorbereitungen? ◆ Nein, sie hat .... auch nicht geholfen.

3. ■ Hat euch der Gänsebraten geschmeckt? ◆ Danke, der hat .... sehr gut geschmeckt. Nicht wahr, Rita?

4. ■ Hast du Bernd zum Geburtstag gratuliert? ◆ Ja, ich habe .... schon vor zwei Wochen gratuliert.

5. ■ Kannst du mir beim Einpacken der Geschenke helfen? ◆ Ja klar, ich helfe .... gern.

b) Hören Sie und kontrollieren Sie mit der CD.

14

7 **Nomen im Dativ. Wem gehört was? Ordnen Sie zu und schreiben Sie Sätze.**

Wem gehört
die Schere?	1	a der Musiker
die Gitarre?	2	b das Geburtstagskind
die Kamera?	3	c die Frisörin
das Geschenk?	4	d die Fotografin

1. Die Schere gehört der Frisörin.

8 **Dativ und/oder Akkusativ? Welche Ergänzungen gibt es in den Sätzen? Unterstreichen Sie und kreuzen Sie an.**

	Dativ	Akkusativ
1. Das Bild gefällt <u>mir</u> nicht.	X	■
2. Familie Schröter schreibt den Freunden eine Karte.	■	■
3. Der Mann schenkt seiner Frau einen Ring.	■	■
4. Ich danke Ihnen sehr.	■	■
5. Frau Peterlein gibt ihrem Kind ein Stück Schokolade.	■	■
6. Hilfst du deiner Mutter?	■	■

9 Verben mit Dativ- und Akkusativergänzung. *Wer? Wem? Was?*

a) Schreiben Sie Sätze. Verwenden Sie Possessivartikel.

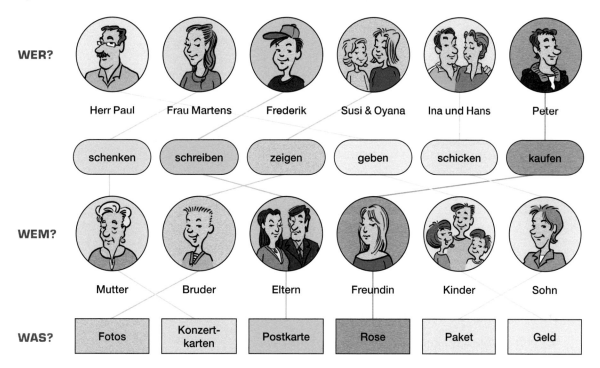

WER?

Herr Paul   Frau Martens   Frederik   Susi & Oyana   Ina und Hans   Peter

schenken   schreiben   zeigen   geben   schicken   kaufen

WEM?

Mutter   Bruder   Eltern   Freundin   Kinder   Sohn

WAS?

Fotos   Konzert-karten   Postkarte   Rose   Paket   Geld

1. Herr Paul gibt seinen Kindern Geld.

b) Variieren Sie neu. Schreiben Sie mindestens fünf Sätze.

1. Herr Paul schenkt seiner Freundin Konzertkarten.

10 Bedingungen und Folgen: Nebensätze mit *wenn*

a) Ordnen Sie zu.

Mein japanischer Freund will das Oktoberfest besuchen. **1**   a Ich bin sehr traurig.
Ich bekomme keinen Valentinsbrief. **2**   b Ich verstecke die Ostereier im Haus.
Es regnet zu Ostern. **3**   c Ich rufe schnell die Feuerwehr.
Zu meiner Grillparty kommen   d Ich schicke einen Freund einkaufen.
20 Gäste mehr als geplant. **4**   e Ich fahre mit ihm nach München.
Der Weihnachtsbaum brennt. **5**

b) Verbinden Sie die Sätze mit *wenn.*

1. Wenn mein japanischer Freund das Oktoberfest besuchen will, fahre ich mit ihm nach München.

11 Was tun Sie, wenn ...? Schreiben Sie Sätze.

1. Sie sind müde.
2. Sie haben nichts im Kühlschrank.
3. Sie sind verliebt.

1. Wenn ich ...
2. ...
3. ...

12 **Einladung zur Grillparty**

a) Ordnen Sie die Sätze und schreiben Sie den Dialog.

- ■ **1** Hallo, mein Junge.
- ◆ ■ Sehr gern! Ich habe seit Tagen nichts Richtiges gegessen. Wo feiert ihr denn?
- ■ ■ Nein, mein Junge. Der Kühlschrank ist voll. Bring lieber mal eine Frau mit.
- ◆ ■ Ja, das ist eine gute Idee. Und wer kommt?
- ■ ■ Sehr gut, danke. Möchtest du morgen Abend zu unserer Grillparty kommen?
- ■ ■ Die Nachbarn. Und deine Schwester kommt auch.
- ◆ ■ Also sind wir acht Personen. Soll ich etwas mitbringen?
- ◆ **2** Hallo, Mutti. Wie geht's?
- ◆ ■ Nicht schon wieder dieses Thema! Wir sehen uns morgen.
- ■ ■ Wenn schönes Wetter ist, dann im Garten von Irene.
- ■ ■ Ja, bis morgen, mein Junge.

+ Hallo, mein Junge.
– Hallo, Mutti. Wie geht's?
+ ...

15

b) Hören Sie und kontrollieren Sie mit der CD.

13 **Ein Liebesbrief. Welche Präposition passt? Ergänzen Sie.**

Antti Nissilä (27, Finnland) lebt und arbeitet seit drei Monaten in Mainz.
Er möchte einer Frau zum Valentinstag einen Liebesbrief schreiben.
Er hat aber noch Probleme mit den deutschen Präpositionen. Helfen Sie ihm.

bei – zur – nach – aus – ~~seit~~ – mit (2x)

Hallo, unbekannte Schöne!

Seit ....¹ zehn Wochen sehe ich dich jeden Montag in der Straßenbahn und habe

nur einen Wunsch – ....² dir zu sprechen. Immer wenn ich montags ....³

Haltestelle gehe, höre ich mein Herz schlagen. Ich wollte dich schon so oft ....⁴

dem Weg oder der Uhrzeit fragen, aber ich hatte zu viel Angst. Du bist so wunder-

schön!

Bald ist Karneval. Ich komme ....⁵ Finnland und ....⁶ uns feiert man

den Karneval nicht. Vielleicht möchtest du ....⁷ einem verliebten Wikinger

Karneval feiern? Meine Nummer: 0151/17162063

Dein Antti

Das kann ich auf Deutsch

über Feste und Bräuche sprechen

Wir feiern Weihnachten immer mit der Familie.
Wir suchen am Ostersonntag im Garten Ostereier.

über Geschenke sprechen

Bei uns darf man zum Geburtstag keine weißen Blumen schenken.
Am Valentinstag schenken viele Männer ihren Liebsten Blumen.

Feste in D-A-CH und anderen Ländern vergleichen

Wir gehen am Ostersonntag auf den Markt zum Eierklopfen.
Bei uns in der Schweiz hat die alemannische Fasnacht eine lange Tradition.

Wortfelder

Feste

der Karneval, die Maske,
der Valentinstag, das Stadtfest,
das Oktoberfest, Halloween
sich verkleiden

Weihnachten

der Weihnachtsbaum, der Weihnachtsmann, das Christkind, der Heilige Abend
Geschenke kaufen, jemandem etwas schenken

Ostern der Osterhase, die Ostereier, Ostereier verstecken/suchen

Grammatik

Präpositionen mit Dativ

Silvester feiere ich am liebsten **mit** meinen Freunden. Das Oktoberfest feiert man **seit** dem 19. Jahrhundert. **Nach** dem Weihnachtsfest haben wir noch eine Woche Ferien.

Verben mit Dativ- und Akkusativergänzung

Janek **schenkt** seiner Schwester einen Pullover.
Marta **zeigt** ihrem Freund ihren neuen Computer.

Nebensätze mit *wenn*

Wenn ich müde bin, (dann) trinke ich einen starken Kaffee.
Wenn man Kinder hat, (dann) soll man elektrische Kerzen benutzen.

Aussprache

Konsonanten üben:
„scharf flüstern"

- Was schenkst du Petra zum Geburtstag?
- Vielleicht einen Blumenstrauß? Oder eine Handtasche?

Laut lesen und lernen

Feiern Sie gern Karneval? Kommst du mit zum Stadtfest?
Was soll ich dir zu Weihnachten schenken?
Frohe Weihnachten! Prosit Neujahr! Fröhliche Ostern! Herzlichen Glückwunsch!

1 Gesichter lesen

1 Emotionen. Können Sie die Fotos den Emotionen zuordnen?

1. ▨ die Freude / sich freuen
2. ▨ die Angst / Angst haben – einen Schreck bekommen / sich erschrecken
3. ▨ die Wut / wütend sein – der Ärger / sich ärgern (über etwas)
4. ▨ der Ekel / etwas eklig finden / sich ekeln (vor etwas)
5. ▨ die Trauer / traurig sein / trauern (um etwas) / weinen

2 Emotionen ausdrücken

a) Lesen Sie die Sätze. Welche passen zu den Fotos?

21

b) Sprechen Sie die Sätze nach.

Redemittel

Emotionen ausdrücken

Igitt, ist das eklig! Iiih!	Oh nein!
Ich bin stinksauer! So ein Mist!	Wie schön! Das ist cool!
Ich habe eine Riesenwut auf (Andreas).	Wahnsinn! Toll! Klasse!

Hier lernen Sie

▶ Emotionen erkennen und Emotionen ausdrücken
▶ einen Film mit einer Textgrafik zusammenfassen
▶ über einen Film sprechen
▶ Texte lesen: den Genitiv verstehen
▶ Indefinita: *einige, manche*
▶ Wechselpräpositionen
▶ Verben mit Akkusativ / Verben mit Dativ
▶ Relativsätze: *in, mit* + Dativ
▶ Laute dehnen

Menschen sprechen nicht nur mit Worten. Sie
sprechen mit den Händen und mit dem ganzen
Körper. Sie können mit dem Körper Sympathie
oder Antipathie, Aggression oder Freundlichkeit
5 ausdrücken. Besonders Gesichter können zeigen,
ob jemand nervös oder ruhig, ärgerlich oder
entspannt ist. Die Sprache des Gesichts ist die
Sprache der Emotionen. Freude, Trauer, Wut,
Ekel, Angst – alles kann man mit dem Gesicht
10 ausdrücken – manchmal besser als mit Worten.
In manchen Kulturen zeigt man mehr Emotionen
mit dem Gesicht und in anderen weniger, weil
das Zeigen von Gefühlen dort nicht höflich ist.
Die Gesichtsausdrücke, die man aus der eigenen
15 Kultur kennt, versteht man am besten. Manche
Menschen zeigen ihre Gefühle auch nicht gern.
Einige Menschen können Gesichter nicht so
gut lesen. Aber für uns alle heißt Kommunikation
auch mit dem Gesicht und mit dem Körper
20 sprechen.

---

3 **Emotionswörter.**

Ü1 **Sammeln Sie im Text Wörter für Emotionen.**

positiv ☺	negativ ☹
Freude....	....

Redemittel

auf Emotionen reagieren

Das ist schön. / Fantastisch!
Das tut mir leid.
Was ist denn passiert? / Was ist los?
Sei nicht traurig. Das ist doch nicht so schlimm!
Warum bist du so traurig/wütend? / Sei nicht sauer.
Du brauchst keine Angst zu haben. / Hab keine Angst.

---

4 **Auf Emotionen reagieren.** **Was sagen Sie dazu?**

2 Ein deutscher Liebesfilm

1 **Erbsen auf halb sechs.** Was bedeutet der Titel des Films? Die Antwort finden Sie im Text.

Ein emotional mitreißender Film, nach dem Sie die Welt mit anderen Augen „sehen"!

Auf der Reise kommen sich Lilly und Jakob ganz langsam näher

Bei den Dreharbeiten

DIE WUNDERBARE GESCHICHTE EINER BLINDEN LIEBE

Erbsen auf halb 6

FRITZI HABERLANDT

EIN FILM VON LARS BÜCHEL

HILMIR SNÆR GUDNASON

Eine Tragikomödie, die sich auf sympathische und humorvolle Weise dem Thema Blindheit widmet

Die Geschichte

Jakob (Hilmir Snær Gudnason) ist ein erfolgreicher Theaterregisseur. Am Anfang des Films hat er einen Autounfall, an dem er schuld ist.
5 Er wird blind. Jakob ist wütend und verzweifelt, weil er seinen Beruf als Regisseur an den Nagel hängen muss, und trennt sich von seiner Freundin. Er hat Angst vor
10 der Zukunft und will nicht mehr weiterleben. Aber er möchte noch seine todkranke Mutter, die in Russland lebt, besuchen. Dann lernt er Lilly (Fritzi Haberlandt)
15 kennen. Lilly ist von Geburt an blind. Sie findet sich in ihrer Welt gut zurecht. Gemeinsam machen sie sich auf den langen Weg nach Osten. Die Reise ist Thema des
20 Films, Ort der Handlung ist Osteuropa. Die beiden Blinden kommen manchmal in gefährliche Situationen. Trotzdem gibt es auch viel Komik und Humor. Am Ende
25 des Films sind beide verändert: Jakob lernt, dass man sein Schicksal akzeptieren muss, und Lilly verliebt sich in ihn. Langsam finden die beiden Menschen zuein-
30 ander.

Jakob erklärt Lilly, wie die Farbe Gelb aussieht, nämlich wie die Farbe der Sonne auf einem warmen Stein. Lilly hilft Jakob bei der
35 Orientierung im Dunkeln. Beim Essen z. B. ist es wichtig zu wissen, wo etwas auf dem Teller liegt. Lilly erklärt den Trick mit der Uhr. „Stellen Sie sich den Teller als Uhr
40 vor", sagt die blinde Frau zur Kellnerin, „und dann sagen Sie mir, auf welcher Zeit das Essen liegt."

2 **Einen Hörfilm hören.** Hören Sie die Szene. „Sehen" Sie die Bilder? Beschreiben Sie.

1. Wo sind Lilly und Jacob?
2. Was möchte Lilly?
3. Wie reagiert die andere Frau?

3 Mit einer Textgrafik arbeiten. Lesen Sie den Text noch einmal und ergänzen Sie
Ü2 die Grafik. Berichten Sie dann über den Film.

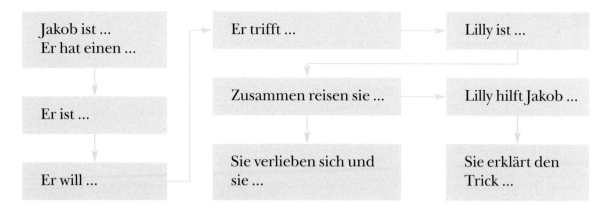

Jakob ist ... Er hat einen ...	Er trifft ...	Lilly ist ...
Er ist ...	Zusammen reisen sie ...	Lilly hilft Jakob ...
Er will ...	Sie verlieben sich und sie ...	Sie erklärt den Trick ...

4 Über einen Film sprechen. Lesen Sie die Redemittel und berichten Sie über
Ihren letzten Besuch im Kino.

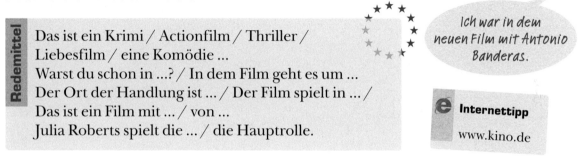

Redemittel

Das ist ein Krimi / Actionfilm / Thriller /
Liebesfilm / eine Komödie ...
Warst du schon in ...? / In dem Film geht es um ...
Der Ort der Handlung ist ... / Der Film spielt in ... /
Das ist ein Film mit ... / von ...
Julia Roberts spielt die ... / die Hauptrolle.

Ich war in dem neuen Film mit Antonio Banderas.

e Internettipp
www.kino.de

5 Informationen über die Schauspieler

a) Lesen Sie die Texte und machen Sie Notizen. Berichten Sie: Filme/Theater/Preise.

Hilmir Snær Gudnason, geb. 1969, ist einer der bekanntesten Theater- und Filmschauspieler Islands. Er hat klassisches Theater ⁵ auf vielen Bühnen gespielt und den Preis als „Bester Schauspieler" für seine Leistung als „Hamlet" bekommen. Der sympathische Schauspieler hat schnell Karriere gemacht. Auf dem Filmfestival ¹⁰ „Berlinale" bekam er 2000 den Preis als „Shooting Star". Im Jahr 2003 spielte er neben Franka Potente in der deutschen Verfilmung des Romans „Blueprint". Diese Rolle machte ihn international bekannt.

Fritzi Haberlandt wurde 1975 in Ostberlin geboren. Nach ihrer Ausbildung an der Ernst-Busch-Schauspielschule begann sie ihre ⁵ Karriere auf den Berliner Theaterbühnen und spielte dann in New York und Hannover. Heute spielt sie am Thalia-Theater in Hamburg. Sie bekam im Jahr 2000 den Bayerischen Filmpreis und ¹⁰ 2004 den Deutschen Filmpreis für die beste Nebenrolle. Das Magazin „Neon" wählte sie in die Liste der 100 wichtigsten jungen Deutschen. Auf den Film bereitete sie sich mit einem Blindentrainer vor.

b) Berichten Sie über Ihren Lieblingsschauspieler / Ihre Lieblingsschauspielerin.
Die anderen raten den Namen.

Er/Sie hat braune Augen ...

Er/Sie hat im Film ... (zusammen mit ...) gespielt.

3 Strategien und Strukturen

1 Orientierung mit der Uhr

a) Lesen Sie den Text. Wo steht der Kapitän? Zeichnen Sie einen Passagier auf zehn Uhr.

Die Uhr kann man zur Orientierung und zum Lernen benutzen. Auf einem Schiff ist 12 Uhr vorn, hinten ist sechs Uhr, rechts ist drei Uhr und links ist neun Uhr. So kann man sich orientieren, wenn man jemandem schnell etwas zeigen will.

b) Vokabeln üben: Was liegt wo auf dem Teller? Erklären Sie, schließen Sie das Buch und wiederholen Sie.

die Paprika, das Fleisch, die Erbsen,
die Kartoffeln, die Tomaten,
der Käse, ...

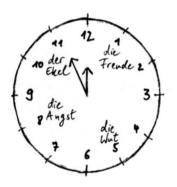

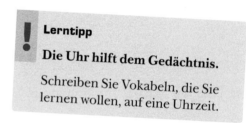

Lerntipp

Die Uhr hilft dem Gedächtnis.

Schreiben Sie Vokabeln, die Sie lernen wollen, auf eine Uhrzeit.

 2 **Gegen die Uhr lesen.** Lesen Sie den Text auf Seite 75 laut. Ihr Partner / Ihre Partnerin stoppt die Zeit. Lesen Sie den Text noch einmal schneller. Wechseln Sie die Rollen.

 3 **Indefinita.** Was meinen Sie? Ergänzen Sie die Sätze.
18

 Alle (Menschen) lieben den Sommer.

 Viele mögen ...

 Einige / Manche ...

 Wenige ...

 4 **Morgengymnastik: Laute dehnen.** Hören Sie zu, sprechen Sie nach
23 und machen Sie mit.

Zuerst das rechte Auge auf, dann das linke Auge auf.
Und die Nase hoch. Den Mund runden.
Jetzt das linke Auge zu, dann das rechte Auge zu.
Und die Ohren hoch und lachen. Guten Morgen!

5 Texte lesen: Der Genitiv. Ergänzen Sie aus den Texten auf den Seiten 75 und 77.

15.2

der Film	das Ende ...*des*... Films
das Gesicht	die Sprache .... Gesichts
die Sonne	die Farbe ...*der*... Sonne
Plural **die** Deutschen	die Liste .... wichtigsten Deutschen

6 Filmtitel. Ergänzen Sie die Titel.

Ü3

1. Der Name ... Rose – 2. Der Besuch ... alten Dame – 3. Ein Tag im Leben ... Herrn Maier. – 4. Tage ... Angst – 5. Das Haus ... Horrors – 6. Die Geschichte ... Autos

7 Wechselpräpositionen. Die Präpositionen kennen Sie schon. Ordnen Sie zu: Wohin oder wo? Akkusativ (A) oder Dativ (D)?

23   Ü4

	Wohin?	Wo?	Akkusativ	Dativ
1. Müllers sind <u>auf</u> dem Weg nach Italien.		X		X
2. Ich schreibe meinen Namen <u>in</u> die Liste.				
3. Mein Name steht <u>in</u> der Liste.				
4. Hilmir stellt sich gern <u>vor</u> die Kamera.				
5. Der Regisseur steht lieber <u>hinter</u> der Kamera.				
6. Der Film war 2003 <u>in</u> den deutschen Kinos.				
7. Fritzi hat eine Ausbildung <u>an</u> der Schauspielschule gemacht.				
8. Sie steht seit 1998 <u>auf</u> der Bühne.				
9. Gehst du gern <u>ins</u> Kino?				
10. Ich war gestern <u>im</u> Theater.				
11. Fredi geht <u>auf</u> die Schauspielschule.				

8 Wechselpräpositionen + Verben mit Akkusativ oder Dativ? Ergänzen Sie die Regel.

23   Ü5

 Ich lege die DVD auf den Tisch.

 Die DVD liegt auf dem Tisch.

 Ich stelle die DVD in das Regal.

 Die DVD steht im Regal.

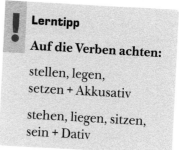

> **!** **Lerntipp**
>
> **Auf die Verben achten:**
>
> stellen, legen, setzen + Akkusativ
>
> stehen, liegen, sitzen, sein + Dativ

Regel   Richtung/Bewegung: ....   Ort: ....

9 Eine Filmszene verstehen. Hören Sie zu und ergänzen Sie die Zeichnung.

24   Ü6

4 Anette Stramel, Deutschlehrerin

1 Brailleschrift.
Wo haben Sie
diese Schrift
schon gesehen?

2 Einen Text verstehen. **Lesen Sie den Text.**

a) In welchen Zeilen finden Sie die Antworten auf die Fragen?   Zeile

1. Wie hat Frau Stramel nach dem Studium Arbeit gefunden?   ....

2. Was ist in ihren Deutschkursen anders als in Ihrem Kurs?   ....

3. Die Kursteilnehmer lernen nicht nur Deutsch. Was lernen sie noch?   ....

4. Wie können die Kursteilnehmer mit dem Lehrbuch arbeiten?   ....

5. Was ist eine „Mobilitätshilfe"?   ....

b) Vergleichen Sie die Antworten im Kurs.

Anette Stramel ist von Geburt an blind. Sie hat studiert und ist jetzt Deutschlehrerin. Nach dem Studium setzte sie Anzeigen in die Zeitung: „Deutschlehrerin gibt Privatunterricht". Wenn jemand angerufen hat, dann hat
5 sie gesagt, dass sie blind ist. Manche Anrufer haben das Gespräch dann sofort beendet, aber sie hatte auch viele Schüler. Die haben anders gelernt, aber sehr aktiv: Sie haben mehr gesprochen, vorgelesen und mit Hörtexten gearbeitet. Texte, mit denen man auf dem Computer
10 arbeiten kann, sind für sie kein Problem. Ihr Computer liest sie vor, er ist ihr wichtigstes Arbeitsmittel.
Im Moment unterrichtet sie in Frankfurt an der „Stiftung Blindenanstalt". Frau Stramel hat fünf sehbehinderte Migranten in einem Kurs, in dem diese gleichzeitig Deutsch und die Blinden-schrift lernen. Diese Schrift ist 200 Jahre alt. Sie besteht aus sechs Punkten, mit denen man auch
15 mathematische Aufgaben und Noten schreiben kann.
Ihre Lernenden machen täglich neue Erfahrungen und sie lernen Wörter und Sätze, die sie im Alltag brauchen. Einige erzählen, was sie erlebt haben: Probleme in der Straßenbahn, ein inter-essanter Abend in einem Restaurant. Oder: Sie haben den Weg in den Kurs zum ersten Mal allein mit dem Langstock geschafft. Das sind dann immer gleich die wichtigsten Themen im
20 Unterricht. Das Lehrbuch und die Arbeitsblätter können die Kursteilnehmer in Blindenschrift lesen. Ihren Hund Schokki hat Anette seit zehn Jahren. Anette erzählt, dass Schokki schon „in Rente" ist, weil die Hündin alt ist und nicht mehr richtig sehen kann. Schokki ist ihre „Mobili-tätshilfe". So heißt der Hund in der Amtssprache.

3 Hören Sie das Interview mit Frau Stramel. Notieren Sie Informationen über a) ihre
25 Kursteilnehmer, b) ihre Arbeitsmittel, c) ihre Hobbys, d) ihren Hund.

4 **Relativsätze:** *in, mit* + Dativ

7.2 Ü7

a) Markieren Sie den Relativsatz. Vergleichen Sie mit Einheit 6/3.

Der Kurs besteht aus fünf Migranten. Frau Stramel arbeitet im Moment in dem Kurs.
Der Kurs, in **dem** Frau Stramel im Moment arbeitet, besteht aus fünf Migranten.

Das Lehrbuch ist in Brailleschrift übertragen. Sie arbeiten mit dem Lehrwerk im Kurs.
Das Lehrbuch, mit **dem** sie im Kurs arbeiten, ist in Brailleschrift übertragen.

Die Schrift ist 200 Jahre alt. Mit ihr kann man auch Noten schreiben.
Die Schrift, mit **der** man auch Noten schreiben kann, ist 200 Jahre alt.

Die Räume sind groß und haben Internetanschluss. Sie arbeiten in den Räumen.
Die Räume, in **denen** sie arbeiten, sind groß und haben Internetanschluss.

b) Ergänzen Sie die Tabelle.

Grammatik

Relativpronomen:	Nominativ	Akkusativ	Dativ
der	der	den	....
das	das	das	....
die	....	....	....
Plural die	....	....	....

5 **Wünsche und Ideale. Beschreiben Sie.**

Ü8

Deutschkurs: Es gibt nur nette Teilnehmerinnen.
Lehrbuch: Es gibt nur interessante Texte.
Lehrerin: Sie macht viele Projekte mit uns.
Urlaub: ... – Auto: ... – Partner: ...

> Der ideale Deutschkurs
> ist ein Kurs, in dem ...

6 **Hören und sehen in Redewendungen. Zweimal sehen, zweimal hören – welche Sätze passen zu welcher Redewendung? Ordnen Sie zu und lesen Sie vor.**

1. Unsere Firma hat jetzt drei harte Jahre und viele Probleme gehabt. *Aber ich sehe Licht am Ende des Tunnels.*

2. Meine neue Kollegin kritisiert mich jeden Tag dreimal. *Ich sehe schon rot, wenn sie in den Raum kommt.*

3. Gestern hat unser Personalchef gesagt, dass wir drei Leute zu viel sind. *Man konnte eine Stecknadel fallen hören.*

4. Unsere Marketingabteilung kennt schon den Modetrend vom nächsten Jahr. *Die hören das Gras wachsen.*

a) Ich bin jetzt ein bisschen optimistischer für die Zukunft.
b) Niemand hat etwas gesagt. Es war ganz ruhig.
c) Er/Sie hat / Sie haben einen guten Sinn für neue Entwicklungen.
d) Ich werde sofort wütend, wenn er/sie kommt.

Übungen 11

1 Bücher über die großen Emotionen

a) Lesen Sie die Texte. Welcher Text passt zu welchem Buch? Ordnen Sie zu.

b) Notieren Sie die Emotionen, über die die Texte berichten.

1. ▨ Jeder Mensch wünscht sich ein schönes und glückliches Leben. Doch wie findet man das Gefühl der Freude und des Glücks? Viele Menschen wissen das nicht. Dieses Buch hilft Ihnen auf den richtigen Weg. Schon beim Lesen der ersten Zeilen fühlen Sie sich glücklicher.

   Freude und ....

2. ▨ Dieses Buch hilft Ihnen in Zeiten der Angst und der Trauer. Der Autor hat es nach dem Tod der Ehefrau geschrieben. Er möchte Ihnen sagen, dass Sie nicht allein mit Ihren Gefühlen sind. Dieses Buch kann auch Ihnen helfen.

   ....

3. ▨ Sind Ihnen die Gefühle der anderen Menschen wichtiger als die eigenen? Sind Sie immer nett? Das Buch zeigt Ihnen den Weg zum gesunden Ärger. An vielen theoretischen und praktischen Beispielen erklären die Autoren die positive Seite der Wut.

   ....

4. ▨ Der Bestseller des Amerikaners hilft Ihnen bei Ihren Ängsten des Alltags. Viele Beispiele aus dem Berufs- und Familienleben machen das weltbekannte Buch so interessant. Sind Sie ein ängstlicher Mensch? Dann lesen und leben Sie!

   ....

c) Was steht in den Texten? Kreuzen Sie an.

1. ▨ Viele Menschen wissen nicht, wie sie glücklich werden können.
2. ▨ Das Lesen von „Tage der Freude, ..." macht glücklich.
3. ▨ Clive S. Lewis hat „Über die Trauer" nach dem Tod der Tochter geschrieben.
4. ▨ „Über die Trauer" hilft dem Leser in traurigen und schweren Stunden.
5. ▨ „Mut zur Wut" erklärt, dass das Gefühl der Wut ungesund ist.
6. ▨ „Mut zur Wut" beschreibt die positiven Seiten des Ärgers.
7. ▨ Dale Carnegies Buch ist für Menschen, die ängstlich sind.
8. ▨ „Sorge dich nicht – lebe!" haben nur wenige Menschen gelesen.

2 Über einen Film berichten: Jenseits der Stille

a) Lesen Sie den Text. Ergänzen Sie die Sätze.

Jenseits der Stille,
Deutschland 1996,
ein Drama von
Caroline Link

Lara (Tatjana Trieb) lebt in einer kleinen Stadt in Süddeutschland. Ihre
Eltern können nicht hören und sprechen. Sie muss oft für sie übersetzen.
Zu Weihnachten schenkt ihr die Tante (Sibylle Canonica) eine Klarinette.
Lara hat großes Talent und ihre Tante möchte, dass sie in Berlin Musik
5 studiert. Die Eltern wollen nicht, dass Lara geht. Besonders ihr Vater
(Howie Seago) ist wütend, weil er sie nicht verlieren möchte. Lara fährt
trotzdem nach Berlin und bereitet sich dort auf die Aufnahmeprüfung vor.
In Berlin lernt sie Tom (Hansa Czypionka) kennen. Er ist Lehrer für
gehörlose Kinder und will bald nach Washington zum Arbeiten gehen.
10 Als ihre Mutter bei einem Unfall stirbt, fährt Lara sofort nach Hause.
Der Vater redet nicht mehr mit ihr. Lara geht wieder allein nach Berlin. Als sie aber die Prüfung
an der Musikhochschule hat, sieht sie ihren Vater im Konzertsaal.

1. Der Film heißt ....*„Jenseits der Stille"* .... und ist von ....

2. „Jenseits der Stille" ist keine Komödie. Es ist ....

3. Die Hauptrollen spielen ....

4. Die Nebenrollen ....

5. Der Ort der Handlung ....

b) Schreiben Sie die Fragen zu
   den Antworten in Aufgabe a).

> 1. Wie heißt der Film und von wem ist er?
> 2. Was für ein ...

c) Lesen Sie den Text noch einmal. Schreiben Sie die Textgrafik in Ihr Heft
   und ergänzen Sie sie.

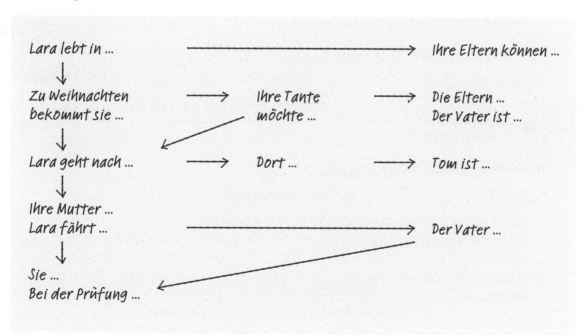

3 **Texte lesen: der Genitiv**

a) Schreiben Sie die Genitivformen in die Tabelle.

der	das	die	Plural

b) Lesen Sie die Texte auf Seite 82 noch einmal. Markieren Sie alle Genitivformen und schreiben Sie sie in die Tabelle.

1. ▨ Jeder Mensch wünscht sich ein schönes und glückliches Leben. Doch wie findet man das Gefühl der Freude und des Glücks? Viele Menschen wissen das nicht.

4 **Interview mit einem Regisseur. Wechselpräpositionen**

17

a) Was passt? Ergänzen Sie die Präpositionen. Kontrollieren Sie mit der CD.

vor der – im – hinter der – ins – vor die – vor einer – über die – auf der – in die – neben dem – neben – über den – vor der

- ■ Guten Tag, Herr Emmerland. Wann waren Sie das letzte Mal ....¹ Kino?

- ◆ Ich gehe sehr selten ....² Kino. Wirklich.

- ■ Würden Sie eigentlich gern einmal ....³ Kamera stehen?

- ◆ Oh, nein. Ich arbeite lieber ....⁴ Kamera, denn das ist mein Job. Ich
  gehe jedenfalls nicht ....⁵ Kamera. Nein, nein.

- ■ Sie arbeiten an einem neuen Filmprojekt. Worum geht es?

- ◆ Es ist ein klassischer Actionfilm. Ein Auto kommt und parkt ....⁶ Bank.
  Eine Frau steigt aus dem Auto. Sie geht ....⁷ Straße ....⁸ Bank.

- ■ Und dann? Was passiert dann?

- ◆ Das Auto steht noch ....⁹ Straße ....¹⁰ Bank, aber ein Mann
  liegt verletzt ....¹¹ Auto. Mehr erzähle ich Ihnen aber wirklich nicht.

- ■ Das ist nicht nett.

- ◆ Ich lade Sie zur Premiere ein. Ist das ein Angebot?

- ■ Wenn ich ....¹² roten Teppich laufen kann und Sie sich im Kino
  ....¹³ mich setzen? Nein, das müssen Sie nicht organisieren.
  Danke für das Gespräch.

b) Ergänzen Sie die Tabelle.

Präposition + Akkusativ	Präposition + Dativ
ins Kino	im Kino

studio d A2

Deutsch als Fremdsprache

Lösungen zum Teilband 2

1 2

Vorschlag
Familie Leuther:
In Berlin gibt es zu viele Menschen, zu volle Straßen, zu schlechte Luft, zu viel Stress für die Kinder. Buckow liegt sehr schön. Neben dem Haus ist ein Bauernhof: Hühner, Kühe, Pferde – das ist toll für die Kinder. Lars hat jetzt eine kleine Katze.

Familie Hanika:
Heiko hat eine Stelle bei der Stuttgarter Zeitung gefunden. Das Landleben und das Zusammenleben mit Annettes Eltern waren nicht das Richtige für sie. Man kann in Stuttgart gut einkaufen, es gibt ein großes Kulturangebot und viele junge Menschen.

2 1

b)
Land
Vorteile: mehr Platz für Kinder, Natur
Nachteile: lange Fahrten zum Arbeitsplatz, weniger Kulturangebote, schlechte Busverbindung

Stadt
Vorteile: interessantes Nachtleben, S- und U-Bahn
Nachteile: Lärm, höhere Mieten, keinen Garten

2 6

Vgl. Grammatik auf einen Blick, Seite 130

3 2

b) *Vorschläge*
b) + Als ich drei war, konnte ich schon lesen.
– Ach was! + Doch, ich konnte schon lesen, als ich drei war.

c) + Ich durfte schon in die Disko, als ich zehn war.
– Wie bitte? + Doch, als ich zehn war, durfte ich schon in die Disko.

d) + Ich war auf dem Mount Everest, als ich 20 war.
– Wie bitte? + Doch, als ich 20 war, war ich auf dem Mount Everest.

4 1

1: 70 qm – 2: 365 Euro (plus 60 Euro Nebenkosten) – 3: d – 4: b – 5: a

4 2

a)
1b – 2d

b)
Wohnung 1 / Herr Bendermacher
Kaution: zwei Monatsmieten; Nebenkosten: 120 Euro monatlich, Besichtigung am Donnerstag um 19 Uhr

Wohnung 2 / Frau Pierolt
frisch renoviert, hell; Möbel in Ordnung; praktische Küchenecke; Katzen erlaubt, Besichtigung: morgen Nachmittag um 16 Uhr

5 1

Wir haben schon Umzugskartons besorgt.
Wir haben einen Parkplatz vor dem alten und vor dem neuen Haus reserviert.
Wir müssen noch einen LKW mieten.
Wir müssen noch packen: die Sachen sortieren, den Hausrat einpacken und die Kartons beschriften.
Wir müssen noch Extrakartons für Babybedarf, für Verpflegung und Getränke für die Helfer, für Waschzeug und für wichtige Medikamente packen.

6 1

1d – 2b – 3a – 4e – 5c

6 2

a)
1a – 2c – 3d – 4b

b)
Dagmar: 1 – 2 – 4
Jens: 3 – 5

Ü 1

a)
Hamburg
2. der Flughafen – 3. der Eisenbahnknotenpunkt
4. der Industriestandort – 5. der Hafen

Altendonop
1. der Bauernmarkt – 2. der Dorfplatz –
3. der Autobahnanschluss – 4. Bundesland
5. die Auszeichnung

b)
Hamburg
Einwohner: 1 738 000 – Lage: in Norddeutschland – Verkehr: der größte Eisenbahnknotenpunkt in Nordeuropa, der älteste Flughafen Deutschlands, der größte Seehafen in Deutschland – Kultur: Deutschlands Musical-Metropole Nr. 1, zehn Theater, 50 Museen, weltbekanntes Ballett

Altendonop
Einwohner: 275 – Lage: in Nordrhein-Westfalen – Verkehr: kein direkter Autobahnanschluss, kein Bahnhof – Kultur und Natur: Preis im Wettbewerb „Unser Dorf soll schöner werden", Bauernmarkt mit frischem Obst und Gemüse, Restaurant und Wein, den man im Dorf macht, schöne grüne Umgebung

Ü 2

a)
1: im Café – 2: in der Natur – 3: auf dem Bahnhof –
4: auf dem Bauernhof

b)
Vorschläge
2. der Wald, der See, der Park
3. der Zug, die Fahrkarte, der Fahrplan, die Bahn-Card, die Abfahrt, die Rückfahrt, der Abschied
4. der Bauernhof, die Kuh, der Traktor, der Bauer

Ü 3

Vorschläge

S: die Schule   A: das Wasser
T: das Theater   N: die Sonne
D: die Disko   D: der Wald
T: die Straße

Ü 4

1. musste – 2. durften – 3. musste – 4. mussten –
5. durften – 6. musste – 7. durfte

Ü 5

2. <u>Sie</u> wollte Musik studieren, als sie das Abitur hatte.
3. Als er das erste Mal in Hamburg war, war <u>er</u> begeistert.
4. Als du vier Jahre alt warst, konntest <u>du</u> schon Gitarre spielen.
5. <u>Wir</u> sind oft mit den Eltern nach Hamburg gefahren, als wir Kinder waren.

Ü 6

2. Thomas wollte schon Computer spielen, als er drei Jahre alt war.
3. Als sie auf der Musikschule waren, mussten sie viel Klavier spielen.
4. Du durftest das erste Mal allein fliegen, als du 14 Jahre alt warst.
5. Als sie 65 Jahre alt war, konnte Hannelore endlich studieren.
6. Als wir geheiratet haben, hatten wir schon ein Kind.

Ü 7

1. Neubau – 2. Quadratmeter – 3. Zimmer –
5. Erdgeschoss – 6. Nebenkosten – 7. Wohnfläche –
8. Hauptbahnhof – 9. Kaution – 10. Balkon –
11. Dachgeschoss

Lösungswort: Umzugschaos

Ü 8

1. ersten Stock – 2. Wohnfläche – 3. Kaution –
4. Nebenkosten – 5. Balkon – 6. Keller

Ü 9

2. Wie groß ist die Wohnung?
3. Wie hoch ist die Kaution?
4. Wie hoch sind die Nebenkosten?
5. Hat die Wohnung einen Balkon?
6. Wo kann ich mein Fahrrad abstellen?

Ü 10

Richtig: 2 – 4 – 6 – 7

Ü 11

2. vergessen – 3. verbrannt – 4. halten –
5. geschnitten – 6. gestoßen – 7. kühlen

8 Kultur erleben

2 1

a) *Vorschläge*

Yuka: von Freunden viel über Weimar gehört –
Goethes Wohnhaus, das Schillerhaus und die
Herzogin-Anna-Amalia-Bibliothek ansehen

Krzysztyna: „Weimarer Meisterkurse" – Flügel von
Liszt – Orgelkonzert in der Herderkirche

Brian: Architektur und Design – hat in New York
eine Ausstellung von Feininger und Gropius gesehen

2 2

b)
2. das Bauhaus-Museum – 3. das Schillerhaus –
4. das Goethehaus – 5. die Anna-Amalia-Bibliothek –
6. die Hochschule für Musik „Franz Liszt" –
7. die Bauhaus-Universität

3 1

Was kann ich für Sie **tun**? – Ich [...] möchte wissen,
ob Sie **heute** oder **morgen** noch Karten für „Wilhelm
Tell" haben. – Ja, für morgen gibt es noch **Karten**. –
Ich hätte gern **zwölf** Karten. – Im Parkett, Reihe
31–35. – Gibt es eine Ermäßigung für **Gruppen**? –
Nein, nur für Studenten und für **Schüler**. Ich kann
Ihnen aber noch Karten für **acht** Euro anbieten. –
Prima, dann reservieren Sie mir **bitte** zwölf Karten.
Kann ich die Karten an der Abendkasse **abholen**? –
Ja, aber bitte kommen Sie bis 19 Uhr. Und auf
welchen **Namen** soll ich **reservieren**? – Vielen **Dank**.

4 4

Stück 3

4 5

a)
lebte – arbeitete – wohnte – war – lebte – arbeitete –
spielte – leitete

b)
wählte – machte – wollte – wählte – hatten – war –
startete – gab – waren – waren – zeigten

4 6

Vgl. Grammatik auf einen Blick, Seite 131

4 7

Singular: Infinitivstamm + **-te**
Plural: Infinitivstamm + **-ten**

4 8

In der gesprochenen Sprache verwendet man
meistens: **Perfekt**.
In der geschriebenen verwendet man meistens:
Präteritum.

Ü 1

a)

5 – 6 – 7 – 3 – 1 – 4

b)

Richtig: 2 – 3 – 4 – 7

Ü 2

a)

von oben nach unten: 2 – 7 – 3 – 8 – 6 – 5 – 10 – 1 – 4 – 9

Ü 4

a)

2d – 3b – 4a – 5c – 6f

Ü 5

a)

1c – 2d – 3a – 4b

b)

2. Ich war im Kunstmuseum Stuttgart.

3. Der Eintritt hat 5 Euro gekostet.

4. Nein, wir hatten Stehplätze.

5. Die Puccini-Oper war in italienischer Sprache mit deutschen Untertiteln.

Ü 6

2. lernte – 3. verliebte – 4. war – 5. gab – 6. wollte

Ü 7

a)

1. haben – 2. verliebt – 3. hat – 4. gewohnt – 5. haben – 6. akzeptiert – 7. haben – 8. geheiratet – 9. hat – 10. gearbeitet – 11. hat – 12. geliebt – 13. besucht – 14. haben – 15. zusammengelebt

c)

Goethe lernte Christiane Vulpius 1788 im Weimarer Park kennen. Sie war 23 Jahre alt und er war 39. Sie verliebten sich schnell. Die junge Frau wohnte bald in Goethes Haus. Aber viele Bekannte von Goethe akzeptierten sie nicht, weil sie eine einfache Arbeiterin war. Goethe und Christiane hatten einen gemeinsamen Sohn: August. Erst 1806 heirateten Goethe und Christiane. Christiane arbeitete viel im Haushalt. Sie liebte das Theater sehr und besuchte es oft. Goethe und Christiane Vulpius lebten bis zu Christianes Tod 1816 zusammen.

Ü 8

von oben nach unten: 4 – 7 – 9 – 6 – 5 – 2 – 1 – 8 – 3

Ü 9

a)

1. der Stuhl – 2. der Sessel – 3. die Lampe – 4. das Sofa – 5. der Tisch

b) *Vorschläge*

2. Ich finde, die Lampe sieht interessant aus, aber der Tisch sieht langweilig aus.

3. Ich finde, der Sessel sieht schön aus, aber der Stuhl sieht hässlich aus.

9 Arbeitswelten

1 1

Text 1: a – b – f, Text 2: c – d – e

1 2

2b – 3a – 4b – 5b – 6b – 7a – 8a – 9a

2 1

b)

1. a – b – c

2. d – e

3. c

4. a – b

5. d – e

a: Krankenschwester/-pfleger

b: Koch/Köchin

c: Maurer/-in, Maler/-in, Lackierer/-in

d: Technische(r) Zeichner/-in

e: Industriekauffrau/-mann für Export

2 2

a)

1. Schulausbildung: Elsa-Brändström-Grundschule in Bonn, Beethoven-Gymnasium in Bonn

2. Persönliche Daten: Ahornweg 23, 53177 Bonn

3. Schulausbildung: Abitur

4. Schulausbildung: 1978–1991

5. Berufsausbildung: Ausbildung zur Industriekauffrau bei den Stadtwerken Bonn GmbH

6. Berufserfahrung: Buchhaltung, Serenco GmbH, Bonn, von August '93 bis Februar '99 / Sachbearbeitung, Buchhaltung, SBK Köln GmbH, Köln, von März '99 bis Februar '06

7. Fremdsprachen: Englisch (C1), Spanisch (B2)

8. Hobbys: Lesen, Fotografieren, Reisen

3 1

a)

Person 1: b – e

Person 2: a – f

Person 3: d – g

Person 4: c – h

b)

Person 2: Als kleines Mädchen hat sie gerne schöne Kleider angezogen und getanzt.

Person 3: Tierärztin ist ein Beruf mit Tradition in ihrer Familie.

Person 4: Er hatte als Junge immer Hunger und wollte jeden Tag frisches Brot und frische Brötchen essen.

3 4

a) *Regel*

Mit *weil* beginnt ein Nebensatz. Nach *denn* folgt ein Hauptsatz.

b)

1. weil – 2. denn – 3. denn

4 2

a)

1. Bewerbungen schreiben – 2. Geld verdienen –
3. eine Stelle bekommen – 3. Teilzeit arbeiten –
4. einen Frisörsalon eröffnen – 5. einen Ausbildungsplatz finden

4 3

wohnen – bestellen – einladen – planen

4 4

das Sitzen, das Lernen, das Programmieren

5 1

Richtig: 2 – 4 – 5 – 6

5 4

1. Hätten Sie heute Zeit?
2. Könnte ich an deinem Computer arbeiten?
3. Könnten Sie mir bitte zwei Flaschen Mineralwasser geben?
4. Könnten Sie mich bitte mit Frau Müller verbinden?
5. Hätten Sie mal kurz einen Kuli?

5 5

Vgl. Grammatik auf einen Blick, Seite 132

Ü 1

a)
2. In einem Garten-Center.
3. Weil sich 43 Leute auf die Stelle beworben haben.
4. Er ist Flugzeugbauer.
5. Er hat eine Flugzeugkneipe.

b)
Falsch:
Das Studium macht ihm keinen Spaß. Er wohnt in
einem kleinen Ort in der Nähe von Dresden. Nach
dem Studium möchte er ins Ausland gehen.

Richtig:
Michael hat eine Ausbildung zum Flugzeugbauer
gemacht. Jetzt studiert er in Dresden und das Studium
ist sehr interessant und macht ihm viel Spaß. Er
wohnt im Stadtzentrum von Dresden. Das Geld für
sein Studium verdient er mit verschiedenen Jobs.
Nach dem Studium möchte er nach Berlin, in die
Politik, gehen.

Ü 2

a)
Richtig: 2 – 4 – 5 – 6

b)
Hanna Christiansen: d
Mirko Scharfe: b

Ü 3

1. Lebenslauf – 2. Bewerbung – 4. Geburtsdatum –
5. Telefonnummer – 6. Passfoto – 7. Schulen –
8. Berufserfahrung – 9. Fremdsprachen

Ü 4

Vorschläge
Architekt/in, Bäcker/in, Chemiker/in, Erzieher/in,
Frisör/in, Hotelfachmann/-frau, Informatiker/in,
Krankenschwester/-pfleger, Lehrer/in, Musiker/in

Ü 5

Ich bin kein Superstar, …
… weil ich nie tanze. / … weil ich nicht singen kann. /
…weil ich keine Kameras mag. / … weil ich lieber
Ärztin werden will.

Ü 6

2. Torsten macht eine Umschulung, weil es keine
Stellen für Architekten gibt.
Torsten macht eine Umschulung, denn es gibt keine
Stellen für Architekten.
3. Wenke arbeitet Teilzeit, weil sie drei Kinder hat.
Wenke arbeitet Teilzeit, denn sie hat drei Kinder.
4. Siri geht jeden Tag zur Volkshochschule, weil sie
den Deutschtest schaffen möchte.
Siri geht jeden Tag zur Volkshochschule, denn sie
möchte den Deutschtest schaffen.
5. Peter ist sehr zufrieden mit seinem Job, weil er
interessante Aufgaben bekommt.
Peter ist sehr zufrieden mit seinem Job, denn er
bekommt interessante Aufgaben.
6. Güler muss auch am Wochenende arbeiten, weil
sie sich selbstständig gemacht hat.
Güler muss auch am Wochenende arbeiten, denn
sie hat sich selbstständig gemacht.

Ü 7

Übersetzer/in: muss mehrere Sprachen können – ist
oft selbstständig – arbeitet in einem Büro – tippt und
korrigiert Texte – hat studiert

Tischler/in: baut Möbel – arbeitet in einer Werkstatt – repariert Stühle – ist oft selbstständig – hat
eine praktische Ausbildung gemacht

Tierarzt/-ärztin: hilft kranken Tieren – arbeitet in
einer Praxis – ist oft selbstständig – hat studiert

Ü 8

1. b, d – 2. a – 3. a, e – 4. a, c – 5. b, d

Ü 9

2. Schreiben – 3. Organisieren – 4. Arbeiten –
5. Lesen – 6. Sprechen

Ü 10

Nachricht 2: Hartmann – 0151/18172163 – Preis für
eine Farbkopie auf A2-Größe

Nachricht 3: Sekretariat von Frau Professor Fromm –
06221/9736563 – Dokumente gedruckt

Nachricht 4: Christian Langer – 0162/14312899 –
bis Mittwoch zwei T-Shirts bedrucken

Ü 12

2. Frau Scheffel, könnten Sie mich bei Problemen mit dem Projekt (bitte) sofort anrufen?
3. Alfons, könntest du morgen (bitte) um sechs Uhr kommen?
4. Meine Herren, könnten wir morgen (bitte) bis 22 Uhr arbeiten?
5. Frau Huth, hätten Sie ein Glas Wasser für mich?

Station 3

1 2

a)
b) 9–10, c) 6, d) 10–12

b)
a) 1, 3, 6 – b) 2, 4, 5

3 1

1. denn – 2. weil – 3. weil – 4. denn – 5. weil – 6. denn – 7. denn

3 2

1. Kunst interessiert mich sehr und mein Freund interessiert sich auch für Kunst. / Kunst interessiert mich sehr, aber mein Freund interessiert sich nicht für Kunst.
Ich möchte ins Schwimmbad gehen, aber ich habe keine Zeit.

2. Ich fahre gerne im Winter nach Fehmarn, denn es gibt nicht so viele Touristen. / Ich fahre gerne im Winter nach Fehmarn, weil es nicht so viele Touristen gibt.
Alexander Nowak hat lange einen Job gesucht, denn auf dem Land gibt es nicht so viele Jobs. / Alexander Nowak hat lange einen Job gesucht, weil es auf dem Land nicht so viele Jobs gibt.

3. Ich bin sicher, dass morgen die Sonne scheint. Ich möchte wissen, ob du morgen auf einer Geschäftsreise bist.

3 4

1. beschreiben – 2. rechnen – 3. üben – 4. entscheiden

3 5

1. Könntest du bitte den Fernseher leiser machen?
2. Könnten Sie mir bitte die Zeitung geben?
3. Hättest du ein Wörterbuch für mich?
4. Könntest du bitte Brot kaufen?
5. Könntest du mir bitte einen Kaffee mitbringen?
6. Hätten Sie einen Euro für mich?

3 6

1. war – 2. arbeitete – 3. war – 4. lernte – 5. eröffneten – 6. hatten – 7. es gab – 8. hatten – 9. wollte – 10. beendete – 11. musste – 12. heirateten – 13. eröffneten – 14. war – 15. war

4 1

a)
1. Wetzlar, 2. Leipzig, 3. Frankfurt am Main, 4. Weimar

b)
2. Wt – 3. L – 4. We – 5. We – 6. We – 7. L – 8. Wt – 9. We

4 2

Richtig: 2 – 3 – 4 – 6

4 3

a) 1 – 4 – 6

4 4

a)
produzieren – gemacht – gewonnen – gesprochen – weiterziehen

b)
„Hier hat man alles vorgefunden, was notwendig war, um Glas zu **produzieren**. Der Wald war vorhanden zur Beheizung der Öfen; Quarzsand, Pottasche hat man auch aus Holz **gewonnen**. Man hat zu dieser Zeit von sogenannten Wanderglashütten **gesprochen**, das heißt: Man hat eine Hütte gebaut, hat den Wald gerodet und ist dann wieder ein Stück **weitergezogen**.

4 5

Vorschläge
Wohin fliegen Sie? Was ist Ihr Beruf? Was machen Sie in ... / dort?

4 6

1b – 2a/c – 3a – 4c – 5b/c – 6a

10 Feste und Geschenke

1 1

Brief – Valentinstag, Weihnachtspyramide – Weihnachten, verkleidete Kinder – Halloween, Kürbis – Halloween, Blumen und Herz – Halloween, Weihnachtsbaum – Weihnachten, Brezel – Oktoberfest

1 2

b)
Weihnachten: der Weihnachtsbaum, die Weihnachtspyramide – aus Deutschland
das Oktoberfest: die Maß, die Brezel – aus Deutschland
der Valentinstag: der Brief, die Blumen und das Herz – aus Europa / Amerika / zurück nach Europa
Halloween: der Kürbis, verkleidete Kinder – aus Europa / Amerika / zurück nach Europa

2 1

b)
1e – 2f – 3c – 4d – 5b – 6a

2 5

b)
1. aus – 2. bei – 3. zu – 4. durch – 5. mit – 6. nach – 7. seit – 8. von
Herr *Durch* hat keine Einladung (*durch* ist keine Dativ-Präposition).

4 3

b) schenken – geben – zeigen

4 4

Vorschläge
Frieda gibt ihrer Nachbarin Geld.
Mein Bruder schenkt seiner Frau ein Buch.
Frieda zeigt ihrem Kollegen die Stadt.
Mein Bruder bringt seinen Freunden Geld.

5 2

1. Wenn der Baum *brennt*, (dann) geht alles ganz schnell.
2. Wenn man echte Kerzen *benutzt*, (dann) stellt man einen Eimer Wasser neben den Baum.
3. Wenn man aus dem Zimmer *geht*, (dann) muss man die Kerzen löschen.

6 1

a)
1c – 2b – 3d – 4e – 5a

Ü 1

2. Münchner Oktoberfest – 3. Halloween – 4. Geburtstag – 5. Karneval – 6. Silvester – 7. Valentinstag – 8. Weihnachten

Ü 2

Richtig: 2 – 3 – 6 – 7

Ü 3

a)
1. Geburtstagsparty – 2. Münchner Oktoberfest – 3. Silvesterparty – 4. Karneval – 5. Weihnachten

Ü 4

a)
2a – 3a – 4b – 5c – 6b – 7c – 8b – 9a

b) *Vorschläge*
2. Frau Berger liebt Ostern, weil dann der Winter zu Ende ist und endlich der Frühling kommt.
3. Frau Berger versteckt mit ihrer Tochter die Ostereier im Garten.
4. Herr Schorcht mag Weihnachten nicht.
5. Er schenkt seiner Freundin das ganze Jahr Blumen, aber nicht am Valentinstag.
6. Wenn Sylvi ihr eigenes Geld hat, fährt sie zur alemannischen Fasnacht nach Basel.
7. Zu Karneval verkleidet sich die ganze Familie und feiert auf den Straßen.

Ü 5

a)
Richtig: mit – von – seit – bei – zu – nach

b)
Halloween

Ü 6

2. uns – 3. uns – 4. ihm – 5. dir

Ü 7

2a Die Gitarre gehört dem Musiker. – 3d Die Kamera gehört der Fotografin. – 4b Das Geschenk gehört dem Geburtstagskind.

Ü 8

2. den Freunden: Dativ – eine Karte: Akkusativ
3. seiner Frau: Dativ – einen Ring: Akkusativ
4. Ihnen: Dativ
5. ihrem Kind: Dativ – ein Stück Schokolade: Akkusativ
6. deiner Mutter: Dativ

Ü 9

a)
2. Frau Martens schenkt ihrer Mutter Konzertkarten.
3. Frederik schreibt seinen Eltern eine Postkarte.
4. Susi und Oyana zeigen ihrem Bruder Fotos.
5. Ina und Hans schicken ihrem Sohn ein Paket.
6. Peter kauft seiner Freundin eine Rose.

b) *Vorschläge*
2. Frau Martens zeigt ihren Eltern Fotos.
3. Frederik gibt seinem Bruder Geld.
4. Ina und Hans schreiben ihrem Sohn eine Postkarte.
5. Peter schenkt seiner Mutter eine Rose.

Ü 10

a)
2a – 3b – 4d – 5c

b)
2. Wenn ich keinen Valentinsbrief bekomme, bin ich sehr traurig.
3. Wenn es zu Ostern regnet, verstecke ich die Ostereier im Haus.
4. Wenn zu meiner Grillparty 20 Gäste mehr als geplant kommen, schicke ich einen Freund einkaufen.
5. Wenn der Weihnachtsbaum brennt, rufe ich schnell die Feuerwehr.

Ü 11

Vorschläge
1. Wenn ich müde bin, trinke ich einen Kaffee.
2. Wenn ich nichts im Kühlschrank habe, bestelle ich eine Pizza.
3. Wenn ich verliebt bin, kann ich nicht schlafen.

Ü 12

a)

von oben nach unten: 1 – 4 – 9 – 6 – 3 – 7 – 8 – 2 – 10 – 5 – 11

Ü 13

2. mit – 3. zur – 4. nach – 5. aus – 6. bei – 7. mit

11 Mit allen Sinnen

1 1

1b – 2c – 3a – 4e – 5d

1 3

positiv: Sympathie, Freundlichkeit, Freude, ruhig, entspannt
negativ: Antipathie, Aggression, nervös, ärgerlich, Trauer, Wut, Ekel, Angst

2 1

Zeile 40–43: Lilly erklärt den Trick mit der Uhr.
„Stellen Sie sich den Teller als Uhr vor", sagt die blinde Frau zur Kellnerin, „und dann sagen Sie mir, auf welcher Zeit das Essen liegt."

2 2

1. In einem Gasthof / einem Restaurant.
2. Lilly möchte, dass die Kellnerin sagt, auf welcher Zeit das Essen liegt.
3. Die andere Frau reagiert verwirrt. Sie kann es nicht gut erklären.

2 3

Jakob ist ein erfolgreicher Theaterregisseur. Er hat einen Autounfall, an dem er schuld ist.
Er ist wütend und verzweifelt, weil er seinen Beruf als Regisseur an den Nagel hängen muss.
Er will nicht mehr weiterleben.
Er trifft Lilly.
Lilly ist von Geburt an blind.
Zusammen reisen sie nach Russland.

Lilly hilft Jakob bei der Orientierung im Dunkeln.
Sie erklärt den Trick mit der Uhr.
Sie verlieben sich und sie finden zueinander.

2 5

Hilmir Snær Gudnason: klassisches Theater auf vielen Bühnen gespielt; Preis als „Bester Schauspieler" für „Hamlet"; 2000: Preis als „Shooting Star" bei „Berlinale"; 2003: spielte in der deutschen Verfilmung des Romans „Blueprint".

Fritzi Haberlandt: Ausbildung an der Ernst-Busch-Schauspielschule; Theater in Berlin, New York, Hannover und jetzt am Thalia-Theater in Hamburg; 2000: Bayerischer Filmpreis; 2004: Deutscher Filmpreis für die beste Nebenrolle.

3 5

Die Sprache **des** Gesichts – die Liste **der** wichtigsten Deutschen

3 6

1. Der Name **der** Rose – 2. Der Besuch **der** alten Dame – 3. Ein Tag im Leben **des** Herrn Maier – 4. Tage **der** Angst – 5. Das Haus **des** Horrors – 6. Die Geschichte **des** Autos

3 7

Wohin?/Akkusativ: 2 – 4 – 9 – 11
Wo?/Dativ: 3 – 5 – 6 – 7 – 8 – 10

3 8

Regel
Richtung/Bewegung: Akkusativ / Ort: Dativ

4 2

a)
1. 2–3
2. 7–9
3. 13–14
4. 20–21
5. 22–23

4 3

a) Die Kursteilnehmer kommen aus Algerien, Eritrea, Pakistan und dem Kosovo. Zwei sind sehbehindert, drei sind blind.
b) Eine Maschine, die Brailleschrift schreiben kann. Der Computer: E-Mails schreiben, Informationen aus dem Internet holen und scannen
c) Sie liest gern und geht mit ihrem Hund spazieren. Ihr liebstes Hobby ist Folkmusik.
d) Ihr Labrador ist eine Hündin, heißt Schokki, ist 15 Jahre alt und kann nicht mehr gut sehen und hören.

4 4

siehe Grammatik, S. 124

4 5

Der ideale Deutschkurs ist ein Kurs, in dem es nur nette Teilnehmerinnen gibt.
Das ideale Lehrbuch ist ein Buch, in dem es nur interessante Texte gibt.
Die ideale Lehrerin ist eine Lehrerin, die viele Projekte mit uns macht.

Vorschläge
Der ideale Urlaub ist ein Urlaub, in dem immer die Sonne scheint.
Das ideale Auto ist ein Auto, das total schnell fährt.
Der ideale Partner ist ein Partner, der klug und schön ist.

4 6

1a – 2d – 3b – 4c

Ü 1

a)
1d – 2a – 3b – 4c

b)
1. Freude und Glück – 2. Angst und Trauer –
3. Ärger und Wut – 4. Ängste (des Alltags)

c)
1 – 2 – 4 – 6 – 7

Ü 2

a)
1. Caroline Link – 2. ein Drama – 3. Tatjana Trieb und Howie Seago. – 4. Sibylle Canonica und Hansa Czypionka. – 5. ist Deutschland.

b)
2. Was für ein Film ist „Jenseits der Stille"? –
3. Wer spielt die Hauptrollen? – 4. Wer spielt die Nebenrollen? – 5. Wo spielt der Film?

c)
Lara lebt in einer kleinen Stadt in Süddeutschland.
Ihre Eltern können nicht hören und nicht sprechen.
Zu Weihnachten bekommt sie eine Klarinette.
Ihre Tante möchte, dass sie in Berlin Musik studiert.
Die Eltern wollen nicht, dass Lara geht.
Der Vater ist wütend, weil er sie nicht verlieren möchte.
Lara geht nach Berlin.
Dort lernt sie Tom kennen.
Tom ist Lehrer für gehörlose Kinder.
Ihre Mutter stirbt bei einem Unfall.
Lara fährt sofort nach Hause.
Der Vater redet nicht mehr mit ihr.
Sie geht wieder allein nach Berlin.
Bei der Prüfung sieht sie ihren Vater im Konzertsaal.

Ü 3

a)
der: des Windes – das: des Liebens – die: der Rose – Pural: der Weisen

b)
der: des Amerikaners, des Alltags – das: des Glücks – die: der Freude, der Angst, der Trauer, der Ehefrau, der Wut – Plural: der ersten Zeilen, der anderen Menschen

Ü 4

a)
1. im – 2. ins – 3. vor der – 4. hinter der – 5. vor die – 6. vor einer – 7. über die – 8. in die – 9. auf der – 10. vor der – 11. neben dem – 12. über den – 13. neben

b)
Präposition + Akkusativ:
vor die Kamera, über die Straße, in die Bank, über den roten Teppich, neben mich

Präposition + Dativ:
vor der Kamera, hinter der Kamera, vor einer Bank, auf der Straße, vor der Bank, neben dem Auto

Ü 5

Vorschläge
2. Das Telefon steht auf dem Schreibtisch.
3. Die Bilder hängen an der Wand.
4. Der Schauspieler sitzt im Sessel.
5. Die Blumen sind vor dem Spiegel.
6. Der Spiegel hängt neben dem Schreibtisch.
7. Der Regisseur steht hinter dem Kameramann.
8. Der Kameramann sitzt hinter der Kamera.
9. Die Briefe liegen vor dem Sofa.
10. Das Telefon ist neben dem Computer.

Ü 6

2. Die Assistentin legt die Bücher ins Regal.
Die Bücher liegen im Regal.
3. Die Assistentin setzt den Hund auf das Sofa.
Der Hund sitzt auf dem Sofa.
4. Die Assistentin hängt das Bild an die Wand.
Das Bild hängt an der Wand.

Ü 7

1d – 2c – 3a – 4f – 5b – 6e

Ü 8

2. Schon im 12. Jahrhundert benutzt Franco von Köln Noten, mit denen er Musik aufschreibt.
4. BASIC ist eine Computersprache, mit der Programmierer arbeiten.
5. Der Morsecode ist ein System aus Strichen und Punkten, mit dem man Nachrichten schicken kann.
6. Die Körpersprache, mit der man Emotionen zeigen kann, ist für den Menschen sehr wichtig.

12 Erfindungen und Erfinder

1 3

a)
1. Das Vakuum: 1650
2. Das Aspirin: 1897
3. Der Buchdruck: 1440
4. Der Klettverschluss: 1949
5. Das Fernsehen: 1930
6. Das MP3-Format: 1987
7. Die Schiffsschraube: 1827

2 1

Falsch: 2, 3

2 2

die Kühlmaschine: Carl von Linde – 1876 – Bier kühlen
das Motorrad: Gottlieb Daimler – 1885 – /
das Automobil: Gottlieb Daimler, Carl Benz, Wilhelm Maybach – 1887 – /
das Fließband: Henry Ford – 1915 – billige Autos für mehr Menschen produzieren
das Fax-Gerät: / – 1948 – Texte schnell senden
die MP3-Technik: Fraunhofer-Institut – 1987 – Musik über das Internet senden

2 4

b)
Um steht nach dem Komma. *Zu* steht vor dem Verb im Infinitiv.
Das Verb im Infinitiv steht am Ende.

c)
1. Man braucht Zahnpasta, um sich die Zähne zu putzen.
2. Man braucht Autos, um zu reisen.
3. Man braucht das Fernsehen, um sich zu informieren.
4. Man braucht Filtertüten, um Kaffee zu kochen.
5. Man braucht Klettverschlüsse, um Jacken zuzumachen.
6. Man braucht Teebeutel, um Tee zu kochen.

2 5

2. Ich fahre an einen See, um schwimmen zu gehen.
3. Ich gehe in eine Disko, um Leute zu treffen.
4. Ich gehe joggen, um abzunehmen.
5. Ich gehe Reiseliteratur kaufen, um am Strand zu lesen.

2 6

1. Ich brauche kein Geld, um glücklich zu sein.
2. Ich brauche keine teure Kleidung, um anderen Menschen zu gefallen.
3. Ich brauche kein Auto, um zu reisen.

2 7

b) *Regel*
Damit-Sätze haben eine Nominativergänzung.
Um ... zu-Sätze haben keine Nominativergänzung.

2 8

2. Man braucht einen Job, damit man eine Wohnung bezahlen kann.
3. Man braucht eine Ausbildung, damit man einen Job findet.
4. Man braucht einen Schulabschluss, damit man einen Ausbildungsplatz bekommt.

3 2

1. Kakao – 2. trinken – 3. wurde – 4. Rudolphe Lindt – 5. Firma – 6. benutzt – 7. warm – 8. dauert – 9. gegründet – 10. Mitarbeiterinnen – 11. Mitarbeiter

3 3

1. im 17. Jahrhundert
2. mehr als 72 Stunden
3. Sie war sehr hart und bitter.

3 4

Vgl. Grammatik auf einen Blick, Seite 131

3 5

b) *Regel*
Das Passiv wird mit dem Verb *werden* und dem Partizip II gebildet.

3 6

1. produziert – 2. gekauft – 3. gemacht – 4. verkauft – 5. gegessen

3 7

b) *Regel*
Das Präteritum Passiv wird mit dem Verb *werden* im Präteritum und dem Partizip II gebildet.

4 1

Falsch: 1

4 2

1c – 2d – 3b – 4a

4 5

a)
Das frische Obst wird in kleine Stücke geschnitten. Die Schokolade wird mit der Sahne vorsichtig erhitzt und gut verrührt. Bei Vollmilchschokolade werden noch etwas Kakao und Sahne zugegeben. Die Masse wird warm gehalten und das Obst wird eingetaucht.

Ü 1

a)
1. Zahnpasta – 2. Aspirin – 3. Klettverschluss – 4. Fernseher – 6. Teebeutel – 7. Schiffsschraube – 8. Dieselmotor – 9. Kaffeefilter

b)
Patentamt

Ü 2

a) 2

b)
2. Sie stellen ihre Erfindungen vor.
3. Jugendliche, die nicht älter als 21 Jahre sind.
4. Geld, Praktika in Firmen und Studienreisen ins Ausland.
5. Arbeitswelt, Biologie, Chemie, Geo- und Raumwissenschaften, Mathematik und Informatik, Physik und Technik.
6. Johannes Burkart und Alexander Joos.

Ü 3

a)
Interview 1
Name: Maximilian Heine – Interessen: Mathematik und Informatik – Projekt bei „Jugend forscht": ein Computerprogramm, das gefährliche Computerviren findet – wichtigste Erfindung: der Computer

Interview 2
Name: Caroline Fuhrmann – Interessen: Biologie – Projekt bei „Jugend forscht": untersucht verschiedene Getränke – wichtigste Erfindung: der Buchdruck

b)

Richtig: 2 – 4 – 6

Korrektur der falschen Sätze:

3. Maximilian denkt, dass der Computer die wichtigste Erfindung ist.
5. Caroline interessiert sich für Biologie.
7. Für Caroline ist der Buchdruck die wichtigste Erfindung.

Ü 4

2. 1714 – 3. 1605 – 4. 1880 – 5. 1982

Ü 5

a)

1. USA – 2. Deutschland – 3. 21 461, Japan –
4. 8 034 – 5. Niederlande

b)

Richtig: 4 – 6

Ü 6

a)

2. Wozu brauchst du eine Brille?
3. Wozu brauchst du einen Taschenkalender?
4. Wozu brauchst du eine Lerner-CD?
5. Wozu brauchst du Geld?
6. Wozu brauchst du einen Fahrplan?

b) *Vorschläge*

1. Wozu braucht man ein Handy? Um überall telefonieren zu können.
2. Wozu braucht man einen Job? Um Geld zu verdienen.
3. Wozu braucht man einen DVD-Player? Um sich zu Hause Filme anzusehen.

Ü 7

b) *Vorschläge*

2. Ich benutze Kopfhörer, um Musik zu hören.
3. Ich benutze meinen Laptop, um im Zug zu arbeiten.
4. Ich benutze einen CD-Player, um Musik zu hören.
5. Ich benutze das Radio, um mich über etwas zu informieren.
6. Ich benutze den DVD-Player, um mir Filme anzusehen.

Ü 8

2. Der Sohn von Frau Meyer hat ihr geholfen, damit sie Zeit spart.
3. Das Patentamt nimmt sich viel Zeit für die Prüfung der Anmeldung, damit es keine Fehler macht.
4. Frau Mayer macht Urlaub, damit sie sich vom Stress erholen kann.

Ü 9

a)

1. erfunden – 2. gegessen – 3. festgestellt –
4. produziert – 5. verkauft

b)

von oben nach unten: 8 – 6 – 2 – 4 – 3 – 7 – 1 – 5

Ü 10

a)

von oben nach unten: 7 – 5 – 2 – 4 – 1 – 6 – 3

b)

wird gestellt – wird gebacken – wird gemischt – wird untergehoben – werden gemischt – wird überzogen – werden hinzugegeben

c)

Dann mischen Sie die Ei-Zucker-Masse mit Mehl und Backpulver. Geben Sie im dritten Schritt geriebene Möhren und Mandeln hinzu. Heben Sie nach den Möhren und Mandeln den Eischnee unter. Backen Sie die Masse in einer Tortenform. Überziehen Sie nach dem Backen alles mit Marmelade und Puderzucker. Stellen Sie zum Schluss die fertige Rüblitorte über Nacht in den Kühlschrank.

1 1

von oben nach unten: 1b – 2d – 3a – 4c

a) *Vorschläge*

Das Zimmermädchen reinigt die Zimmer und macht die Betten.
Der Koch / Die Köchin kocht und putzt das Gemüse in der Küche.
Der Kellner / Die Kellnerin bedient die Gäste und serviert das Essen und die Getränke im Restaurant oder in der Bar.
Der Hotelmanager / Die Hotelmanagerin organisiert das Personal und telefoniert im Büro oder an der Rezeption.

1 2

1. Zeile 3, nach „Generationen" – 2. Zeile 8, nach „machen" – 3. Zeile 13, nach „wohl fühlen"

1 4

die Gäste begrüßen
das Servicepersonal einteilen
den Konferenzraum vorbereiten
Rechnungen schreiben
Reservierungen bestätigen

1 5

Wie lange dauert die Ausbildung zum Hotelkaufmann?
Wo macht man die theoretische Ausbildung?
Was hat dich besonders interessiert?
Wo hast du die praktische Ausbildung gemacht?
Wo (im Hotel) hast du gearbeitet?
Was ist für dich am wichtigsten?

1 6

Interview 1: ein Koch – arbeitet in der Hotelküche, spezialisiert auf Fischgerichte
Interview 2: ein Gast – macht 14 Tage Urlaub
Interview 3: ein Zimmermädchen – putzt die Zimmer, macht die Zimmer für neue Gäste fertig, bezieht die Betten, legt frische Handtücher bereit etc.
Interview 4: die Hotelmanagerin – organisiert die Arbeit im Hotel, teilt das Personal ein, schreibt Rechnungen, begrüßt die Gäste

2 1

1. die Übung
2. dem Mitarbeiter – den Arbeitsplatz
3. ihren Eltern – einen neuen DVD-Player
4. den Gästen – den Wein
5. seiner Frau – den Mantel

2 2

Wohin?
Ich gehe auf die Hotelfachschule. – Ich gehe an die Kasse. – Ich gehe in einen Computerkurs. – Ich gehe hinter das Haus. – Ich gehe auf die Post.

Wo?
Ich arbeite an der Universität. – Ich arbeite auf der Post. – Ich warte an der Haltestelle. – Ich bin in einem Sprachkurs. – Ich wohne hinter dem Park.

2 3

2. der Wand: Dativ – 3. einer Besprechung: Dativ – 4. den Konferenzraum: Akkusativ – 5. den Kühlschrank: Akkusativ – 6. die andere Wand: Akkusativ – 7. das Telefon: Akkusativ – 8. dem Kühlschrank: Dativ

2 4

1b – 2c – 3e – 4a – 5d

Wenn das Telefon klingelt, nehme ich den Hörer ab.
Wenn ich Geburtstag habe, lade ich meine Freunde zu einer Party ein.
Wenn Heiligabend ist, kaufe ich einen Weihnachtsbaum.
Wenn es schneit, fahre ich Ski.
Wenn ich müde bin, gehe ich früh schlafen.

2 5

Viele Menschen lernen Sprachen ...
... um sich mit anderen Menschen zu unterhalten – ... um Bücher in der Originalsprache lesen zu können – ... um im Beruf besser voranzukommen

2 6

1. wird ... geschlagen – 2. wird ... gegeben – 3. wird ... gerührt – 4. wird ... gebacken

2 7

1c – 2f – 3a – 4b – 5d – 6d – 7g – 8e

4 1

1. produziert – 2. kontrollieren – 3. Kosmetikprodukte – 4. abgefüllt – 5. werden – 6. man – 7. 16 500 – 8. bekannteste

4 2

Vorschläge
1. Karsten: Es war sehr nett, dich kennen zu lernen. Justyna: Schade, dass Katja schon fahren muss.
2. Katja: Ihr müsst mich bald mal in Berlin besuchen kommen. Justyna: Ich fahre unbedingt mit.
3. Katja: Tschüss Hamburg! Karsten ist wirklich nett.

4 4

a)
Richtig: 1 und 2

b)
Richtig:
Hallo Katja, kommst du mit in die Kantine? – Schnitzel mit Pommes und Salat. – Ja, einen Moment, ich komme gleich.

c)
Richtig: 2

d)
1. c Zwiesel ist das Zentrum der traditionellen Glasindustrie Bayerns.
2. b Jork liegt mitten im Alten Land bei Hamburg.
3. e Lübeck ist die Stadt, in der Heinrich Mann geboren wurde.
4. f Seiffen ist ein Ort, in dem man Holzspielzeug produziert.
5. d Nürnberg ist das wichtigste Ziel des Weihnachtsmarkttourismus.
6. a ist Ort der Handlung im ersten Roman Goethes.

e)
1. Äpfel aus dem **Alten Land**
2. Rostbratwürstchen aus **Nürnberg**
3. Marzipan aus **Lübeck**
4. Lebkuchen aus **Nürnberg**

5 Am Filmset. Wo sind die Personen und Gegenstände? Schreiben Sie zehn Sätze. Verwenden Sie die Verben *stehen, sitzen, liegen, hängen* und *sein.*

> Mario, mehr Gefühl! Das ist deine alte Wohnung! Das Mikrofon mehr in die Mitte!

1. Der Hund liegt auf dem Sofa.

6 Eine Regieassistentin bei der Arbeit. Bilden Sie Sätze zu den Bildern.

1. stellen/ stehen

die Assistentin die Vase der Boden

die Vase der Boden

1. Die Assistentin stellt die Vase auf den Boden. Die Vase steht auf dem Boden.

2. legen/ liegen

die Assistentin die Bücher das Regal

die Bücher das Regal

3. setzen/ sitzen

die Assistentin der Hund das Sofa

der Hund das Sofa

4. hängen/ hängen

die Assistentin das Bild die Wand

das Bild die Wand

7 Das Dunkel-Restaurant. Relativpronomen im Dativ. Verbinden Sie und schreiben Sie die Sätze ins Heft. Unterstreichen Sie die Relativpronomen.

In Berlin gibt es jetzt das erste Dunkel-Restaurant Deutschlands, **1**

Im Restaurant lernt man die Probleme kennen, **2**

Im Restaurant arbeitet Sabrina Henning, **3**

Es gibt nur sehr wenige Gäste, **4**

Viele Gäste haben Probleme mit dem Besteck, **5**

Herr Bräutigam ist ein begeisterter Gast, **6**

a der die Arbeit großen Spaß macht.

b mit dem sie im Dunkeln nach dem Essen suchen.

c mit denen Blinde jeden Tag leben müssen.

d in dem nur blinde Kellnerinnen und Kellner arbeiten.

e dem diese Erfahrung sehr wichtig ist.

f denen das Restaurant nicht gefällt.

1. In Berlin gibt es jetzt das erste Dunkel-Restaurant Deutschlands, in _dem_ nur blinde Kellnerinnen und Kellner arbeiten.

8 Relativsätze: *mit* + Dativ. Verbinden Sie die Sätze.

1. Louis Braille ist der Erfinder der Brailleschrift. Mit Brailleschrift können Blinde lesen und schreiben.
2. Schon im 12. Jahrhundert benutzt Franco von Köln Noten. Mit Noten schreibt er Musik auf.
3. BASIC ist eine Computersprache. Programmierer arbeiten mit dieser Sprache.
4. Der Morsecode ist ein System aus Strichen und Punkten. Man kann Nachrichten mit diesem System schicken.
5. Die Körpersprache ist für den Menschen sehr wichtig. Emotionen kann man mit Körpersprache zeigen.

1. Louis Braille ist der Erfinder der Brailleschrift, mit der Blinde lesen und schreiben können.

Das kann ich auf Deutsch

Emotionen ausdrücken

Wie schön! Fantastisch!
Igitt, ist das eklig!
Sei nicht traurig! Das ist doch nicht so schlimm!

einen Film mit einer Textgrafik zusammenfassen

Jakob ist ein Theaterregisseur.
→ Er trifft Lilly. → Sie ...

über einen Film sprechen

Das ist ein Krimi / eine Komödie ...
Der Film spielt in ... / Die Hauptrolle
spielt ... / In dem Film geht es um ... /
Warst du schon in ...?

Wortfelder

Emotionen

die Freude, die Angst, die Wut,
der Ärger, die Trauer, sich freuen,
Angst haben, wütend sein, sich ärgern
(über etwas), traurig sein

Film

die Komödie, der Krimi, der Liebesfilm,
die Handlung, der/die Schauspieler/in,
die Hauptrolle, der Filmpreis

Grammatik

Indefinita

Manche (Menschen) zeigen ihre Gefühle
gern, **einige** nicht.

Wechselpräpositionen

wo: Marcel ist **in der** Bibliothek.
wohin: Tanja geht **in die** Bibliothek.

Verben mit Akkusativ / Verben mit Dativ

Ich **lege** das Buch auf den Tisch. /
Das Buch **liegt** auf dem Tisch.

Relativsätze: *in, mit* + Dativ

Der Film, **in dem** Fritzi Haberland spielt,
hat einen Preis bekommen.
Der Schauspieler, **mit dem** sie zusammen-
arbeitet, kommt aus Island.

Genitiv verstehen

Die Farbe **der Sonne** ist gelb. Ich lese die
Biografie **des Schauspielers**.

Aussprache

Emotionale Intonation / Laute dehnen

Oh wie schön!   Zuerst das rechte Auuge auuf.

Laut lesen und lernen

18

Das ist ja toll! Echt cool!
Was ist denn passiert? Was ist denn los?
Das tut mir leid. Sei nicht sauer.

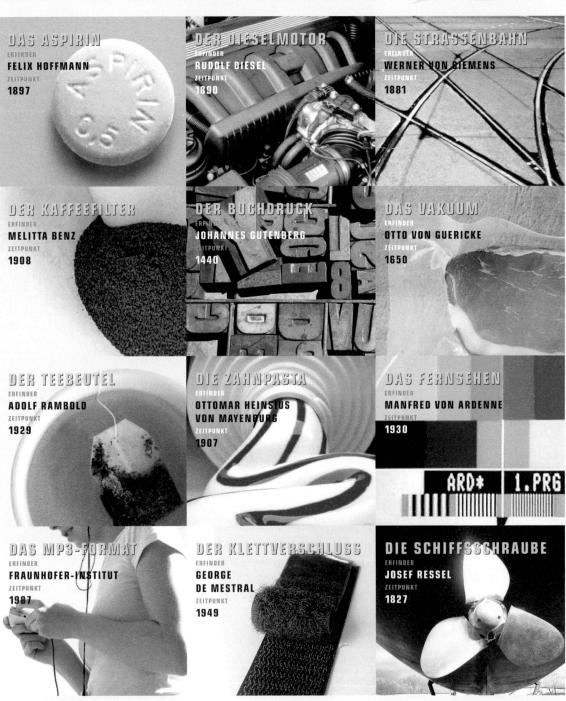

12 Erfindungen und Erfinder

1 Erfindungen aus D-A-CH

1 Über Erfindungen sprechen. **Was zeigen die Bilder?**
Was wurde wann erfunden? Nennen Sie die Jahreszahl.

> Das ... wurde
> 1650 erfunden.

DAS ASPIRIN
ERFINDER
FELIX HOFFMANN
ZEITPUNKT
1897

DER DIESELMOTOR
ERFINDER
RUDOLF DIESEL
ZEITPUNKT
1890

DIE STRASSENBAHN
ERFINDER
WERNER VON SIEMENS
ZEITPUNKT
1881

DER KAFFEEFILTER
ERFINDER
MELITTA BENZ
ZEITPUNKT
1908

DER BUCHDRUCK
ERFINDER
JOHANNES GUTENBERG
ZEITPUNKT
1440

DAS VAKUUM
ERFINDER
OTTO VON GUERICKE
ZEITPUNKT
1650

DER TEEBEUTEL
ERFINDER
ADOLF RAMBOLD
ZEITPUNKT
1929

DIE ZAHNPASTA
ERFINDER
**OTTOMAR HEINSIUS
VON MAYENBURG**
ZEITPUNKT
1907

DAS FERNSEHEN
ERFINDER
MANFRED VON ARDENNE
ZEITPUNKT
1930

ARD* 1.PRG

DAS MP3-FORMAT
ERFINDER
FRAUNHOFER-INSTITUT
ZEITPUNKT
1987

DER KLETTVERSCHLUSS
ERFINDER
**GEORGE
DE MESTRAL**
ZEITPUNKT
1949

DIE SCHIFFSSCHRAUBE
ERFINDER
JOSEF RESSEL
ZEITPUNKT
1827

2 Welche Erfindungen kennen Sie?
Welche benutzen Sie (fast) jeden Tag?

> Ich putze mir jeden
> Tag die Zähne.

> Ich koche ...

Hier lernen Sie

▶ Beschreibungen von Produkten und Erfindungen verstehen

▶ sagen, welche Dinge man oft benutzt (und wozu)

▶ mit Sachtexten arbeiten

▶ einen Zweck ausdrücken: *um zu / damit*

▶ Vorgänge beschreiben: Passiv mit *werden/wurden*

▶ Akzent und Textgliederung

3 Das Erfinderquiz

Ü1

a) Ordnen Sie die Erfindungen zu, notieren Sie die Jahreszahlen der Erfindungen.

b) Kontrollieren Sie Ihr Ergebnis.

JAHRESZAHL

1. Diese Erfindung ist sehr alt. Sie kommt aus Magdeburg. Man kann diese Erfindung nicht sehen und nicht anfassen. Aber sie ist sehr wichtig, zum Beispiel, um Lebensmittel frisch zu halten.

2. Diese Erfindung des deutschen Chemikers Felix Hoffmann benutzt fast jeder irgendwann. Sie wird seit dem 19. Jahrhundert in der ganzen Welt produziert und hilft gegen Kopfschmerzen, aber auch bei Herzproblemen.

3. Diese Erfindung war eine Medienrevolution. Sie machte die Produktion von Texten billiger und schneller. Fast jeder konnte jetzt Bücher haben und lesen. Eine berühmte Bibel trägt den Namen des Erfinders.

4. Ein Schweizer erfand dieses Ding. Er hat eine Erfindung der Natur kopiert. Besonders praktisch ist es an Sportschuhen. Für faule Menschen ideal: Man muss keine Schuhe mehr binden.

5. Diese Erfindung wurde zuerst in Amerika in den 50er Jahren populär. Ein Physiker hat sie schon 30 Jahre vorher gemacht. Sie hat bewegte Bilder in die Wohnzimmer gebracht und den Alltag verändert. Im Moment werden die Geräte immer flacher und leichter.

6. Diese Technologie aus einem deutschen Forschungslabor ist besonders attraktiv für Musikfans, weil man mit ihr viele Lieder auf einem kleinen Chip speichern kann. Mit ihr kann man unterwegs auch ohne CD Musik hören, zum Beispiel vom Handy.

7. Dass diese Erfindung aus Österreich kommt, ist eine echte Überraschung, denn das Land liegt nicht am Meer. Für die Seefahrt war diese Erfindung wichtig, um schneller fahren zu können.

12 680

4 Kennen Sie Erfindungen aus Ihrem Land? **Recherchieren und berichten Sie.**

2 Erfindungen – wozu?

1 Erfindungen. **Was stimmt nicht? Lesen Sie den Text und streichen Sie die falschen Aussagen durch.**

1. Die Erfindung Lindes machte die Kühlung von Bier möglich.
2. Carl Benz entwickelte das Fließband.
3. 2002 gab es weniger deutsche Patente als japanische.
4. Die MP3-Technik wurde nicht in Japan erfunden, aber dort zuerst produziert.

Das Erfinden hat eine lange Tradition in den deutschsprachigen Ländern. In Deutschland gab es am Ende des
19. Jahrhunderts besonders viele Patente. Erfindungen
sind oft nötig, damit man Probleme lösen kann. Für die
5 Münchner Brauereien war z. B. das Kühlen von Bier ein
Problem. Nur kühles Bier war lange haltbar und konnte
transportiert werden. Carl von Linde war Professor an
der Technischen Hochschule in München. Mit der Erfindung seiner Kühlmaschine konnte er 1876 dieses Problem
10 lösen. Die Serienproduktion der Kühlschränke für die
privaten Haushalte begann aber erst 1913 in den USA.
Gottlieb Daimler entwickelte 1885 das erste Motorrad
und zusammen mit Carl Benz und Wilhelm Maybach
zwei Jahre später das erste Automobil. 30 Jahre später
15 baute Henry Ford in den USA das erste Fließband, um
billige Autos für mehr Menschen zu produzieren. Oft
werden Patente aus Deutschland zuerst in anderen Ländern
bekannt. Das Fax-Gerät wurde 1948 erfunden, um Texte
schnell zu senden. Auch die MP3-Technik (1987), mit der man
20 Musik über das Internet senden kann, wurde in Deutschland
erfunden, aber in Japan zuerst produziert. Noch heute kommen
die meisten europäischen Patente aus Deutschland. 2002
waren es rund 23 000 (2. Platz nach den USA und vor Japan).
Fast 5000 Erfindungen kamen aus der Schweiz (7. Platz).
25 Die Tradition ist also lebendig.

2 Einen Text bearbeiten. **Notieren Sie die Informationen.**

Ü2–4

Was? Erfindung	Wer? Erfinder	Wann? Zeit	Wozu? Zweck
Kühlmaschine			Bier kühlen

3 Wozu ...? **Fragen und antworten Sie im Kurs.**

	brauchen Menschen einen Kühlschrank?	Um Lebensmittel zu kühlen.
	braucht man einen MP3-Player?	Um Musik zu hören.
Wozu	braucht man ein Patentamt?	Um Patente anzumelden.
	braucht man ein Fax-Gerät?	Um Texte schnell zu senden.
	lesen Menschen Zeitung?	Um sich zu informieren.

4 **Einen Zweck ausdrücken**

4.1   Ü6

a) Markieren Sie im Text von Aufgabe 1 Nebensätze mit *um ... zu* + Infinitiv.

b) Ergänzen Sie.

Man braucht einen Kühlschrank, **um** Lebensmittel **zu kühlen**.

Wo steht **um**? ....   Wo steht **zu**? ....

Wo steht das **Verb im Infinitiv**? ....

c) Wozu braucht man ...? Beschreiben Sie den Zweck in einem Satz.

1. Zahnpasta – 2. Autos –
3. Fernsehen – 4. Filtertüten –
5. Klettverschlüsse – 6. Teebeutel

> *Man braucht Zahnpasta,*
> *um (sich) die Zähne zu putzen.*

5 **Absichten.** Verbinden Sie die Informationen mit *um ... zu.*

Ü7

1. In die Berge fahren: wandern – 2. An einen See fahren:
schwimmen gehen – 3. In eine Disko gehen: Leute treffen –
4. in ein Café gehen: einen Espresso trinken – 5. Joggen:
abnehmen – 6. Reiseliteratur kaufen: am Strand lesen

> *Ich fahre in die Berge,*
> *um zu wandern.*

6 **Verneinungen.** Was man nicht braucht ... Sagen Sie Sätze mit *um ... zu.*

Ich brauche kein Geld   → glücklich sein
... keine teure Kleidung → anderen Menschen gefallen
... kein Auto   → reisen

Und Sie?

7 **Wozu?** *um ... zu / damit*

4.2

a) Vergleichen Sie die beiden Sätze.

Erfindungen sind nötig, um Probleme zu lösen.
Erfindungen sind nötig, damit die Menschen Probleme lösen können.

b) Ergänzen Sie die Regel.

Regel   *Damit*-Sätze und *Um ... zu*-Sätze haben die gleiche Bedeutung.

Der Unterschied ist: *Damit*-Sätze haben .... Nominativergänzung.

Um ... zu-Sätze haben .... Nominativergänzung.

8 **Tatsachen.** Einen Zweck ausdrücken mit *damit.*

Ü8

1. einen Reisepass   → ins Ausland reisen können
2. einen Job   → eine Wohnung bezahlen können
3. eine Ausbildung   → einen Job finden
4. einen Schulabschluss → einen Ausbildungsplatz bekommen

> *Man braucht einen Reisepass, damit man ins Ausland reisen kann.*
> *Ich brauche ...*

3 Schokolade

1 Wortfeld Schokolade. **Lesen Sie den Text und ergänzen Sie das Wortfeld.**

Geschichte — Schokolade — Produktion

Produkte

Die Geschichte der Schokolade

In Südamerika kennt man die Kakaobohne seit mehr als 2000 Jahren. Im 17. Jahrhundert wurde der Kakao von Südamerika nach Europa importiert. Hier wurde er lange Zeit nur als Medizin
5 gegen Fieber und Bauchschmerzen verkauft. Damals konnte man Schokolade aber noch nicht essen. Es gab nur Trinkschokolade. Die erste Schokolade zum Essen wurde 1849 in England produziert. Sie war leider sehr hart und bitter.

10 Das änderte erst der Schweizer Rudolphe Lindt. Er baute 1879 die so genannte
15 „Conche", eine
Maschine, die die Schokolade stundenlang schlägt. Dabei wird sie warm und weich gemacht. Der Prozess dauerte oft mehr als 72 Stunden. 1972 verbesserte die Firma Lindt & Sprüngli diese

20 Produktionsmethode noch einmal. Für die Schokoladenproduktion mit Milch braucht man jetzt nur noch zwei Stunden, für Schokolade ohne Milch sechs Stunden. Dann wird die Schokolade geformt und verpackt. Lindts Erfindung wird heute überall
25 zur Herstellung von Schokolade benutzt. Die Schweizer Lindt & Sprüngli AG wurde 1898 gegründet. Sie hat heute rund 6000 Mitarbeiterinnen und Mitarbeiter und einen Umsatz von mehr als zwei Milliarden
30 Schweizer Franken (CHF). Im Moment wird Schokolade mit wenig Zucker

35 und ohne Milch in Deutschland wieder gern gegessen. Viele kleine Schokoladenproduzenten sind mit ihren Spezialitäten – zum Beispiel Schokolade mit Pfeffer oder Kräutern – sehr erfolgreich.

2 Einen Text zusammenfassen. **Ergänzen Sie mit Wörtern aus dem Text.**

Im 17. Jahrhundert kam der ....[1] nach Europa. Man konnte

damals den Kakao aber nur ....[2]. Die erste Schokolade zum Essen

...................................[3] in England produziert. Die Maschine des Schweizers

...................................[4] verbesserte die Schokolade und wird bis heute von der

...................................[5] Lindt & Sprüngli ....[6]. In der Maschine wird die

Schokolade ....[7] und weich gemacht. Der Prozess ....[8]

sehr lange. Die Lindt & Sprüngli AG, die 1898 ....[9] wurde, hat heute

6000 ....[10] und ....[11].

3 Fragen zum Text. **Beantworten Sie die Fragen. Stellen Sie drei weitere Fragen.**

1. Wann kam der Kakao nach Europa? – **2.** Wie lange dauerte der Produktionsprozess im 19. Jahrhundert? – **3.** Warum schmeckte die erste Schokolade nicht so gut?

4 Das Partizip II wiederholen

a) Suchen Sie die Verben im Text auf Seite 92 und ergänzen Sie die Liste.

Infinitiv	Partizip II	Infinitiv	Partizip II
machen	....	....	gegessen
....	gekauft	produzieren	....
verkaufen	....	....	benutzt

(Grammatik)

b) Das Verb *werden.*
Ergänzen Sie die
Tabelle.

ich	....	wir	werden
du	wirst	ihr	werdet
er/es/sie	....	sie	....

(Grammatik)

5 Wie etwas gemacht wird: Passiv

a) Vergleichen
Sie die Sätze.

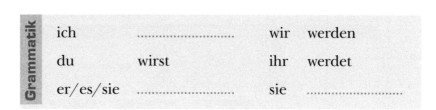

Aktiv   Passiv

Die Mitarbeiter verpacken <u>die Schokolade</u>.   <u>Die Schokolade</u> wird verpackt.

Akkusativ   Nominativ

b) Ergänzen Sie die Regel.

Regel Das Passiv wird mit dem Verb .... und dem Partizip II gebildet.

6 Marmeladenproduktion. Ergänzen Sie mit Verben aus Ihrer Liste in Aufgabe 4.

So wird Marmelade ....[1]: Zuerst werden die Früchte

.....................[2] oder aus dem Garten geholt. Dann werden sie mit Zucker heiß

.....................[3] und in Gläser abgefüllt. Zum Schluss wird die Marmelade

auf dem Markt ....[4] und mit Brot und Butter ....[5].

7 Präteritum Passiv verstehen: *wurden* + Partizip II

a) Vergleichen Sie die Sätze. Markieren Sie dann die Präteritum-Passiv-Formen
im Text auf Seite 92.

Präsens Passiv   Schokolade wird zuerst 1849 hergestellt.
Präteritum Passiv   Schokolade wurde zuerst 1849 hergestellt.

b) Ergänzen Sie die Regel.

Regel Das Präteritum Passiv wird mit dem Verb ....

im .... und dem .... gebildet.

4 Die süße Seite Österreichs

1 **Kennen Sie diese Torte?** Überfliegen Sie die Internetseite.
Welche Aussage ist falsch: 1, 2 oder 3?

1. Hier finden Sie das Rezept für eine Sachertorte.
2. Die Internetseite informiert über die Firma Sacher.
3. Die Seite ist eine Werbung für Sachertorte.

Moment, 1,2 Millionen Eier in 270 000 Torten, das heißt, ich brauche für eine ...

2 **Einen Text verstehen: Informationen von einer Internetseite.** Ordnen Sie zu.

a) Lagerung zwischen 16 und 18 Grad
b) beste Rohstoffe werden verarbeitet

c) ... ist ein Geheimnis
d) 37 Tonnen Marillenmarmelade

1. ▨ Nur wenige Leute kennen das Originalrezept.
2. ▨ In der Torte sind Früchte.
3. ▨ Die Schokolade und die Eier, die man verarbeitet, haben die beste Qualität.
4. ▨ Am besten ist es, wenn man die Torte kühl, aber nicht kalt lagert.

3 **Frau Demme ist Konditorin. Sie erklärt, wie man Sachertorte macht.**

26

a) Hören Sie zu und notieren Sie:
   Was braucht man?   *200 g ...*

b) Hören Sie noch einmal und notieren Sie:
   Wie wird die Torte gemacht?   *Zuerst muss man ...*

4 Im Text Abläufe markieren

a) Hören Sie den Interviewausschnitt. Achten Sie auf *dann, danach, zum Schluss.*

b) Lesen Sie den Text laut. Betonen Sie *dann, danach, zum Schluss.*

Dann wird die weiche Schokolade dazugegeben. Und *danach* werden nach und nach Mehl und Milch unter den Teig gerührt. *Zum Schluss* wird der Eischnee vorsichtig unter den Teig gehoben und *dann* wird die Torte gebacken.

5 Schokoladenfondue

a) Lesen Sie das Rezept und erklären Sie, wie das Fondue gemacht wird.

> *Die Schokolade wird mit der Sahne vorsichtig erhitzt ...*

Schokoladenfondue

- frisches Obst nach Jahreszeit, in kleine Stücke geschnitten
- ca. 220 g Schokolade
- ⅛ l Sahne

Schokolade mit der Sahne vorsichtig erhitzen und gut verrühren. Bei Vollmilchschokolade noch etwas Kakao und Sahne zugeben, damit es nicht zu süß wird.
Die Masse warm halten und das Obst (am besten mit Fonduegabeln) eintauchen.

Zubereitungszeit: ca. 20 Minuten

b) Erzählen Sie noch einmal, wie das Fondue gemacht wird. Betonen Sie *dann, danach, zum Schluss.*

Landeskunde

Torten sind eine Spezialität aus den deutschsprachigen Ländern. International bekannt sind vor allem drei Torten. Die Schweizer Rüblitorte wird aus Möhren und Mandeln gemacht. Die Schwarzwälder Kirschtorte ist eine Spezialität aus Baden-Württemberg. Sie enthält Kirschen, Kirschwasser, Schokolade und Sahne. Die Österreichische Sachertorte ist ein Kultobjekt. Sie hat eine eigene Internetseite. Torten werden oft für Familienfeiern gebacken oder man verabredet sich nachmittags in einem Café, um ein Stück Torte zu essen.

1 Das Erfindungen-Rätsel

a) Kennen Sie die Erfindungen? Ergänzen Sie das Rätsel.

1. Damit putzt man sich die Zähne.
2. Damit gehen Kopfschmerzen weg.
3. Damit macht man Schuhe zu.
4. Damit informieren und entspannen sich Menschen.
5. Damit fahren Menschen täglich ins Büro.
6. Damit macht man ein heißes Getränk.
7. Damit bewegt man große und kleine Schiffe.
8. Damit bringt man ein Auto in Fahrt.
9. Damit macht man ein heißes schwarzes Getränk.

5 S T R A ß E N B A H N

b) Wo meldet man eine Erfindung an?

Beim ....

2 Jugend forscht

a) Sehen Sie sich das Plakat an. Worum geht es? Kreuzen Sie an.

1. ☐ um Werbung für Schokolade
2. ☐ um junge Erfinder/innen
3. ☐ um Ostern

b) Lesen Sie den Text und beantworten Sie die Fragen.

„Jugend forscht" wurde das erste Mal 1965 veranstaltet und ist heute das wichtigste Treffen für junge Forscher aus ganz Deutschland.
„Jugend forscht" ist wie eine Messe organisiert, bei der
5 junge Menschen ihre Erfindungen vorstellen können. Die jungen Forscher dürfen aber nicht älter als 21 Jahre sein. Für die besten Erfindungen gibt es Preise, so zum Beispiel Geld, aber auch Praktika in Firmen und Studienreisen ins Ausland.
2006 startete „Jugend forscht" mit dem Thema „Es gibt immer etwas zu entdecken!"
Es gab mehr als 9600 Anmeldungen, aber nur 108 Jugendliche waren im Finale. Die
10 jungen Erfinder durften – wie jedes Jahr – das Thema des Projekts frei wählen, aber es musste in die sieben Fachgebiete passen: Arbeitswelt, Biologie, Chemie, Geo- und Raumwissenschaften, Mathematik und Informatik, Physik und Technik.
In diesem Jahr bekamen Johannes Burkart (19) und Alexander Joos (19) den Preis für die originellste Arbeit. Die beiden untersuchten, wie ein Fußball am besten fliegt. Für Matthias
15 Hölzer (19) gab es einen Preis im Fachgebiet Biologie. Er zeigte, dass eine Fliege den Menschen krank, aber auch gesund machen kann. Im Fachgebiet Geo- und Raumwissen-schaften gewann Denis Möller (19) mit einem Projekt zum Thema „Wetter".

1. Wie lange gibt es „Jugend forscht"?

   „Jugend forscht" findet seit 1965 statt.

2. Was tun die Jugendlichen auf diesem Treffen?

3. Wer darf bei „Jugend forscht" teilnehmen?

4. Was gibt es bei „Jugend forscht" zu gewinnen?

5. In welchen Fachgebieten gibt es Projekte?

6. Wer hat einen Preis für das originellste Projekt bekommen?

3 **Junge Forscher im Interview**

19

a) Hören Sie die Interviews und machen Sie Notizen.

Name	Interessen	Projekt bei „Jugend forscht"	wichtigste Erfindung
Maximilian Heine	*Mathematik und ...*		

b) Hören Sie die Interviews noch einmal. Welche Aussagen sind richtig? Kreuzen Sie an und korrigieren Sie die falschen Sätze.

1. ▨ Maximilian möchte später Physik studieren.
2. ▨ Zusammen mit einer Schulfreundin hat er ein Computerprogramm entwickelt.
3. ▨ Maximilian denkt, dass das Handy die wichtigste Erfindung ist.
4. ▨ Maximilian kann sich ein Leben ohne seinen Laptop nicht vorstellen.
5. ▨ Caroline interessiert sich für Architektur.
6. ▨ Sie arbeitet an einem Biologieprojekt und untersucht verschiedene Getränke.
7. ▨ Für Caroline ist das Internet die wichtigste Erfindung.

1. Maximilian möchte später Mathematik und Informatik studieren.

4 **Jahreszahlen verstehen.** Hören Sie die Informationen zu den Fotos und
20   notieren Sie das Jahr.

1. _1817_   2. ....   3. ....   4. ....   5. ....

5 **Das Europäische Patentamt**

a) Lesen Sie den Text und ergänzen Sie die Statistik.

Das Europäische Patentamt (EPA) prüft und erteilt europäische Patente. Das EPA hat
seinen Hauptsitz in München, weitere Dienststellen sind in Berlin, Wien, Den Haag
und Brüssel. Das Amt beschäftigt über 6 000 Mitarbeiter aus fast 30 Ländern.
Die meisten Patentanmeldungen kommen aus den USA, sehr viele aber auch aus
Deutschland und Japan. Japan liegt mit 21 461 Anmeldungen auf dem dritten Platz.
Dann folgt Frankreich mit 8 034 Anmeldungen. Auf dem fünften Platz sind die
Niederlande.

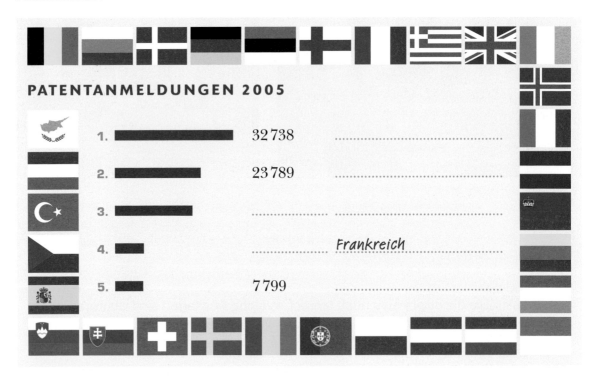

PATENTANMELDUNGEN 2005

1.   32 738   ....
2.   23 789   ....
3.   ....
4.   ....   _Frankreich_
5.   7 799   ....

b) Welche Aussagen sind richtig? Kreuzen Sie an.

1. ☒ Wer ein europäisches Patent anmelden möchte, muss zum EPA.
2. ▨ Das Europäische Patentamt hat seinen Hauptsitz in Wien.
3. ▨ Andere Dienststellen gibt es in München, Berlin und Paris.
4. ▨ Die Mitarbeiter des Patentamts kommen aus vielen unterschiedlichen Ländern.
5. ▨ Aus Deutschland kommen die meisten Patentanmeldungen.
6. ▨ Auf Platz 5 sind die Niederlande mit 7 799 Anmeldungen.

6 Wozu braucht man ...?

a) Schreiben Sie Fragen zu den Antworten.

~~Fernseher~~ – Fahrplan – Taschenkalender – Geld – Brille – Lerner-CD

1. *Wozu brauchst du einen Fernseher?* .... Um mich zu entspannen.

2. .... Um die Zeitung lesen zu können.

3. .... Um meine Termine zu planen.

4. .... Um mein Deutsch mehr zu üben.

5. .... Um die Rechnung zu bezahlen.

6. .... Um die Bahn nicht zu verpassen.

b) Schreiben Sie drei weitere Fragen und beantworten Sie sie.

> *1. Wozu braucht man ...?*

7 „Praktische" Erfindungen für den Alltag

a) Wozu benutzen <u>Sie</u> diese Gegenstände? Ordnen Sie zu.
Oft gibt es mehrere Möglichkeiten.

das Handy	1		a	telefonieren
der Kopfhörer	2		b	sich Filme ansehen
der Laptop	3		c	Nachrichten schreiben
der CD-Player	4		d	sich über etwas informieren
das Radio	5		e	Musik hören
der DVD-Player	6		f	im Zug arbeiten

b) Schreiben Sie zu jedem Gegenstand mindestens einen Satz mit *um ... zu.*

> *1. Ich benutze das Handy, um zu telefonieren.*

8 Frau Meyer hat etwas erfunden. Bilden Sie Sätze mit *damit.*

1. Frau Meyer ruft im Patentamt an.
   sie schnell – einen Termin – bekommen

2. Der Sohn von Frau Meyer hat ihr geholfen.
   sie – Zeit sparen

3. Das Patentamt nimmt sich viel Zeit für die Prüfung der Anmeldung.
   es – keine Fehler – machen

4. Frau Meyer macht Urlaub.
   sie – vom Stress – sich erholen können

> *1. Frau Meyer ruft im Patentamt an, damit sie schnell einen Termin bekommt.*

9 **Die süße Seite Deutschlands**

a) Ergänzen Sie die Verben im Partizip II.

essen – ~~lieben~~ – feststellen – produzieren – verkaufen – erfinden

Gummibärchen werden von allen Kindern und vielen

Erwachsen .... *geliebt* .... Was nur wenige wissen –
1922 wurde das erste Gummibärchen „geboren". Es wurde

damals von Hans Riegel aus Bonn ....[1].
In der Packung sind immer mehr rote Bärchen, da diese

am liebsten ....[2] werden. Das wurde in einer

Studie ....[3]. Heute werden in der Firma Haribo täglich 80 Millionen

Gummibärchen ....[4]. In den fünf Betrieben in Deutschland und in
13 weiteren in Europa arbeiten 6000 Mitarbeiter. Haribo-Produkte werden in mehr

als 100 Ländern ....[5].

b) Ordnen Sie die Informationen nach der Reihenfolge in Text a).

▨ Gummibärchen kann man in vielen Ländern der Welt kaufen.
▨ Jeden Tag werden fast 80 Millionen neue kleine Gummibärchen „geboren".
▨ Die kleinen Bären gibt es schon seit über 80 Jahren.
▨ In der Packung sind weniger gelbe, weiße und grüne Bärchen als rote.
▨ „Vater" der Gummibärchen ist Hans Riegel.
▨ Haribo ist eine große Firma mit vielen Angestellten in ganz Europa.
1 Gummibärchen sind bei Jung und Alt sehr beliebt.
▨ Eine Untersuchung zeigte, dass die roten Gummibärchen am beliebtesten sind.

10 **Eine süße Spezialität aus der Schweiz: Rüblitorte**

a) Ordnen Sie die Arbeitsschritte.

▨ Zum Schluss wird die fertige Rüblitorte über
Nacht in den Kühlschrank gestellt.
▨ Die Masse wird in einer Tortenform gebacken.
▨ Dann wird die Ei-Zucker-Masse mit Mehl und
Backpulver gemischt.
▨ Nach den Möhren und Mandeln wird der Eischnee untergehoben.
1 Zuerst werden das Eigelb, der Zucker und weitere Zutaten gemischt.
▨ Nach dem Backen wird alles mit Marmelade und Puderzucker überzogen.
▨ Im dritten Schritt werden geriebene Möhren und Mandeln hinzugegeben.

b) Unterstreichen Sie in Aufgabe a) die Passivformen.

**c) Sie sind in der Radiosendung *Richtig backen & kochen*. Sie erklären, wie man eine
Rüblitorte macht. Machen Sie aus den Passiv-Sätzen aus Aufgabe a) Aktiv-Sätze.**

Mischen Sie zuerst das Eigelb, den Zucker und weitere Zutaten. Dann ...

Das kann ich auf Deutsch

Beschreibungen von Produkten und Erfindungen verstehen

Mit der MP3-Technologie kann man viele Lieder auf einem kleinen Chip speichern.

sagen, welche Dinge man oft benutzt (und wozu)

Einen Kaffeefilter. Ich koche jeden Morgen Kaffee.
Ich benutze jeden Tag Zahnpasta.
Den Kühlschrank braucht man, um Lebensmittel zu kühlen.

Wortfelder

Produkte und Erfindungen

das Patent, die Erfindung, das Aspirin, der Kaffeefilter
etwas erfinden, etwas entdecken, ein Problem lösen

Schokolade/Produktion

der Kakao, die Produktionsmethode, der Produzent, das Schokoladenfondue,
die Sachertorte
den Teig rühren, etwas verarbeiten, etwas verpacken, etwas produzieren

Grammatik

einen Zweck ausdrücken

um zu ...: Ich brauche den Computer, **um zu** arbeiten.
damit ...: Ich brauche eine Brille, **damit** ich die Schrift im Telefonbuch gut lesen kann.

Vorgänge beschreiben: Passiv mit *werden/wurden*

Die Schokolade **wird gerührt**. / Wie **wird** eine Rüblitorte **gemacht**?
Die erste Schokolade **wurde** in England **produziert**.

Aussprache

Akzent und Textgliederung

Zuerst wird das Obst geschnitten. **Dann** wird die Schokolade mit der Sahne erhitzt.
Danach wird das Obst in die Schokolade getaucht.

Laut lesen und lernen

21

Wer hat das erfunden? Wozu braucht man das? Wie wird das gemacht?
Wann wurde das entdeckt? Ich brauche kein Geld, um glücklich zu sein!
Hmmmm, schmeckt das gut!

1 Berufsbild Hotelkaufmann/Hotelkauffrau

1 **Arbeitsplatz Hotel. Ordnen Sie die Fotos zu.**

■ das Zimmermädchen
■ der Koch / die Köchin
■ der Kellner / die Kellnerin
■ der Hotelmanager / die Hotelmanagerin

a) Was machen die Leute und wo arbeiten sie?

kochen – die Zimmer reinigen –
die Gäste bedienen –
das Personal organisieren –
Betten machen – telefonieren –
das Essen / die Getränke servieren –
Gemüse putzen

b) Kennen Sie noch andere Tätigkeiten im Hotel? Ergänzen Sie.

2 **Berufsbild Hotelkaufmann/Hotelkauffrau. Lesen Sie den Text und die drei weiteren Informationen. Wo kann man sie in den Text einfügen?**

> Simon Pfister ist Hotelkaufmann im Ferienhotel „Zillergrund" in Mayrhofen/Zillertal. Das Zillertal in Tirol ist eine beliebte Urlaubsregion in Österreich. Im Sommer kommen die Leute zum Berg-wandern und im Winter zum Skifahren. Familie Pfister führt das Hotel seit fünf Generationen. Simon hat nach der Schule eine Ausbildung zum Hotelkaufmann auf der Hotelfachschule „Villa
> 5 Blanka" in Innsbruck gemacht. „Die Ausbildung dauert drei Jahre und ist eine gute Mischung aus Theorie und Praxis", sagt Simon. Bei der theoretischen Ausbildung haben ihn Fächer wie Tourismus und Marketing, Betriebswirtschaft, Küchenführung und Ernährungslehre besonders interessiert. Die Schüler mussten auch ein Sommerpraktikum in einem Tourismusbetrieb machen. Die praktische Ausbildung war für ihn auch nicht schwer, weil er am Wochenende und in den Ferien oft zu Hause
> 10 im Hotel gearbeitet hat.
> Der Hotelkaufmann sagt: „In einem Hotel gibt es immer viel Arbeit, ob im Restaurant, an der Rezeption, im Wellness-Bereich, beim Zimmerservice oder bei der Betreuung der Gäste. Alle sollen sich vom ersten bis zum letzten Tag bei uns wohl fühlen. Oft sitze ich abends noch lange im Büro, schreibe Rechnungen oder plane die Arbeiten für den nächsten Tag. Freizeit gibt es in der Saison
> 15 selten. Aber ich mag die fröhliche Atmosphäre in unserem Ferienhotel, man lernt immer neue Menschen kennen, langweilig ist es bei uns nie! Und am schönsten ist natürlich das Wiedersehen mit unseren Stammgästen!" Man kann das Hotel auch im Netz besuchen: www.zillergrund.at

1. Schon im letzten Jahrhundert gab es hier den Gasthof „Zillergrund".
2. Das hat Simon viel Spaß gemacht, denn er konnte Wanderungen und Sport-programme mit organisieren.
3. Wir wollen, dass alle unsere Gäste Stammgäste werden, die gerne wiederkommen.

3 Informationen aus einem Text ziehen

a) Machen Sie Notizen zum Ausbildungsberuf *Hotelkaufmann/Hotelkauffrau.*

Ausbildungsdauer: ....

Ausbildungsinhalte: ....

Praktikum: ....

b) Sammeln Sie Informationen zum Hotel „Zillergrund".

c) Fassen Sie Ihre Informationen zusammen und berichten Sie im Kurs.

4 **Ein Arbeitstag im Hotel.** Was macht Simon Pfister? Ergänzen Sie die Verben.

~~zusammenstellen~~ – begrüßen – schreiben – vorbereiten – einteilen – bestätigen

die Speisekarte *zusammenstellen*.................. den Konferenzraum..........................

die Gäste .... Rechnungen...

das Servicepersonal............................ Reservierungen......................................

5 **Rollenspiel: sich über einen Beruf informieren.** Hier sind sechs Aussagen. Schreiben Sie die Fragen und üben Sie abwechselnd mit Ihrem Lernpartner / Ihrer Lernpartnerin.

■ ....

◆ Die Ausbildung zum Hotelkaufmann dauert drei Jahre.

■ ....

◆ Man macht die theoretische Ausbildung auf der Hotelfachschule.

■ ....

◆ Marketing und Betriebswirtschaft haben mich besonders interessiert.

■ ....

◆ Die praktische Ausbildung habe ich in einem Hotel gemacht.

■ ....

◆ Ich habe in der Küche, im Restaurant und an der Rezeption gearbeitet.

■ ....

◆ Am wichtigsten ist für mich, dass sich die Gäste wohl fühlen.

6 **Menschen im Hotel. Hören Sie die Interviews in der Hotelhalle. Wer sind die Leute,**
28 **was machen sie? Notieren Sie.**

2 Grammatik und Evaluation

1 **Verben mit Dativ- und Akkusativergänzung.** Ergänzen Sie die Sätze.

1. Der Ergotherapeut erklärt *der Patientin* (die Patientin) .... (die Übung).

2. Die Chefin zeigt .... (der Mitarbeiter) .... (der Arbeitsplatz).

3. Jana schenkt .... (ihre Eltern) .... (ein neuer DVD-Player).

4. Die Kellnerin bringt .... (die Gäste) .... (der Wein).

5. Max holt .... (seine Frau) .... (der Mantel).

2 **Wechselpräpositionen.** Ergänzen Sie die Tabelle.

~~in die Firma gehen~~ – auf die Hotelfachschule gehen – an der Universität arbeiten – an die Kasse gehen – auf der Post arbeiten – ~~in der Firma arbeiten~~ – an der Haltestelle warten – in einem Sprachkurs sein – in einen Computerkurs gehen – hinter das Haus gehen – hinter dem Park wohnen – auf die Post gehen

Wohin?	Wo?
Ich gehe in die Firma.	Ich arbeite in der Firma.

3 **Akkusativ oder Dativ?** Ergänzen Sie die Sätze und kreuzen Sie an.

	Akkusativ	Dativ
1. Das Buch liegt neben *dem Computer* . (der Computer)	☐	☒
2. Der Schrank steht an .... (die Wand)	☐	☐
3. Wir sitzen in .... (eine Besprechung)	☐	☐
4. Wir setzen uns in .... (der Konferenzraum)	☐	☐
5. Sven hängt das Foto an .... (der Kühlschrank)	☐	☐
6. Wir stellen den Schreibtisch an .... (die andere Wand)	☐	☐
7. Ich lege den Notizblock neben .... (das Telefon)	☐	☐
8. Der Einkaufszettel hängt über .... (der Kühlschrank)	☐	☐

4 **Bedingungen und Folgen.** Was machen Sie, wenn ...? Verbinden Sie die passenden Sätze wie im Beispiel.

Wenn das Telefon klingelt, nehme ich den Hörer ab.

 Das Telefon klingelt. 1   a Ich fahre Ski.

Ich habe Geburtstag. 2   b Ich nehme den Hörer ab.

 Es ist Weihnachten. 3   c Ich lade meine Freunde zu einer Party ein.

Es schneit. 4   d Ich gehe früh schlafen.

Ich bin müde. 5   e Wir kaufen einen Tannenbaum.

5 Einen Zweck ausdrücken mit *um ... zu.* **Schreiben Sie Sätze wie im Beispiel.**

Viele Menschen lernen Sprachen, ... / fremde Länder besser kennen lernen

Viele Menschen lernen Sprachen, um fremde Länder besser kennen zu lernen.

sich mit anderen Menschen unterhalten – Bücher in der Originalsprache lesen
können – im Beruf besser vorankommen – im Ausland arbeiten

6 Wie *wird* eine Sachertorte *gemacht*? **Ergänzen Sie die Passivformen.**

1. Zuerst .... die flüssige Schokolade mit Eigelb,

   Zucker und Sahne schaumig .... (schlagen).

2. Dann .... das Mehl dazu .... (geben).

3. Danach .... der Eischnee vorsichtig darunter .... (rühren).

4. Jetzt .... die Torte .... (backen).

5. Nach dem Backen ....*wird*.......... die Torte mit Schokolade ....*überzogen*.......... .

7 Grammatikbegriffe. **Ordnen Sie die Sätze den Begriffen zu.**

Ich <u>zeige</u> meiner Kollegin den neuen Computer. **1**

Peter kommt <u>mit</u> seinem Freund zur Party. **2**

<u>Wenn</u> es regnet, (<u>dann</u>) nehme ich einen
Regenschirm. **3**

Wir gehen <u>auf</u> das Stadtfest, das <u>auf</u> dem
Marktplatz ist. **4**

Er lernt Sprachen, <u>um</u> bessere Chancen im
Beruf <u>zu</u> haben. **5**

Er lernt Gitarre, <u>damit</u> er in einer Band
spielen kann. **6**

Viele elektronische Produkte <u>werden</u> in Japan
<u>hergestellt</u>. **7**

Der Film, <u>in dem Ingrid Bergmann die
Hauptrolle hat</u>, ist ein Klassiker. **8**

a Bedingungen/
Folgen ausdrücken

b Wechselpräposition

c Verb mit Dativ- und
Akkusativergänzung

d einen Zweck aus-
drücken

e Relativsatz

f Präposition mit Dativ

g Passiv

8 Systematisch wiederholen – Selbstevaluation

Ich kann auf Deutsch	Einheit	Übung	☺ gut	☹ noch nicht so gut
1. über wichtige Feste im Jahr sprechen	10	2.1	▪	▪
2. sagen, was man jemandem schenken kann	10	3.1	▪	▪
3. sagen, was man macht, wenn ...	10	5.3	▪	▪
4. positive und negative Emotionen ausdrücken	11	1.3	▪	▪
5. über einen Film sprechen	11	2.4	▪	▪
6. über Erfindungen und Produkte sprechen	12	1.4	▪	▪
7. sagen, mit welcher Absicht man etwas macht	12	2.5	▪	▪
8. erklären, wie etwas gemacht wird	12	4.5	▪	▪

3 Mit 30 Fragen durch studio d A2

Sie brauchen ...

- mindestens zwei Spieler oder zwei Gruppen (höchstens vier Spieler je Gruppe)
- einen Würfel
- Spielfiguren: jeder Spieler eine Münze

Spielregeln

1. Alle Spieler würfeln drei Mal. Wer eine Sechs ⚅ hat, beginnt.
   Ein Spieler / eine Gruppe beginnt am Startfeld oben ▼, der/die andere unten ▲.
2. Lösen Sie die Aufgabe. Richtige Antwort: Sie bleiben auf dem Feld.
   Falsche Antwort: zwei Felder zurückgehen.
3. Rausschmeißen: Wenn Sie auf das Feld Ihres Gegners kommen, muss dieser wieder auf das Startfeld zurück und neu anfangen.
4. Gewonnen hat der Spieler / die Gruppe, der/die mit allen Figuren zuerst am Ziel ist.

▼

1 Warum sind Sie hier? *Weil ...*

2 Welches Tier ist schwerer als eine Kuh, welches ist leichter?

3 Singen Sie den Anfang eines Geburtstagsliedes.

4 Sie fliegen geschäftlich nach Australien. Sagen Sie Ihrer Sekretärin drei Dinge, die sie für Sie organisieren soll.

5 Nennen Sie drei Medien „von gestern".

6 *Sich abtrocknen – sich eincremen – sich duschen.* Sagen Sie drei Sätze in der richtigen Reihenfolge. *Zuerst ...*

7 Sie sitzen in Ihrem Lieblingsrestaurant. Bestellen Sie.

8 Sagen Sie ganz schnell: *tschechisches Streichholzschächtelchen.*

9 Beenden Sie den Satz: *Als ich 14 war, ...*

10 Wortfamilie *Arbeit:* Nennen Sie vier Wörter.

11 Telefonieren: Die Person ist nicht da, Sie hinterlassen Ihren Namen und eine Nachricht.

12 Ordnen Sie die Feste chronologisch: Weihnachten, Ostern, Silvester, Karneval, Ihren Geburtstag. Beginnen Sie mit Ihrem Geburtstag.

13 Ein Satz mit Dativ und Akkusativ: *Buch – schenken – meine Schwester*

14 Was ist Ihr Lieblingsfilm?

15 Sagen Sie, warum Sie Deutsch lernen. Benutzen Sie ... *um zu.*

16 Sagen Sie, warum Sie Deutsch lernen. Benutzen Sie ... *damit ...*

17 Was ist von Ihnen aus gesehen auf fünf Uhr?

18 Emotionen. Ergänzen Sie: *Ich ...*

19 Nennen Sie das passende Fest: *Kürbis – Sekt – Herz – Kostüm*

20 Sagen Sie es höflicher: *Geben Sie mir das Telefon und öffnen Sie das Fenster.*

21 Was steht in einem Lebenslauf? Nennen Sie drei Dinge.

22 Beenden Sie den Satz: *Als ich sieben war, ...*

23 Sagen Sie vier Mal *frische chinesische Shrimps.* Sprechen Sie so schnell wie möglich.

24 Welche Aufgaben hat ein/e Restaurantfachmann/-frau? Nennen Sie drei Tätigkeiten.

25 Sie möchten einen Brief mit der Post schicken. Was tun Sie *zuerst/danach/ dann?*

26 Nennen Sie drei moderne Medien.

27 Sie organisieren eine Party: Sagen Sie drei Dinge, die andere tun sollen.

28 Nennen Sie fünf Verwandschaftsbezeichnungen.

29 Welches Tier ist schneller als ein Hund? Welches ist langsamer?

30 Was ist für Sie das schönste deutsche Wort? Warum?

▲

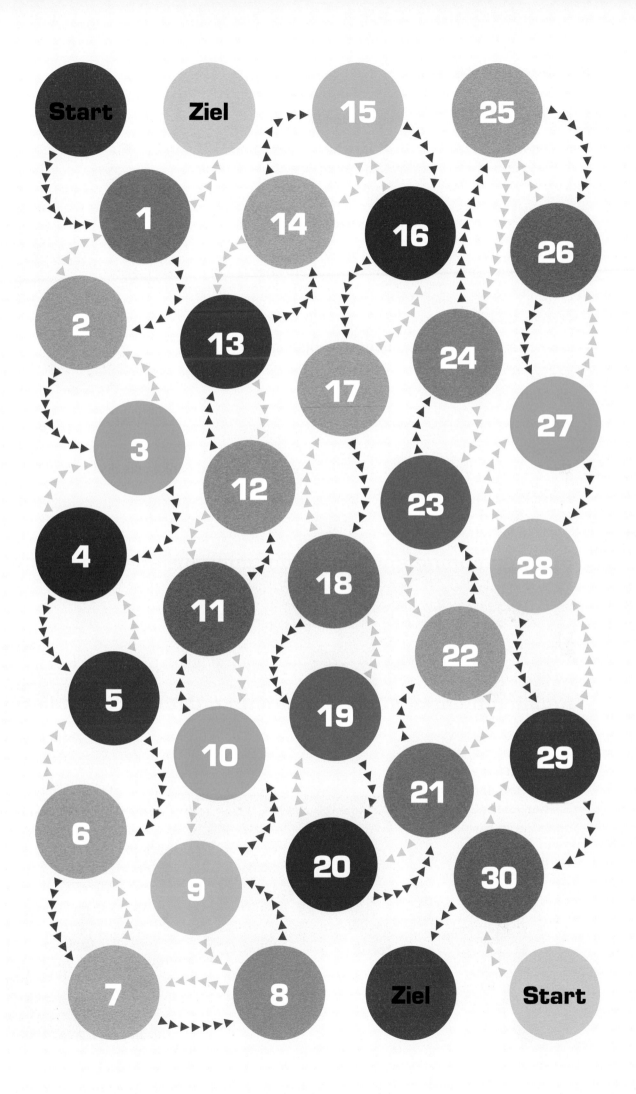

4 Videostation 4

1 **Ein Kosmetikkonzern.** Sehen Sie den Film über die Firma an und ergänzen Sie.

Beiersdorf ....¹ eine ganze Produktpalette vom Pflaster bis zur Body Lotion. Die Mitarbeiter überwachen

und ....² die modernen Produktionsanlagen.

Die ....³ werden verpackt oder ....⁴

und etikettiert. In der Lippenstiftproduktion ....⁵ ständig neue Farben und Trends entwickelt. Hier findet

...............................⁶ auch noch viel Handarbeit. Beiersdorf besteht seit 120 Jahren und hat heute 130 Tochterfirmen mit

...............................⁷ Mitarbeiterinnen und Mitarbeitern in der

ganzen Welt. Das ....⁸ Produkt ist immer noch die blaue Dose mit der Niveacreme.

kontrollieren – man – 16 500 – produziert – werden – bekannteste – abgefüllt – Kosmetikprodukte

2 **Der Abschied.** Schreiben Sie den Dialog: Was sagen und denken die drei?

Katja, Justyna und Karsten verabschieden sich am Bahnhof Hamburg Dammtor.

3 **Szenen neu texten.** Schreiben Sie einen neuen Text zu diesen Szenen und vergleichen Sie im Kurs.

4 Das Quiz zum Film. Erinnern Sie sich? Kreuzen Sie an.

a) Das Projekt. Was ist richtig, was falsch?

richtig falsch

1. Frau Kranz macht einen Vorschlag und Katja findet ihn gut. ▢ ▢
2. Katja macht einen Vorschlag und die Chefin findet ihn gut. ▢ ▢
3. Katja fährt zuerst nach München und dann nach Hamburg. ▢ ▢

b) Was sagen sie? Welche Aussage ist richtig?

- Hallo Katja, kommst du mit in die Kantine? ▢ /
  ins Restaurant? ▢
◆ Was gibt's denn heute?
- Schnitzel mit Pommes frites. ▢ / Spaghetti carbonara. ▢ /
  Nürnberger Bratwürste. ▢
◆ Nein, danke, das mag ich nicht. ▢ /
  Ja, einen Moment, ich komme gleich. ▢

c) Das Wiedersehen. Was ist richtig?

1. ▢ Die drei Personen kennen sich schon länger.
2. ▢ Die beiden Frauen kennen sich vom Studium.
3. ▢ Sie sprechen über Katjas neuen Freund.

**d) Landeskunde im Film: Erkennen Sie die Städte und Orte?
Ordnen Sie die Fotos und die Informationen zu.**

Foto Stadt

1. ▢ Zwiesel ———— ... liegt mitten im „Alten Land" bei Hamburg.
2. ▢ Jork ———— ... ist Ort der Handlung im ersten Roman Goethes.
3. ▢ Lübeck ... ist ein Ort, in dem man Holzspielzeug produziert.
4. ▢ Seiffen ... ist das wichtigste Ziel des Weihnachtsmarkttourismus.
5. ▢ Nürnberg ... ist das Zentrum der traditionellen Glasindustrie Bayerns.
6. ▢ Wetzlar ... ist die Stadt, in der Heinrich Mann geboren wurde.

**e) Welche Orte und Regionen in Deutschland
sind bekannt für diese Spezialitäten?**

1. Äpfel aus dem ....

2. Rostbratwürstchen aus ....

3. Marzipan aus ....

4. Lebkuchen aus ....

Bald nun ist Weihnachtszeit, fröhliche Zeit

So beginnt ein bekanntes deutsches Weihnachtslied. Es erzählt von all den schönen Dingen, die zur Vorweihnachtszeit und zum Weihnachtsfest gehören. Die Vorweihnachtszeit mit den vier Adventssonntagen ist eine sehr festliche Zeit. In vielen Städten gibt es Weihnachtsmärkte. Besonders bekannt ist der Nürnberger Christkindlesmarkt. Viele Menschen schmücken die Wohnung mit Tannenzweigen und einem Adventskranz mit vier Kerzen. In der Vorweihnachtszeit werden Plätzchen, Lebkuchen und Weihnachtsstollen gebacken. Am 24. Dezember, dem Heiligen Abend, wird der Weihnachtsbaum geschmückt und abends ist Bescherung: Der Weihnachtsmann oder das Christkind bringt die Geschenke. Viele Menschen gehen am 24. Dezember abends in die Kirche. Weihnachten ist in den deutschsprachigen Ländern das wichtigste Familienfest. Den Weihnachtsabend verbringen die meisten Familien gemeinsam. Am 25. Dezember, dem ersten Weihnachtsfeiertag, gibt es ein Festessen. In den meisten Familien ist das der traditionelle Gänsebraten.

Der Bratapfel

Kinder, kommt und ratet,
was im Ofen bratet!
Hört, wie's knallt und zischt.
Bald wird er aufgetischt,
der Zipfel, der Zapfel, der Kipfel,
der Kapfel, der gelbrote Apfel.

Was kann man mit einer Weihnachtsseite machen

- über Weihnachtsbräuche sprechen
- Weihnachtsbräuche vergleichen
- sagen, wie man selbst das Weihnachtsfest vorbereitet und feiert
- Gedichte lesen und Weihnachtslieder singen 29
- den Christkindlesmarkt im Internet besuchen: www.christkindlesmarkt.de

W enn Sie die Romantik des Weihnachtsfestes das ganze Jahr erleben möchten, dann fahren Sie nach Rothenburg ob der Tauber. Dort können Sie das Weihnachtsmuseum besuchen,

Weihnachten das ganze Jahr?

Weihnachtsschmuck anschauen und auch im Sommer Weihnachtsmänner und Engel treffen und Nussknacker testen.
Wenn Rothenburg zu weit ist, dann können Sie auch im Internet einen virtuellen Spaziergang durch das Weihnachtsmuseum machen: www.wohlfahrt.com

Deutsches
Weihnachtsmuseum

Das berühmteste Weihnachtslied der Welt: „Stille Nacht, heilige Nacht"

Die Entstehungsgeschichte

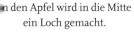
Stille Nacht, Heilige Nacht,
Alles schläft, einsam wacht
nur das traute hochheilige Paar,
holder Knabe im lockigen Haar,
Schlaf in Himmlischer Ruh,
schlaf in himmlischer Ruh.

Das Weihnachtslied „Stille Nacht" ist weltbekannt und wurde in viele Sprachen übersetzt. Schon 1839 wurde es zu Weihnachten in New York gesungen. Aber die Entstehungsgeschichte des Liedes wurde erst 1995 bekannt. Sie wird in dem österreichischen Film „Das ewige Lied" erzählt. Der Hilfspriester Joseph Mohr (1792–1848) hat den Liedtext bereits 1816 geschrieben. Am Vormittag des Heiligen Abends 1818 war man auch in Oberndorf in der Nähe von Salzburg mit den Weihnachtsvorbereitungen beschäftigt. Joseph Mohr zeigte den Liedtext seinem Freund Franz Gruber (1787–1863). Der war begeistert und komponierte sofort die Melodie. Die beiden Männer mussten sich beeilen, weil der Gottesdienst bald beginnen sollte. Das Lied wurde wenige Stunden später von einer Sängergruppe in der Oberndorfer Kirche zum ersten Mal gesungen. Die Leute waren begeistert und das Lied ging um die Welt.

n den Apfel wird in die Mitte ein Loch gemacht.

Das Loch wird mit Marzipan und Nüssen gefüllt.

Der Apfel wird im Ofen gebraten.

Partnerseiten

Einheit 7, Aufgabe 4.3

Partnerspiel: Nach einer Wohnung fragen. Sie sind Spieler/in 2. Ihr Partner / Ihre Partnerin arbeitet mit der Seite 13. Beantworten Sie die Fragen von Spieler/in 1. Dann stellen Sie Fragen zu Anzeige b.

a
Ruhige, sonnige Whg. im Zentrum
Stuttgarts zu vermieten.
3 ZKB, 79 m², Balkon,
Keller u. Stellplatz
790 Euro + 150 NK
Tel.: 06622 - 4505
Besichtigung Di. oder Do. ab 18 Uhr

b
2 ZKB, ab 01.05. frei
☎ 0711-1719248

Einheit 8, Aufgabe 4.2

Partnerspiel: *damals* und *heute*. Stellen Sie Fragen und ergänzen Sie die Antworten von Spieler/in 1. Die Tabelle für Spieler/in 1 ist auf Seite 27.

in der Bebelstraße	in der Müllerstraße	in der Bahnhofsstraße
früher: *ein Sportplatz*	früher:	früher: *eine Schule*
heute:	heute: *ein Supermarkt*	heute:
in der Kastanienallee	**in der Goethestraße**	**auf dem Domplatz**
früher: *die Post*	früher:	früher: *ein Hotel*
heute:	heute: *das Bürgerbüro*	heute:

Spieler 1

■ Heute ist in der Bebelstraße eine Schule.
Was { war / gab es } hier früher?

Spieler 2

◆ Früher war hier ein Sportplatz.
Heute gibt es in der Müllerstraße ...
Was ...

Station 3, Aufgabe 2.2

Rückendiktat. Mit dieser Übung trainieren Sie Aussprache, Hören und Schreiben. Setzen Sie sich Rücken an Rücken und diktieren Sie abwechselnd Wort für Wort. Den Text für Partner/in 1 finden Sie auf Seite 52.

.... Bauarbeiter .... sich

.... ihrer .... Der

.... sagt: „.......................... ich .... im .... habe,

.... höre .... auf ...." .... fragt

.... der .... : „.......................... was .... du,

.... du .... drei .... hast?"

Der .... antwortet: „.......................... doch ....!

.... gehe .... nur .... halbe ....

arbeiten!"

Station 3, Aufgabe 2.4

Haben Sie sich getestet? Hier finden Sie die Auswertung zum Test „Sind Sie ein Stadt- oder Landmensch?"

Auswertung

8–13 Punkte

Sie sind ein Landmensch, der am liebsten draußen in der Natur, im Garten oder auf dem Balkon ist. Sie mögen Tiere, wahrscheinlich haben Sie selbst ein Tier. Auf dem Land finden Sie Ruhe und Entspannung. Der Kontakt zu Ihren Nachbarn ist Ihnen wichtig. Aber: Ein ruhiges Leben kann auch schnell langweilig werden. Fahren Sie auch mal in die Stadt! Ein Stadtbummel oder ein Kinobesuch können auch Spaß machen!

14–19 Punkte

Sie sind flexibel! Sie gehen gern aus, genießen aber auch die Natur. Das kann auch ein Spazlergang durch den Stadtpark sein, Sie brauchen keine langen Wanderungen durch den Wald! Kultur und Natur – Sie mögen beides in Ihrer Freizeit. Wahrscheinlich bestimmt Ihr Job, wo Sie wohnen, denn lange Autofahrten zur Arbeit mögen Sie nicht. Aber: Jobwechsel heißt meistens auch Wohnungswechsel. Achten Sie bei jedem Umzug auf die für Sie „richtige Mischung" von Stadt und Land.

ab 20 Punkte

Sie sind ein Stadtmensch. Sie lieben die Hektik, etwas Stress und viele Menschen. Alles was neu, schnell und „in" ist, finden Sie klasse. Ihre Interessen wechseln schnell, aber Ihre Freunde auch. Sie wollen Spaß haben und nicht zu Hause sitzen. Aber: manchmal braucht man ein bisschen Ruhe, eine „Auszeit". Fahren Sie aufs Land, wechseln Sie die Perspektive und lernen Sie mal ein anderes, ruhigeres Leben kennen. Danach entscheiden Sie, was wichtig in Ihrem Leben ist.

Modelltest Start Deutsch 2

Wenn Sie den Band **studio d A2** durchgearbeitet haben, können Sie Ihre Deutschkenntnisse mit der Prüfung „Start Deutsch 2" dokumentieren. Damit können Sie nachweisen, dass Sie alltägliche Situationen und vertraute Themen auf Deutsch gut bewältigen können und dass Sie die Niveaustufe A2 des Gemeinsamen europäischen Referenzrahmens erreicht haben. Der Test besteht aus vier Teilen: Hörverstehen, Leseverstehen, Schreiben und Sprechen.

Hören

22–26

1 Sie hören fünf Ansagen am Telefon. Ergänzen Sie zu jedem Text die Telefon-Notizen. Sie hören jeden Text zweimal.

1.

Ingenieurbüro Falk

Vorwahl: _____

Rufnummer: _____

2.

Tauber & Tauber Immobilien

Urlaub vom _____

bis _____

3.

Werbeagentur Hosch

Schicken – Was?

_____

4.

Geburtstagsfest-Absage

Warum? _____

_____

5.

Sprachschule Eurolingua

Der Deutschkurs beginnt wann?

_____

27

2 Sie hören fünf Informationen aus dem Radio. Kreuzen Sie an. Sie hören jeden Text einmal.

6. Welche Hobbys hat Frau Markovitch?
a) ▇ Sie arbeitet gerne im Gemüsegarten.
b) ▇ Sie ist beruflich oft im Ausland.
c) ▇ Sie fotografiert gern.

7. Wann findet das Bachkonzert statt?
a) ▇ Am Samstag um 20.00 Uhr.
b) ▇ Am Sonntag um 15.00 Uhr.
c) ▇ Am Sonntag um 15.30 Uhr.

8. Was kann man gewinnen?
a) ☐ Eine Reise nach Rom.
b) ☐ Eine Reise nach München.
c) ☐ Zwei Übernachtungen in einem 4-Sterne-Hotel.

9. Um wie viel Uhr kommt die CD-Kritik?
a) ☐ Um 15.00 Uhr.
b) ☐ Um 15.45 Uhr.
c) ☐ Um 16.30 Uhr.

10. Warum wünscht sich Frau Hoffmann den Song?
a) ☐ Der Song ist für ihren Mann.
b) ☐ Sie und ihr Mann feiern Hochzeitstag.
c) ☐ Sie gratuliert damit ihrem Mann zum Geburtstag.

 3
28
Sie hören ein Gespräch. Wer kommt wo an? Zu diesem Gespräch gibt es fünf Aufgaben. Ordnen Sie zu und notieren Sie den Buchstaben.
Sie hören den Text zweimal.

Person	Herr Dr. Schneider und Herr Winter	Frau Pätzold	Frau Kern-Ludwigs	Herr Trumpler	Frau Koller
	11	12	13	14	15
Lösung	☐	☐	☐	☐	☐

a) Hauptbahnhof Berlin

b) Busbahnhof

c) Tempelhof

d) Schönefeld

e) Tegel

f) Bahnhof Zoo

g) Ostbahnhof

h) Firma

Lesen

1 Sie suchen eine Wohnung. Lesen Sie die Aufgaben 1–5 und die Wohnungsanzeige. Welche Informationen über die Wohnung finden Sie? Kreuzen Sie an.

1. Wie viele Zimmer hat die Wohnung?
a) ▨ Eins.
b) ▨ Zwei.
c) ▨ Drei.

2. Wie viel Geld muss man monatlich an den Vermieter bezahlen?
a) ▨ 620 €.
b) ▨ 540 €.
c) ▨ 80 €.

3. Wie hoch ist die Kaution?
a) ▨ 80 Euro.
b) ▨ 540 Euro.
c) ▨ 1080 Euro.

> Hübsche, frisch renovierte 3-Zi.-Whg., Küche, Bad, Wfl. 72 qm, Balkon, Südstadt, Nähe U-Bahn, Garage, 540,– € Miete + 80 € NK, Kaution zwei Monatsmieten, frei ab sofort, nur an NR und ohne Haustiere. Informationen: Tel. 0761/84144.

4. Wer kann die Wohnung mieten?
a) ▨ Ein Raucher.
b) ▨ Ein Student.
c) ▨ Eine Ehepaar mit einem Hund.

5. Wo liegt die Wohnung?
a) ▨ Im Süden der Stadt.
b) ▨ Auf dem Land.
c) ▨ Neben dem Bahnhof.

2 Lesen Sie den Text. Sind die Aussagen richtig oder falsch? Kreuzen Sie an.

www.welt.de

Vom Oberst zur Tänzerin

Das neue China ist voll von Geschichten über „das erste Mal": der erste Dollar-Milliardär, das erste Internetunternehmen, die erste Schwulenbar. Über Jin Xing gibt es viele „Erstes Mal"-Geschichten: Mit nur neun Jahren ging Jin Xing als jüngster Schüler auf die Militärschule in Shenyang. Jin Xing nahm am ersten Kurs für Modernen Tanz in China teil, bekam das erste Stipendium für eine Tanzausbildung in den USA, gründete das erste private Tanzensemble in China – und änderte als erster Chinese sein Geschlecht. Aus dem jungen Tänzer wurde eine der besten Tänzerinnen der Welt.

Ihre Entwicklung zum Star des Modernen Tanzes und ihr Mut haben den „Goldenen Stern", wie Jin Xings Name übersetzt heißt, zur Ikone der chinesischen Jugend gemacht. „Ich bin Chinas Freiheitsstatue", sagt Jin Xing. „Ich will anderen ein gutes Beispiel geben." Deshalb hat sie ihre Autobiographie „Shanghai Tango" geschrieben, in China ein Bestseller. Seit März liegt das Buch in deutscher Übersetzung vor.

	falsch	richtig
6. Früher war Jin Xing beim Militär.	▨	▨
7. Jin Xing hat mit neun Jahren eine Ausbildung in den USA gemacht.	▨	▨
8. Jin Xing ist jetzt eine Frau.	▨	▨
9. Bei vielen jungen Chinesen ist Jin Xing beliebt.	▨	▨
10. Jin Xing hat ein Buch über den Tango geschrieben.	▨	▨

3 Lesen Sie die Internetanzeigen. Welche Anzeige passt zu welcher Situation?
Für eine Situation gibt es keine Lösung. Schreiben Sie hier den Buchstaben „X".

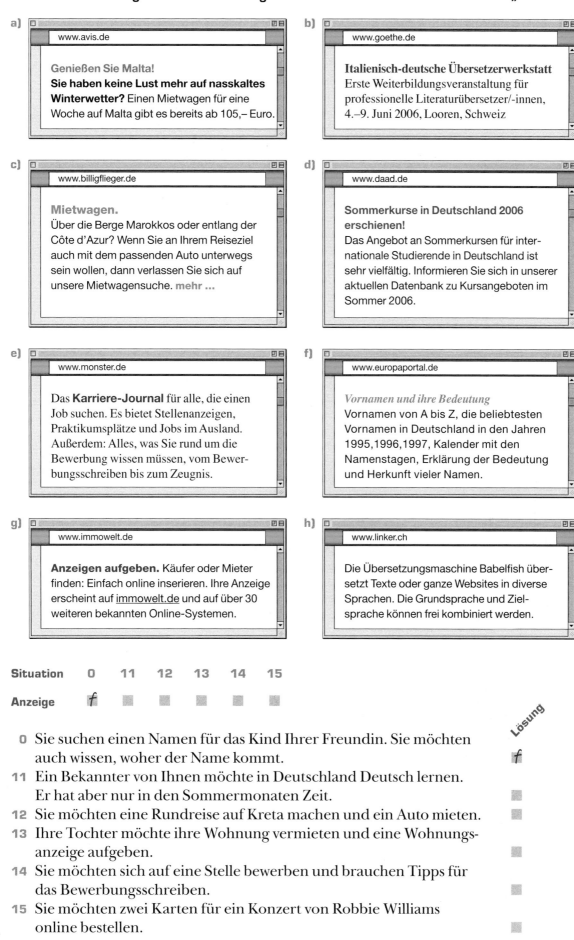

a)
www.avis.de

Genießen Sie Malta!
Sie haben keine Lust mehr auf nasskaltes Winterwetter? Einen Mietwagen für eine Woche auf Malta gibt es bereits ab 105,– Euro.

b)
www.goethe.de

Italienisch-deutsche Übersetzerwerkstatt
Erste Weiterbildungsveranstaltung für professionelle Literaturübersetzer/-innen, 4.–9. Juni 2006, Looren, Schweiz

c)
www.billigflieger.de

Mietwagen.
Über die Berge Marokkos oder entlang der Côte d'Azur? Wenn Sie an Ihrem Reiseziel auch mit dem passenden Auto unterwegs sein wollen, dann verlassen Sie sich auf unsere Mietwagensuche. mehr ...

d)
www.daad.de

Sommerkurse in Deutschland 2006 erschienen!
Das Angebot an Sommerkursen für internationale Studierende in Deutschland ist sehr vielfältig. Informieren Sie sich in unserer aktuellen Datenbank zu Kursangeboten im Sommer 2006.

e)
www.monster.de

Das **Karriere-Journal** für alle, die einen Job suchen. Es bietet Stellenanzeigen, Praktikumsplätze und Jobs im Ausland. Außerdem: Alles, was Sie rund um die Bewerbung wissen müssen, vom Bewerbungsschreiben bis zum Zeugnis.

f)
www.europaportal.de

Vornamen und ihre Bedeutung
Vornamen von A bis Z, die beliebtesten Vornamen in Deutschland in den Jahren 1995, 1996, 1997, Kalender mit den Namenstagen, Erklärung der Bedeutung und Herkunft vieler Namen.

g)
www.immowelt.de

Anzeigen aufgeben. Käufer oder Mieter finden: Einfach online inserieren. Ihre Anzeige erscheint auf immowelt.de und auf über 30 weiteren bekannten Online-Systemen.

h)
www.linker.ch

Die Übersetzungsmaschine Babelfish übersetzt Texte oder ganze Websites in diverse Sprachen. Die Grundsprache und Zielsprache können frei kombiniert werden.

Situation	0	11	12	13	14	15
Anzeige	*f*					

Lösung

0 Sie suchen einen Namen für das Kind Ihrer Freundin. Sie möchten auch wissen, woher der Name kommt. — *f*

11 Ein Bekannter von Ihnen möchte in Deutschland Deutsch lernen. Er hat aber nur in den Sommermonaten Zeit.

12 Sie möchten eine Rundreise auf Kreta machen und ein Auto mieten.

13 Ihre Tochter möchte ihre Wohnung vermieten und eine Wohnungsanzeige aufgeben.

14 Sie möchten sich auf eine Stelle bewerben und brauchen Tipps für das Bewerbungsschreiben.

15 Sie möchten zwei Karten für ein Konzert von Robbie Williams online bestellen.

Schreiben

1 Ihre Freundin Britta möchte einen Tangokurs machen. Sie hat im Internet eine Tangoschule gefunden und möchte sich dort mit einem Freund anmelden. Schreiben Sie die fünf fehlenden Informationen über Britta in das Formular.

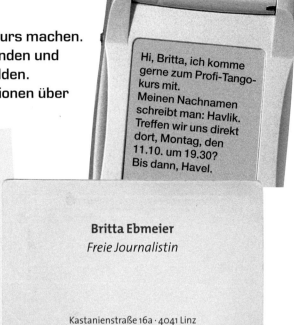

Hi, Britta, ich komme gerne zum Profi-Tango-kurs mit.
Meinen Nachnamen schreibt man: Havlik.
Treffen wir uns direkt dort, Montag, den 11.10. um 19.30?
Bis dann, Havel.

Name
BRITTA

Nachname
EBMEIER

Geburtsdatum
21.01.1978

Geburtsort
VILLACH

wohnhaft in
KASTANIENSTRASSE 16A, 4041 LINZ

Britta Ebmeier
Freie Journalistin

Kastanienstraße 16a · 4041 Linz
Tel.: +43 (0)7 32 / 767 06 · Fax: +43 (0)7 32 / 707 06-64-2116
E-Mail: bebmeier@austriaone.at

www....

Info & Anmeldung Tango Guapo
Hier könnt Ihr Euch anmelden und den Newsletter bestellen:

Vor- und Zuname:	Britta Ebmeier		Telefon:	0732/76706
Geburtsdatum:	21.01.1978		E-Mail:	bebmeier@austriaone.at
Geburtsort:	...........................¹		TanzpartnerIn:	...........................³
Beruf:	...........................²		Kursstufe:	...........................⁴
Straße:	Kastanienstraße 16a		Kurstermin:	...........................⁵
PLZ und Ort:	4041 Linz		Newsletter:	✗ ja ▮ nein

2 Sie bekommen eine Einladung zu einem Vorstellungsgespräch bei einer Firma in Bremen. Das Vorstellungsgespräch findet am Freitag um neun Uhr statt. Sie müssen schon am Donnerstag von Augsburg anreisen.

Antworten Sie. Wählen Sie von den vier Punkten drei aus und schreiben Sie zu jedem Punkt ein bis zwei Sätze.

- Hotel in Bremen
- Treffpunkt
- Bewerbungsunterlagen (Lebenslauf, Zeugnisse)
- Dauer des Gesprächs (wg. Rückreise)

Sprechen

1 **Sich vorstellen.** Bitte erzählen Sie etwas über Ihre Person.

Name? Alter? Land? Wohnort? Sprachen? Beruf? Hobby?

2 **Über den Tagesablauf sprechen.** Arbeiten Sie mit einem Partner.
Stellen und beantworten Sie drei Fragen.

Beruf: Was? Warum? – Freizeit: Was? Wie oft? – Wohnung: Wo? Wie?
Ausbildung: Was? Wie lange? – Feste: Was ? Wann? – Reise: Wohin? Wie lange? Warum?

3 **Einen Termin ausmachen.** Arbeiten Sie mit einem Partner / einer Partnerin.
Sie wollen zusammen Tennis spielen gehen. Wann haben Sie beide Zeit?
Fragen Sie sich gegenseitig und vereinbaren Sie einen Termin.

Kandidat A

Kandidat B

15 Freitag	März
7:00	
8:00	
9:00	Büro (9:00–13:00)
10:00	
11:00	
12:00	
13:00	Mittagspause mit Miriam
14:00	
15:00	Büro (15:00–18:00)
16:00	
17:00	
18:00	Feierabend
19:00	Mediamarkt mit Sven
20:00	
21:00	
22:00	

15 Freitag	März
7:00	
8:00	Zahnarzt
9:00	
10:00	Telekom
11:00	
12:00	Mittagessen bei Tom und Erika
13:00	
14:00	
15:00	
16:00	
17:00	Französischkurs (17–19 Uhr)
18:00	
19:00	
20:00	
21:00	Kino mit Antje
22:00	

Grammatik auf einen Blick – *studio d A2*

1 Gründe ausdrücken: Nebensätze mit *weil*

E 1

Hauptsatz	**Hauptsatz**
Ich habe Englisch gelernt.	Es (war) ein Schulfach.

Hauptsatz	**Nebensatz**
Ich habe Englisch gelernt,	**weil** es ein Schulfach (war).

Regel Im Nebensatz steht das Verb am Ende. Der Nebensatz beginnt mit *weil*.

2 Nebensätze mit *dass*

E 2

Ich meine,	**dass** das Auto zu teuer (ist).
Meinst du nicht auch,	**dass** das Auto zu teuer (ist)?
Ich habe gesagt,	**dass** ich das Auto zu teuer (finde).
Ich habe ihr gesagt,	**dass** wir morgen einen Ausflug machen (können).

Regel Im Nebensatz mit Modalverb steht das Modalverb ganz am Ende.

3 Nebensätze mit *als*

E 7

	Position 2	
	Lars	**konnte** schon laufen, **als** er ein Jahr alt (war).
Als er ein Jahr alt (war),	**konnte**	Lars schon laufen.
	Annika	**hat** geheiratet, als sie 20 war.
Als Annika 20 war,	**hat**	sie geheiratet.

4 Einen Zweck ausdrücken

E 12

1 um ... zu

Hauptsatz	Nebensatz
Ich nehme den Bus,	**um** schnell nach Hause **zu** (kommen).

Ich fahre nach Tübingen,   **um** meine Mutter **zu** besuchen.
Ich gehe mit meiner Freundin gern in die Stadt,   **um** Kleidung ein**zu**kaufen.
Ich muss um 16 Uhr im Kindergarten sein,   **um** meinen Sohn ab**zu**holen.

> **Regel** Der Nebensatz beginnt mit *um*. *Zu* steht vor dem Verb im Infinitiv.
> Bei trennbaren Verben steht *zu* zwischen Vorsilbe und Verb.
> *Um ... zu*-Sätze haben keine Nominativergänzung, sie beziehen sich
> auf die Nominativergänzung im Hauptsatz.

2 damit

Hauptsatz	Nebensatz
Ich nehme den Bus,	**damit** ich schneller nach Hause komme.
Ich nehme den Bus,	**damit** meine Frau das Auto nehmen kann.

> **Regel** *Damit*-Sätze und *Um ... zu*-Sätze haben die gleiche Bedeutung.
> Der Unterschied ist: *Damit*-Sätze haben eine Nominativergänzung.

5 Bedingungen und Folgen: Nebensätze mit *wenn*

E 10

Nebensatz	Hauptsatz
Wenn ich schlechte Laune (habe),	(dann) kaufe ich mir ein Geschenk.
Wenn es regnet,	(dann) nehme ich einen Regenschirm.
Wenn der Weihnachtsbaum brennt,	(dann) kommt die Feuerwehr.

6 Indirekte Fragen

E 5

1 Ja/nein-Fragen: *ob*

■ (Kommst) du am Wochenende?

◆ Entschuldigung, was hast du gesagt?

■ Ich habe gefragt,   **ob** du am Wochenende (kommst).

Kannst du mir sagen,   **ob** du am Wochenende (kommst)?
Weißt du schon,   **ob** du am Wochenende frei (hast)?

2 Fragen mit Fragewort: *wann, wo, woher ...*

Kannst du mir sagen,   **wann** du (kommst)? Um drei oder vier?

                                      woher du kommst?

Ich möchte wissen,   **wo** du gestern warst.

                                      warum du nicht angerufen hast.

                                      wie ich nach Gummersbach komme.

7   Personen oder Sachen genauer beschreiben: Relativsätze

E6 1 Nominativ und Akkusativ

Marillenknödel:
Das sind Knödel,
die man mit
Marillen (Apri-
kosen) macht.

Christstollen:
Das ist ein
Kuchen, den
man zu Weih-
nachten backt.

Hauptsatz 1	Hauptsatz 2
Das sind Knödel.	Man macht <u>sie</u> mit Aprikosen.
Das ist ein Kuchen.	Man backt <u>ihn</u> zu Weihnachten.

Hauptsatz	Relativsatz
Das sind <u>Knödel</u>,	**die** man mit Aprikosen (macht).
Das ist <u>ein Kuchen</u>,	**den** man zu Weihnachten (backt).

Regel   Der Relativsatz erklärt ein Nomen im Hauptsatz.

Nominativ   **Der** Mann,   ist Raucher.
                        der in der Wohnung neben uns wohnt,

Akkusativ   **Der** Kaffee,   ist kalt.
                        den der Kellner eben gebracht hat,

Nominativ   **Das** Auto,   war erst ein halbes Jahr alt.
                      das jetzt kaputt ist,

Akkusativ   **Das** Steak,   war zäh.
                      das ich letzte Woche hier gegessen habe,

Nominativ   **Die** Frau,   wartet schon eine Stunde auf das Essen.
                      die dort am Tisch sitzt,

Akkusativ   **Die** Suppe,   war salzig.
                      die ich bestellt habe,

Regel   **Plural** im Nominativ und Akkusativ immer **die**: die Männer / die Kinder / die Frauen, die ...

2 Präpositionen *in, mit* + Dativ

Singular

Hauptsatz 1   **Hauptsatz 2**

Der Kurs besteht aus fünf Migranten.   Frau Stramel arbeitet im Moment in dem Kurs.

                  Relativsatz

<u>**Der** Kurs</u>, **in dem** Frau Stramel im Moment (arbeitet), besteht aus fünf Migranten.

<u>**Das** Lehrwerk</u>, **mit dem** sie im Kurs arbeiten, ist in Brailleschrift übersetzt.

<u>**Die** Brailleschrift</u>, **mit der** man auch Noten schreiben kann, ist 200 Jahre alt.

Brailleschrift ist <u>**eine** Schrift</u>, **mit der** man auch Noten schreiben kann.

Plural

<u>**Die** Räume</u>, **in denen** die Studenten arbeiten, sind groß und haben Internetanschluss.

Ich finde <u>**die** Räume</u>, **in denen** ich arbeite, gut.

8 Dativ- und Akkusativergänzung im Satz

E 10

Nominativ (wer?)		Dativ (wem?)	Akkusativ (was?)
Er	schickt	seiner Freundin	einen Blumenstrauß .
Sie	schreibt	ihm	einen Brief.
Katrin	schenkt	ihrer Freundin	ein neues Parfüm.
Max	zeigt	seinem Freund	eine DVD.
Bringst du		mir	ein Brot mit?
Zeigst du		mir	deine neue DVD?

> **Lerntipp**
>
> geben, schenken, zeigen, bringen: immer mit Dativ und Akkusativ

Regel Zuerst die Dativergänzung, dann die Akkusativergänzung

9 Gegensätze: Hauptsätze und Informationen mit *aber* verbinden

E 3

Hauptsatz   **Hauptsatz**

Eine Reise mit dem Zug dauert länger als mit dem Flugzeug.   Sie ist bequemer.

Eine Reise mit dem Zug dauert länger als mit dem Flugzeug,   **aber** sie ist bequemer.

10 Alternativen: *oder*

E 3

Du kannst mich anrufen **oder** mir eine SMS schreiben.
Gehen wir zu dir **oder** zu mir?
Magst du Tee **oder** Kaffee?
Tee **oder** Kaffee?

Hauswand in Berlin

11 Gründe ausdrücken: *denn*

E 9

Hauptsatz	Hauptsatz
Wir können heute nicht Fußball spielen,	**denn** das Wetter ist schlecht.
Ich wollte Lehrerin werden,	**denn** mein Vater war auch Lehrer.
Akim macht ein Praktikum bei VW,	**denn** er interessiert sich für Autos.

Regel *Denn* verbindet zwei Hauptsätze.

12 Übersicht: Verben im Satz

E 9

1 Hauptsätze

		Position 2		
	Ich	fahre	jetzt nach Hause.	
Modalverb	Ich	muss	jetzt nach Hause	fahren.
Perfekt	Ich	bin	gestern zu spät nach Hause	gefahren.
Zeitangabe am Anfang	Gestern	bin	ich zu spät nach Hause	gefahren.
Imperativ	Fahren	Sie	nach Hause!	
Frage	Fahren	Sie	nach Hause?	
	Sind	Sie	gestern mit dem Auto nach Hause	gefahren?
	Wann	fahren	Sie nach Hause?	

2 Haupt- und Nebensätze

dass	Ich	habe	gehört,	**dass** du gestern zu spät	gekommen bist.
weil	Ich	war	zu spät,	**weil** ich den Bus	verpasst habe.
wenn	Ich	höre	gern Musik,	**wenn** ich gute Laune	habe.
damit	Ich	nehme	das Auto,	**damit** ich schneller	bin.
um ... zu	Ich	fahre	nach Tübingen,	**um** meine Mutter	**zu** besuchen.
Relativsatz	Das	ist	die Frau,	**die** ich in der Stadt	gesehen habe.
als	Sie	hat	mich angerufen,	**als** ich nicht zu Hause	war.

3 Hauptsätze und Hauptsätze

Meine Freundin fährt in den Urlaub,	**aber** ich habe leider keine Zeit.
Ich habe mir ein neues Fahrrad gekauft,	**denn** mein altes Rad war kaputt.
Ich habe die Kinokarten gekauft,	**und** ich habe Peter abgeholt.
Wollen wir schwimmen gehen	**oder** bleibst du lieber zu Hause?

13 Übersicht Satzverbindungen

Nach diesen Wörtern verändert sich die Wortstellung nicht:	Nach diesen Wörtern verändert sich die Wortstellung:
aber, denn, und, oder	*als, damit, dass, weil, um ... zu, wenn ... dann, ob*

14 Wortbildung

E 9

1 Nomen mit -ung

die Rechnung	– rechnen
die Bestellung	– bestellen
die Prüfung	– prüfen
die Entscheidung	– entscheiden
die Briefmarkensammlung	– sammeln

Lerntipp

In Wörtern mit -ung findet man meistens ein Verb.

Regel Nomen mit -ung: Artikel die

2 Aus Verben Nomen machen

rauchen – Das Rauchen ist hier verboten!
nachsprechen – Das Nachsprechen von Dialogen trainiert die Aussprache.
lernen – Das Lernen mit dem Video macht mir immer Spaß.

Das Rauchen ist verboten

15 Nomen verbinden: Genitiv

E 2 **1 Genitiv-s: Petras Großvater**

Das ist der Großvater von Petra. / das Auto von Susanne. / die Frau von Jan.
Das ist Petras Großvater.   / Susannes Auto.   / Jans Frau.

E 11 **2 Genitivartikel: des, der**

Singular	der Film:	das Ende	des Films
	das Gesicht:	die Sprache	des Gesichts
	die Sonne	die Farbe	der Sonne
(Plural)	die Deutschen:	die Liste	der wichtigsten Deutschen

16 Artikelwörter im Dativ: Possessivartikel

E 2

		der Computer das Auto	die Chefin
Singular	ich	meinem	meiner
	du	deinem	deiner
	er/es	seinem	seiner
	sie	ihrem	ihrer
Plural	wir	unserem	unserer
	ihr	eurem	eurer
	sie/Sie	ihrem/Ihrem	ihrer/Ihrer
Plural (Nomen)		meinen/unseren Computern, Autos, Chefinnen	

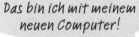

Das bin ich mit meinem neuen Computer!

17 Übersicht Possessivartikel: Nominativ, Akkusativ, Dativ

E 2

		der	*das*	*die*
Singular	Nominativ	mein Hund	mein Auto	meine Firma
	Akkusativ	mein**en** Hund	mein Auto	meine Firma
	Dativ	mein**em** Hund	mein**em** Auto	mein**er** Firma
Plural	Nominativ	meine Hunde/Autos/Firmen		
	Akkusativ	meine Hunde/Autos/Firmen		
	Dativ	mein**en** Hund**en**/Autos/Firmen		

Regel Alle Possessivartikel *(dein, sein, unser ...)* und auch *(k)ein* haben die gleichen Endungen wie *mein*.

18 Indefinita – unbestimmte Menge (Personen und Sachen)

E 4, E 11

Viele Deutsche sind in einem Verein. **Manche** Menschen sind in vier Vereinen. **Einige** Hobbys sind nicht teuer. **Viele** Hobbys kosten nichts. **Andere** Hobbys sind sehr teuer. **Man** braucht viel Zeit für ein Hobby. **Jemand** ist mit meinem Auto weggefahren. **Niemand** hat es gesehen.

Regel Personen und Sachen: *wenige, manche, andere, einige, viele, alle*
Personen: *jemand, niemand, man*

19 Personalpronomen: Nominativ, Akkusativ, Dativ

E 6

Du fährst in die Stadt?
Kannst du mich mitnehmen?

Ja, du kannst mit mir bis zum
Viktoria-Luise-Platz fahren.

	Nominativ	Akkusativ	Dativ
Singular	ich	mich	mir
	du	dich	dir
	er	ihn	ihm
	es	es	ihm
	sie	sie	ihr
Plural	wir	uns	uns
	ihr	euch	euch
	sie/Sie	sie/Sie	ihnen/Ihnen

20 Reflexivpronomen im Akkusativ

E 4

■ **Interessierst** du **dich** für Politik? ◆ Ja, aber ich **ärgere mich** über die Politiker.
Wer **interessiert sich** für Sport?
Susanne **freut sich** auf das Wochenende mit Klaus. Sie hat **sich** über sein Geschenk
gefreut. Sie **treffen sich** am Wochenende mit Freunden.
Meine Kollegin **fühlt sich** heute nicht gut. Sie **ärgert sich** über ihren Chef.
Jetzt **entspannt** sie **sich** mit Yoga.

Katja schminkt sich.

	Personal-pronomen im Akkusativ	Akkusativ-Reflexiv-pronomen
Singular	mich	mich
	dich	dich
	ihn	**sich**
	es	**sich**
	sie	**sich**
Plural	uns	uns
	euch	euch
	sie/Sie	**sich**

> **! Lerntipp**
>
> **Lernen Sie die Verben mit Präpositionen:**
>
> sich ärgern über,
> sich interessieren für,
> sich freuen über,
> sich freuen auf

Sie schminkt Katja.

Regel Reflexivpronomen im Akkusativ = Personalpronomen
im Akkusativ, außer in der 3. Person (er, es, sie; sie/Sie)

21 Übersicht Relativpronomen

E 6, E 11

Singular		Nominativ	Akkusativ	Dativ
	der	der	**den**	**dem**
	das	das	das	**dem**
	die	die	die	**der**
Plural	*die*	die	die	**denen**

22 Präpositionen mit Dativ: *aus, bei, nach, von, seit, zu, mit*

E 10

Herr *AusBeiNach* und
Frau *von SeitZuMit* sind
für die Dativ-Party fit.

Am 23. Dezember fahre ich **zu** meiner Familie. Weihnachten feiern wir immer **mit**
den Eltern und Geschwistern. Mein Bruder wohnt **seit** einem Jahr in München, aber
er kommt natürlich auch. Er will uns viele Fotos **von** seiner neuen Wohnung zeigen.
Nach dem Fest mache ich eine Woche Urlaub. Silvester feiern wir **bei** unseren
Freunden. Am 3. Januar komme ich **aus** dem Weihnachtsurlaub zurück.

23 Wechselpräpositionen mit Akkusativ und Dativ: *in, an auf, vor, hinter, über, unter, neben, zwischen*

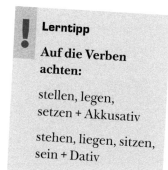

> **Lerntipp**
>
> **Auf die Verben achten:**
>
> stellen, legen, setzen + Akkusativ
>
> stehen, liegen, sitzen, sein + Dativ

Die Assistentin *stellt* die Pflanze **auf den** Boden. Die Pflanze *steht* **auf dem** Boden.
Die Assistentin *legt* die Bücher **in das** Regal. Das Bücher *liegen* **im** Regal.
Die Assistentin *hängt* das Bild **an die** Wand. Das Bild *hängt* **an der** Wand.

Wohin? – Richtung/Bewegung:
mit Akkusativ

Wo? – Ort:
mit Dativ

⚠ Zu: immer mit Dativ

> *Gehen wir zu mir oder zu dir?*

24 Komparation: Vergleiche mit *als* und *so ... wie*

E 1

Das Matterhorn ist **der schönste** Berg Europas, aber nicht **der höchste**.

Der Mont Blanc (4807 m) ist **höher als** das Matterhorn (4478 m).

Das Matterhorn ist **nicht so hoch wie** der Mont Blanc.

Ich finde, der Mont Blanc ist (**genau**) **so schön wie** das Matterhorn.

1	schwer	schwerer	am schwersten	der/das/die schwerste
	schön	schöner	am schönsten	der/das/die schönste
	leicht	leichter	am leichtesten	der/das/die leichteste
	weit	weiter	am weitesten	der/das/die weiteste
2	lang	länger	am längsten	der/das/die längste
	jung	jünger	am jüngsten	der/das/die jüngste
	groß	größer	am größten	der/das/die größte
	hoch	h**ö**her!	am höchsten	der/das/die höchste
3	viel	**mehr**	am **meisten**	der/das/die **meiste**
	gut	**besser**	am **besten**	der/das/die **beste**
	gern	**lieber**	am **liebsten**	der/das/die **liebste**

Adjektive im Dativ mit Artikel

Wer ist die Frau mit dem blau**en** Pullover?
Das ist Katrin.
Jan und Katrin leben in einem klein**en** Haus
auf dem Land.

 Regel   Adjektive im Dativ mit Artikel:
Die Endung ist immer **-en**.

 26
E 5

Adjektive ohne Artikel: Nominativ und Akkusativ

Alter Fernseher gesucht!
✆ 030/29 77 30 34

Altes Auto, 1972, VW-Käfer,
fährt noch! Nur 100,– €,
☎ 089-34 26 77

Verkaufe alten Fernseher,
suche neuen Heimtrainer.
Tel.: 0171/33 67 87 99

Singular	*(der)*	*(das)*	*(die)*
Nominativ	alt**er** Fernseher	alt**es** Radio	alt**e** Uhr
Akkusativ	alt**en** Fernseher	alt**es** Radio	alt**e** Uhr

Plural	*(die)*
Nominativ/Akkusativ	alt**e** Fernseher/Radios/Uhren

! **Adjektive ohne Artikel:**
Den Artikel erkennt
man an der Endung.

Regel   Adjektive ohne Artikel haben die gleiche Endung wie Adjektive mit
unbestimmtem Artikel (im Nominativ und Akkusativ).

Suche rotes Kleid.

Ich habe ein rotes Kleid gekauft.

 27
E 3, E 7

Modalverben: Präsens und Präteritum

	müssen		dürfen		können	
	Präsens	Präteritum	Präsens	Präteritum	Präsens	Präteritum
ich	muss	musste	darf	durfte	kann	konnte
du	musst	musstest	darfst	durftest	kannst	konntest
er/es/sie	muss	musste	darf	durfte	kann	konnte
wir	müssen	mussten	dürfen	durften	können	konnten
ihr	müsst	sollt	dürft	durftet	könnt	konntet
sie	müssen	mussten	dürfen	durften	können	konnten

	sollen		wollen	
	Präsens	Präteritum	Präsens	Präteritum
ich	soll	sollte	will	wollte
du	sollst	solltest	willst	wolltest
er/es/sie	soll	sollte	will	wollte
wir	sollen	sollten	wollen	wollten
ihr	sollt	solltet	wollt	wolltet
sie	sollen	sollten	wollen	wollten

! Die **Modalverben im Präteritum** haben keinen
Umlaut – aber immer ein *t*:
wir konnten / ihr musstet / sie durften

28 Perfekt und Präteritum

> Damals hat Goethe hier gewohnt.

Im Reiseführer steht: Goethe wohnte hier.

Regel Das Perfekt kann man in der gesprochenen Sprache fast immer benutzen. Bei den Modalverben und bei *haben, sein* und *werden* benutzt man auch in der gesprochenen Sprache meistens das Präteritum.

29 Präteritum: regelmäßige Verben

> **Lerntipp**
> Das Präteritum in der 2. Person (du/ihr) verwendet man fast nur bei Modalverben und *haben* und *sein.*

> **Minimemo**
> **Lernen Sie extra:**
> geben / es gibt – es gab
> gehen – ich ging

> **Lerntipp**
> *arbeiten:* Infinitivstamm auf *-t* will immer noch ein *-e.*

Singular	ich	leb-	-te
	er	studier-	-te
	sie	wohn-	-te
Plural	sie/Sie	besuch-	-ten
	wir	arbeit-e-	-ten

30 Das Verb *werden:* Präsens und Präteritum

Ich werde bald 30. Ich werde alt.
Als Kind wollte ich Fotografin werden.
Ich möchte Arzthelferin werden.

	Präsens	Präteritum
ich	werde	wurde
du	**wirst**	(wurdest)
er/es/sie	**wird**	wurde
wir	werden	wurden
ihr	werdet	(wurdet)
sie	werden	wurden

31 Das Passiv
E 12

 Aktiv   Passiv

Die Mitarbeiter verpacken <u>die Schokolade</u>.   <u>Die Schokolade</u> **wird verpackt**.

Akkusativ   Nominativ

Regel Das Passiv wird mit dem Verb *werden* und dem Partizip II gebildet.

32 Präteritum Passiv: *wurden* + Partizip II
E 12

Präsens Passiv   Schokolade **wird** aus Kakaobohnen gemacht.
Präteritum Passiv   Schokolade **wurde** zuerst 1849 hergestellt.

Regel Das Präteritum Passiv wird mit dem Verb *werden* im Präteritum und dem Partizip II gebildet.

33 Höflichkeit mit *hätte, könnte*
E 9

- ■ **Könnte** ich bitte Frau Schneider sprechen?
- ◆ Tut mir leid, Frau Schneider hat heute Urlaub.
- ■ **Könnte** ich eine Nachricht für Frau Schneider hinterlassen?
- ◆ Aber natürlich.

Könnten Sie mir sagen, wie spät es ist?
Hätten Sie ein Taschentuch für mich?
Hättest du heute Lust auf Kino?
Ich **hätte** gern zwei Kilo Tomaten.

	haben		**können**	
	Präsens	Konjunktiv	Präsens	Konjuktiv
ich	habe	hätte	kann	könnte
du	hast	hättest	kannst	könntest
er/es/sie	hat	hätte	kann	könnte
wir	haben	hätten	können	könnten
ihr	habt	hättet	könnt	könntet
sie/Sie	haben	hätten	können	könnten

! **Lerntipp**

Die Höflichkeitsform von *haben* und *können* wird wie das Präteritum gebildet, aber mit Umlaut: du hast – du hattest – Hättest du ...?

Phonetik auf einen Blick (Einheit 1–12 A2)

Akzent

1 Wortakzent in internationalen Wörtern

das Radio – die Kamera – die Zigarette – die Kassette – intelligent –

die Universität – traditionell – die Politik – der Intensivkurs – interessant

2 Akzent und Textgliederung

Heute
Am 'Vormittag gibt es noch einzelne Schauer oder Gewitter. 'Dann setzt sich meist die Sonne durch. 'Später weht der Wind schwach bis mäßig, in den Hochlagen auch frisch aus Südwest. 'Dabei klettern die Temperaturen auf 25 bis 36 Grad.

Morgen
'Morgen ist es überwiegend heiter oder sonnig und trocken. Auf den 'Bergen weht der Wind mäßig bis frisch, 'sonst aber schwach. Da'zu erreichen die Temperaturen 20 bis 29 Grad.

Vokale

1 Aussprache von *-er* als [ɐ]

die Mutter – der Vater – die Schwester – der Bruder – die Tochter

2 Aussprache und Schreibung der „Zwielaute"

[ai̯] kann man schreiben:	„ei" wie in *ein, der Wein, die Bäckerei*
	„ai" wie in *der Mai*
	„ey" wie in *Herr Meyer (nur in Namen)*
	„ay" wie in *Bayern (nur in Namen)*
[au̯] kann man schreiben:	„au" wie in *aus, das Haus, genau*
[ɔy̯] kann man schreiben:	„eu" wie in *euch, heute, neu*
	„äu" wie in *äußern, träumen*
	„oi" wie in *Toi, toi, toi!*

Mit neun hatte ich noch Träume. Ich wollte Schauspielerin werden. Doch dann habe ich eine Ausbildung zur Bankkauffrau gemacht. Heute arbeite ich für eine bayrische Firma im Ausland: Seit Mai bin ich im Team der Firma Meyer in Hanoi.

Konsonanten

1 Lippenlaute [b], [v], [m]

Bitte ein Weißbrot mit Marmelade. Nein, lieber eine Bratwurst mit Brötchen. Dazu einen Weißwein. Ich meine: ein Weißbier. Oder doch lieber Mineralwasser?

2 S-Laute [z] und [s] sowie [ts]

Susi, sag' mal: „Saure Soße". Esel essen Nesseln nicht, Nesseln essen Esel nicht. Am zehnten zehnten zehn Uhr zehn zogen zehn zahme Ziegen zehn Zentner Zucker zum Zoo.

3 Aussprache und Schreibung „sch"-Laut [ʃ]

[ʃ] kann man schreiben: „sch" wie in *die Schule, waschen, der Tisch*
                            „s(t)" wie in *der Stuhl, verstehen*
                            „s(p)" wie in *das Spiel, das Gespräch*

sch-Laut [ʃ] neben ch-Laut [ç] und s-Laut [s]

Deine **Sch**lü**ss**elta**sche** liegt auf dem Kü**ch**enti**sch**. Komm**st** du mit in**s S**tadion? **Ich** möchte eine Fla**sche** Wa**ss**er. Herr Ra**sche** ist **Ch**emiker. **Ich** wün**sche** dir einen fröhli**ch**en **Sch**ulstart.

4 „Knacklaut" und *h* am Silbenanfang

Was macht **ih**r **h**ier? Kommt **ih**r **h**ier alle aus **H**alle? Und wem ge**h**ört der **H**und? **H**olger **h**olt **O**lga **a**bends **a**b. Sie **h**offen, die **H**austür ist noch **o**ffen. Bis **e**lf **h**elfe ich **H**ilde im **H**aushalt.

5 Konsonantenhäufungen: Zungenbrecher

> Der Cottbuser Postkutscher putzt den Cottbuser Postkutschkasten. Der Potsdamer Postkutscher putzt den Potsdamer Postkutschkasten.

> Fischers Fritze fischt frische Fische – frische Fische fischt Fischers Fritze.

> Klaus Knopf liebt Knödel, Klöße, Klöpse. Knödel, Klöße, Klöpse liebt Klaus Knopf.

6 Präzise Konsonanten: „scharf flüstern"

Montag Dienstag Mittwoch Donnerstag Freitag Samstag Sonntag
Januar Februar März April Mai Juni Juli August September Oktober November Dezember

Aussprache markiert Emotionen

Igitt, ist das eklig! Oh, ist das aber toll! O Gott, o Gott, o Gott! Oh, wie schön! So ein Mist!

Alphabetische Wörterliste

Die alphabetische Wörterliste enthält den Wortschatz von Einheit 1 bis Station 4 des Kurs- und Übungsbuchs. Zahlen, grammatische Begriffe sowie Namen von Personen, Städten und Ländern sind in der Liste nicht enthalten.

Wörter, die nicht zum Zertifikatswortschatz gehören, sind *kursiv* gedruckt. Sie müssen sie nicht unbedingt lernen.

Die Zahlen geben an, wo die Wörter zum ersten Mal vorkommen (z. B. 3/1.3 bedeutet Einheit 3, Block 1, Aufgabe 3 oder Ü6/1 bedeutet Übungsteil zur Einheit 6, Übung 1).

Ein • oder ein – unter dem Wort zeigt den Wortakzent:
ạ = kurzer Vokal
a = langer Vokal

Nach den Nomen finden Sie immer den Artikel und die Pluralform:
" = Umlaut im Plural
* = es gibt dieses Wort nur im Singular
, = es gibt auch keinen Artikel
Pl. = es gibt dieses Wort nur im Plural

Abkürzungen:
Abk. = Abkürzung
etw. = etwas
jdn = jemanden
jdm = jemandem
Akk. = Akkusativ
Dat. = Dativ

70er Jahre, die, *Pl.* 4/2.1

A

ạb 3/2.2
ab sofọrt Ü9/2
Ạbendbrot, das, * 7/6.2.b
Ạbendkasse, die, -n 8/3.1
ạbfahren, ạbgefahren 3/2.1a
ạbfragen 5/4.3b
ạbfüllen 12/3.6
ạbhören Ü9/10
Abitụr, das, * Ü7/5
Ạblauf, der, "-e 12/4.4
ạbnehmen, ạbgenommen 5/4.3b
Abonnement, das, -s 6/1.1b
Ạbreise, die, -n 8/3.4
Ạbreisen Ü8/6
Ạbschied, der, -e Stat. 4/4.2
ạbschließen, ạbgeschlossen Ü3/8a
Ạbsender, der, - 5/2.1
Ạbsicht, die, -en 12/2.5
ạbspielen (sich) Ü8/1a
ạbsteigen, ạbgestiegen Stat. 2/5
ạbstellen Ü7/8
ạbtrocknen 4/2.5
Ạbzug, der, "-e Stat. 3/5
Ạch du Schande! 4/4.1b
Ach wạs! 7/3.2a
Ạchtung! 5/2.6
Actionfilm, der, -e 11/2.4
Adrẹsse, die, -n 2/4.1
Advẹntskranz, der, "-e Stat. 4/5
Advẹntssonntag, der, -e 3Lal. 4/5
After-Work-Party, die, -s 6/1.1b
AG (Abk.: Aktiengesellschaft) 12/3.1
Aggression, die, -en 11/1
aggressiv Stat. 3/5
ägyptisch 5/1
ähnlich 1/1.3b
Airline, die, -s Stat. 3/5
aktiv 4
aktualisieren Stat. 2/1.2
akzeptieren 2/3.3b

Albạnisch Stat. 1/1.2
alemạnnische Fạsnacht, die, * 10/2.1b
alkoholfrei 6/1.3
allein lassen, gelassen 4/1.2
Alleinerziehende, der/die, -n 2/3.1
Alles Gute! 2/4.1
Ạlltag, der, * 11/4.2b
alltäglich Stat. 3/1.2a
Ạlltagsdeutsch, das, * Ü4/9b
Ạlmabtrieb, der, -e 10/2.1b
ạls 1
Ạltbau, der, *Pl.:* Ạltbauten 7/4.1
Alternative, die, -n 3
Älteste, der, -n Stat. 3/3.6
ambulạnt 9/2.1a
Ạmeise, die, -n 3/4.3a
Amerikạner (1), der, - 6/3.6c
Amerikạner/in (2), der/die, -/-nen Ü11/1b
amerikạnisch 10/1.2a
Ạmtssprache, die, -n Stat. 1/4
an Bọrd Stat. 3/5
ạnbieten, ạngeboten 8/3.1
ändern 12/3.1
ạnders 5/4.3a
Ạnfang, der, "-e (am Anfang) 1/1.3b
Ạnforderung, die, -en 9/2.1a
Ạnfrage, die, -n 5/5.7
ạnfragen Stat. 1/1.2
ạngeben, ạngegeben Ü9/3
ạngenehm ≠ ụnangenehm 5/2.1
Ạngestellte, der/die, -n 9/1.1
Ạngst, die, "-e Ü10/13
ạngstlich Ü11/1b
Ạnhang, der, "-e 4/2.4b
ạnhören 5/2.5c
Animateur/in, der/die, -e/-nen Ü3/5a
ạnlangen (hier: ạnkommen) Stat. 2/5
Ạnmeldeformular, das, -e Ü3/7
ạnmelden (sich für etw.) 6/4.7a
Ạnreise, die, -n 8/3.4

anreisen Ü7/1a

Anrufer/in, der/die, -/-nen 11/4.2b

Anschrift, die, -en 9/2.2a

ansprechen, angesprochen 6/4.5a

Ansprechpartner/in, der/die, -/-nen 9/2.1a

anstoßen, angestoßen 10/2.1b

anstrengend 9/1.1

antik 5/5.7a

Antipathie, die, -n 11/1

anwenden, angewendet oder angewandt 9/3.4b

*Anzahl, die, *** Stat. 2/4.3

Anzeige, die, -n 7

Apfelbaum, der, "-e Stat. 1/3.9

Apfeldiplom, das, -e Stat. 1/3.9

Apfelstrudel, der, - 6/2.2

Appetit, der, * 6/3.7

Arabisch, das, * 1/2.4

Arbeiter/in, der/die, -/-nen 4/1.2

Arbeitsamt, das, "-er 9/1.1

Arbeitssuchende, der/die, -n 9/2.1b

Arbeitstag, der, -e Stat. 4/1.4

Architektur, die, -en 8/2.1a

Ärger, der, * 11/1.1

ärgerlich 11/1

ärgern (sich über etw./jdn) Ü2/7

Argument, das, -e 2/3.3c

Art, die, -en Stat. 3/3.1

Aspirin, das, * 12/1.1

Assoziogramm, das, -e 8/1.1

Atmosphäre, die, -n Stat. 4/1.2

Atomuhr, die, -en 1/3.3

Attraktion, die, -en 8/2.2b

attraktiv 9/2.1a

auf jeden Fall 8/2.1a

auf Reisen sein 8/4.9b

aufbauen 4/1.2

aufdecken 6/3.5

auffallen, aufgefallen 7/2.2

Aufforderung, die, -en 3/3

Aufführung, die, -en 8/1.2

aufkleben 5/2.1

Auflösung, die, -en Stat. 3/2.4

Aufnahmeprüfung, die, -en Ü11/2a

aufnehmen, aufgenommen (auf Kassette) Stat. 1/4

aufpassen (auf jdn oder etw.) 2/3.1c

aufschreiben, aufge-schrieben 7/2.8

aufspringen, aufgesprungen Stat. 3/1.4a

aufstellen Stat. 3/1.4b

auftischen Stat. 4/5

Auftrag, der "-e Stat. 1/1.2

aufziehen, aufgezogen 9/1.1

Augenfarbe, die, -n 6/4.6

Au-Pair, das, -s 9/1.3

ausbilden 9/1.1

Ausbildung, die, -en 1/1.3b

Ausbildungsberuf, der, -e Stat. 4/1.3a

Ausbildungsplatz, der, "-e 9/1.1

ausblasen, ausgeblasen 10/5.1a

ausdenken (sich), aus-gedacht 6/4.7a

ausdrucken 3/2.1b

ausdrücken 2

Ausflug, der, "-e 10/5.6

Ausgehtag, der, -e 6/1

ausländisch Stat. 1/1.2

Auslandsreise, die, -n 7/3.3

Auslandssemester, das, - 1/1.3b

ausmachen Ü3/3

Ausruf, der, -e 4/4.3

Ausrüstung, die, -en Stat. 2/5

Aussage, die, -n 1/1.2b

aussagen 1/1.3a

ausschlafen, ausgeschlafen 4/2.1

ausschneiden, ausge-schnitten 5/3.2

Ausschnitt, der, -e Stat. 3/4.1a

äußern 3

Aussicht, die, -en 7/2.5

aussprechen, ausgesprochen (jdm sein Beileid) 2/4.3

aussteigen, ausgestiegen 3/2.7

Ausstellung, die, -en 8/1.2

auswählen 3/2.3

auswendig (lernen) Stat. 2/5

auswerten 2/3.2a

ausziehen (1), ausgezogen 2/3.3b

ausziehen (2), ausgezogen 5/2.1

Auszubildende, der/die, -n 9/1.1

Auszug, der, "-e Stat. 1/1.4

Autobahnanschluss, der, "-e Ü7/1

Automobil, das, -e 12/2.1

Autor/in, der/die, -en/-nen Ü11/1b

Autoschlüssel, der, - 3/1.1

Autounfall, der, "-e 11/2.1

B

*Babybedarf, der, *** 7/5.1

Babypause, die, -n Ü9/2b

Babysitter/in, der/die, -/-nen 7/5.1

Bäckerei, die, -en Stat. 3/3.6

Backpulver, das, * Ü12/10a

*Badekleidung, die, *** Ü4/1a

Badeschaum, der, "-e 10/3.1a

Baguette, das, -s 6/2.2

BahnCard, die, -s 3/2.1b

Bahngleis, das, -e Stat. 2/5

Bahnlinie, die, -n Ü7/1a

Bahnsteig, der, -e Stat. 2/5

Ball (2), der, "-e 8/4.9b

Ballett, das, -e Ü7/1a

Band, die, -s Ü9/1

Banklehre, die, -n 7/1.2

bar (zahlen) 3/2.1b

Bär, der, -en Ü12/9b

basteln Stat. 3/1.2a

Bauarbeiter/in, der/die, -/-nen Stat. 3/2.2

Bauer/Bäuerin, der/die, -n/-nen 9/1.1

Bauernbrot, das, -e 6/2.2

Bauernhof, der, "-e 7/1.2

Bauernmarkt, der, "-e Ü7/1a

Bauernsalat, der, -e 6/3.3

Bauhaus, das, * Ü8/8

Baustelle, die, -n 9/2.1a

Bautechniker/in, der/die, -/-nen 9/3.1a

bearbeiten 12/2.2

bedanken (sich) 2/4.3

bedienen Stat. 4/1.1a

Bedienungsanleitung, die, -en Stat. 1/1.2

Bedingung, die, -en 10

beeilen Stat. 4/5

beenden 6/3.5

Befehl, der, -e 5/3.2

befreundet (mit jdm) 8/4.9a

befristet Ü9/2

begegnen Stat. 1/4

begeistert 1/1.3b

Beginn, der, * 12/2.1

beglückwünschen (jdn) 2

Begriff, der, -e 8/1.1

Begründung, die, -en 1/3.5a

beherrschen Ü1/5

bei Jung und Alt Ü12/9b

Beileid, das, * 2/4.3

beisammen sein 2/4.2

bekannt Ü7/1a

Bekannte, der/die, -n Ü8/7

bellen Stat. 3/5

bemalen 10/6.1a

benennen, benannt Ü8/9a

benutzen 1/2.2

Berater/in, der/die, -/-nen 4/1.1

Beratung, die, -en 4/1.2

Bereich, der, -e Ü9/2b

bereits 4/1.2

Bericht, der, -e Stat. 3/5

Beruferaten, das, * Stat. 3/2.1

Berufsalltag, der, * Stat. 3/1.2a

Berufsanfänger/in, der/die, -/-nen 9/2.1a

Berufserfahrung, die, * 9/2.1a

Berufsfachschule, die, -n Stat. 3/1.2a

Berufsleben, das, * Ü11/1b

Berufsschule, die, -n 9/1.1

Berufstätige, der/die, -n 7/4.2b

Berufswahl, die, * Stat. 1/1.2

Berufung, die, -en 2/3.1

beschädigen Ü8/1a

beschäftigen 4/2.1

Bescheidenheit, die, * 7/2.5

Bescherung, die, -en Stat. 4/5

beschließen, beschlossen 3/4.3a

Besichtigung, die, -en 7/4.2

besorgen 7/5.1

besprechen, besprochen (etw. mit jdm) 5/2.4

bestätigen Stat. 4/1.4

Besteck, das, -e Ü11/7

bestehen (aus) (1), bestanden 6/3.3

bestehen, bestanden (2) Stat. 4/4.1

Bestseller, der, - Ü11/1b

Besucher/in, der/die, -/-nen 4/1.2

Betonung, die, -en 9/5.7

Betreuung, die, * Stat. 4/1.2

Betrieb, der, -e 9/1.1

Betriebswirtschaft, die, * Stat. 4/1.2

betrunken Stat. 3/5

bewegen 12/1.3b

Bewegung, die, -en 11/3.8

bewerben (sich), beworben 8/1.2

Bewerbung, die, -en 9/1.1

bewerten Stat. 2/1.3

Bewohner/in, der/die, -/-nen Ü7/1a

bewundern 8/4.9b

Beziehung, die, -en 2/2.1

Bibel, die, -n Ü8/1a

Bibliothek, die, -en 8/2.1a

Biergarten, der, "- 4/4.1b

bieten, geboten Ü9/2a

Bildung, die, * Stat. 1/4

Billard, das, * 4/3.2

Biografie, die, -n 1

biografisch 8/4.10

Bis dann! 5/2.4

Bis gleich! 5/2.4

Bis nachher! 5/2.4

bisschen (ein bisschen) Stat. 2/4.2

Bit, das, -s Ü9/2

Bitte entschuldigen Sie vielmals. Stat. 2/5

Bitte schön! 3/2.1b

bitter 12/3.1

Blauwal, der, -e Ü1/8

Blick, der, -e Ü3/3

blind 11/2.1

blinde Passagier/in, der/die, -e/-nen Stat. 3/5

Blinde, der/die, -n 11/2.1

Blindenschrift, die, * 11/4.2b

Blindentrainer/in, der/die, -/-nen 11/2.5a

Blindheit, die, * 11/2.1

Blume, die, -n 1/2.6b

Blumenstrauß, der, "-e 2/2.7

Blut, das, * 7/6.2.b

Boden, der, "- 2/3.3a

Body Lotion, die, -s Stat. 4/4.1

böse 10/1.2a

Brailleschrift, die, * 11/4.1

Brand, der, "-e 10/5.1

Bratapfel, der, " Stat. 4/5

braten, gebraten 10/6.1a

Bratkartoffel, die, -n 6/2.2

Bratwurst, die, "-e 2/2.9

Bratwürstchen, das, - 6/2.4

Brauch, der, "-e 10

Brauerei (Münchner), die, -en 12/2.1

BRD, die, * (Abk. für Bundesrepublik Deutschland) 5/5.6

brechen (sich etw.), gebrochen 7/6.1

brennen, gebrannt Ü8/1a

Brezel, die, -n 10/1.1

Briefkasten, der, "- 5/2.1

Briefmarke, die, -n 4/1.3

Briefmarkensammlung, die, -en 5/5.6

Brite/Britin, der/die, -n/-nen Ü5/4

britisch 1/3.3

brutal Stat. 2/5

Buchdruck, der, * 12/1.1a

buchen 3

Buchhaltung, die, -en 9/2.2a

Buchstabe, der, -n Ü7/3

Buchung, die, -en 3/2.4

Bühne, die, -n 8/1.2

Bumerang, der, -s oder -e 10/3.2

Bundesbürger/in, der/die, -/-nen 4/2.1

Bundesland, das, "-er Ü7/1a

Bundespräsident/in, der/die, -en/-nen Stat. 3/5

Bürgermeister/in, der/die, -/-nen Stat. 3/5

Busverbindung, die, -en 7/2.1a

Byte, der, -s Ü9/2

C

Catering, das, -s 6/3.1a

chaotisch Ü9/1

Checkliste, die, -n 7/5.1

Chemiker/in, der/die, -/-nen 12/1.3b

Chiffre, die, -n 5/5.6

chinesisch Stat. 4/3

Chip, der, -s 12/1.3b

Chor, der, "-e 4/1.3

Christkind, das, * 10/2.1b

chronologisch Stat. 2/3.4

Collage, die, -n 4/1.3

Computernutzer/in, der/die, -/-nen 5/3.1

Conche, die, -s (Abk.: Conchiermaschine) 12/3.1

contra ≠ pro Stat. 1/4

cool Ü10/4a

Cousin/Cousine, der/die, s/-n 2/1.3

D

da hinten 2/2.2

da vorn 2/2.2

dabei 3/4.3a

Dach, das, "-er Ü8/1a

Dachgeschoss, das, -e 7/4.1

Dackel, der, - Stat. 3/5

dahin 6/1.1b

damals 8

Dame, die, -n 11/3.6

damit Ü7/1a

Das gibt's doch gar nicht! 4/4.1b

Das hört sich gut an. 4/4.1b

Datei, die, -en 5/4.3b

Dauer, die, * 3/2.4

dauern 3/2.5

dauernd Stat. 2/5

Daumen, der, - Stat. 2/2.2

davor 8/2.2b

dazu: etw. dazu sagen 11/1.4

decken: Tisch decken 6/3.1a

dehnen 11

*Denglish, das, ** Stat. 1/4

Denkmal, das, "-er 8/2.2b

deshalb Ü9/9

Design, das, -s 8/2.1a

Dessert, das, -s 6/2.2

deutsch 1/1.3b

deutschsprachig 10/1.2

Dialekt, der, -e 7/2.2

dick Stat. 1/2.1a

Dienst, der, -e 1/1.3b

Dienststelle, die, -n Ü12/5a

Dieselmotor, der, -en 12/1.1a

Digitalkamera, die, -s 5/1

Digitaluhr, die, -en 1/3.3

diktieren Stat. 2/2.2

*Diplomatie, die, ** Stat. 1/4

diplomatisch 1/1.3b

direkt 1/1.4

Direktflug, der, "-e 3/2.3

Diskussion, die, -en 6/4.5a

Dokument, das, -e 5/3.2

Dokumentation, die, -en Ü5/2b

dolmetschen Stat. 1/1.2

Dolmetscher/in, der/die, -/-nen Ü9/4

donnerstags 6/1.1b

Doppelzimmer, das, - Ü3/3

Dorf, das, "-er 4/3.2

Dorfbewohner/in, der/die, -/-nen Ü7/1a

downloaden Stat. 1/4

Drama, das, Pl.: Dramen Ü8/1a

draußen 7/1.1

Dreharbeiten, die, Pl. 11/2.1

drehen Stat. 1/4

Drehtag, der, -e Stat. 2/4.4

Dreiecksgeschichte, die, -n 8/4.9

dreijährig Stat. 3/1.2b

dringend 9/5.2

drittgrößte Stat. 3/3.1

drucken 5/3.2

drücken Ü5/2a

durchbeißen, durchgebissen Stat. 3/5

Dusche, die, -n Ü3/5a

duschen 4/2.5

DVD, die, -s 4/2.1

DVD-Player, der, - Ü5/11

E

eben 2/3.3b

Echo, das, -s 6/2.6

Echt (1)? (= Wirklich?) 4/4.1b

echt (2) 10/5.1

Ecke, die, -n Ü9/3

Ehe, die, -n Stat. 2/3.3

Ehefrau, die, -en Ü11/1b

Ehepaar, das, -e Stat. 2/5

eher 10/1.2a

ehrlich 6/4.5a

Eichhörnchen, das, - Stat. 3/5

*Eierklopfen, das, ** 10/2.1b

*Eigelb, das, ** Ü12/10a

eigene, eigene, eigene 1

Eimer, der, - 10/5.1

ein bisschen 11/4.6

eincremen 4/2.5

einfügen 5/3.2

eingeben, eingegeben Ü5/6

einige 1/1

einiges Ü1/5

Einkaufen, das, * 4/4.5

Einkaufspassage, die, -n Stat. 3/4.1b

Einkaufszentrum, das, -zentren Stat. 2/4.5

Einladung, die, -en 2/4

einlegen Ü5/2a

einmal Ü1/1c

einplanen 8/2.1a

einsam Ü2/2b

Einsamkeit, die, * 2/3.1

einsammeln Stat. 3/1.4a

einschalten Ü5/6

einsteigen (in den Beruf), eingestiegen Ü9/2b

Einstellung, die, -en Ü1/5

eintauchen 12/4.5a

einteilen Stat. 4/1.4

Eintritt, der, -e Ü8/5b

Eintrittskarte, die, -n Ü8/2

Einwanderer/Einwanderin, der/die, -/-nen 10/1.2a

einwandern Stat. 3/5

einwerfen, eingeworfen 5/2.1

einzeichnen 8/2.2a

einziehen, eingezogen Ü7/8

einzigartig 12/4.1

Eischnee, der, * 12/4.4b

Eisenbahnknotenpunkt, der, -e Ü7/1a

Eishockeyspiel, das, -e Stat. 3/4.3

*Eislaufen, das, ** Stat. 3/4.3

Eisschwimmen, das, * ü4/1a
Eisschwimmer/in, der/die,
-/-nen ü4/1a
Ekel, der, * 11/1.1
ekeln (sich) (vor etw.) 11/1.1
eklig 11/1.1
Elch, der, -e Stat. 3/5
elektrisch 10/5.1
Elektrizität, die, * ü3/10
elektronisch 4/2.1
Eltern, die, *Pl.* 2/1.4
E-Mail-Adresse, die, -n
5/2.6
Emotion, die, -en 11/1.1
emotional 11/2.1
Empfänger/in, der/die, -/-nen
5/3.2
empfehlen, empfohlen
12/4.1
enden 8/4.9b
endlich ü4/6a
engagieren (jdn) 2/3.1
engagieren (sich) 4/3.1b
Engel, der, - Stat. 4/5
Enkel/in, der/die, -/-nen
2/2.2
Enkelkind, das, -er 2/1.1
entdecken ü12/2b
entfernt 1/3.5a
entgegengehen, entgegen-
gegangen Stat. 2/5
enthalten, enthalten 12/4.5b
Entschuldigung, die, -en
5/2.1
entspannen (sich) 4/2.1
entspannt 11/1
Entstehungsgeschichte, die, -n
Stat. 4/5
entstellen Stat. 2/5
entwickeln 12/2,1
Entwicklung, die, -en 11/4.6
Er/Sie lebe hoch! 2/1.3
Erasmus-Student/in, der/die,
-en/-nen 1/1.3b
Erbse, die, -n 11/2.1
Erde, die, * ü1/8
erfahren, erfahren ü1/5
Erfahrung, die, -en 4/2.1
erfinden, erfunden 12/1.2.b
Erfinder/in, der/die,
-/-nen ü11/8
Erfindung, die, -en 1/1.1a

Erfolg, der, -e 1/1.3b
erfolgreich ü7/1a
erforderlich ü1/5
erfragen 7/4.2
Ergotherapeut/in, der/die,
-en/-nen Stat. 3/1
erhitzen 12/4.5a
erholen (sich) 4/4.1b
erinnern (jdn an etw.) 5/2.4
erinnern (sich) 1/1.1a
erkältet (sein) 7/6.1
erkennen, erkannt 1
erlernen ü1/5
Ermäßigung, die, -en 8/3.1
Ernährungslehre, die, *
Stat. 4/1.2
ernst 6/4.5a
Ernte, die, -n 10/2.1b
Erntefest, das, -e 10/2.1b
Erntezeit, die, -en Stat. 1/3.9
eröffnen ü8/8
erschießen, erschossen
Stat. 3/5
erschrecken (sich) 11/1.1
erstbeste Stat. 2/5
Erste Hilfe, die, * 7/6
erteilen ü12/5a
Erwachsene, der/die, -n
1/2.6b
erweitern 8/4.9b
Erzählen, das, * 1/1.6
Erzieher/in, der/die,
-/-nen 9/1.1
Es geht so. 2/2.5
Espresso, der, -/i 3/3.3
Essen, das, - 4/2.1
etc. (Abk. für et cetera = usw.)
Stat. 2/1.5
etikettieren Stat. 4/4.1
europäisch 1/1.1b
Examen, das, - 1/1.3b
Existenzhilfe, die, -n 2/3.1
exklusiv 12/4.1
Exmann/Exfrau, der/die,
"-er/-en 6/4.5a
Experte/Expertin, der/die,
-n/-nen 6/4.5a
Export, der, -e 9/2.1a
exportieren Stat. 2/4.1
Exportland, das, "-er 1/1.1a
extra 8/4.7
Extra, das, -s Stat. 2/4.3

Facharbeiter/in, der/die,
-/-nen 9/1.1
Fachgebiet, das, -e ü12/2b
Fachhochschule, die, -n
1/1.3b
Fachinformatiker/in, der/die,
-/-nen ü9/2
Fachschulunterricht, der, -e
Stat. 3/1.2a
Fahrer/in, der/die, -/-nen
4/1.1
Fahrkarte, die, -n 3/1.1
Fahrplan, der, "-e 3/2.6
Fahrschein, der, -e 3/2.3
Familienalbum, das, Pl.:
Familienalben 2
Familienfest, das, -e 2
Fan, der, -s 7/6.2.b
fantasiereich 1/1.3b
fantastisch 11/1.3
Farbdesign, das, -s Stat. 2/1.2
färben 10/5.1a
Fasnacht, die, * 10/2.1b
Fass, das, "-er 6/2.2
faszinieren (jdn) 1/1.1a
faul 12/1.3b
Favorit/in, der/die, -en 4/1.2
Fax, das, -e ü5/2a
fehlen 2/1.1
Feierabend, der, -e ü9/1
Fernsehen, das, * 1/3.5
Fest, das, -e ü2/11
Festessen, das, - Stat. 4/5
Festival, das, -s 8/1.2
festlich Stat. 4/5
feststellen 9/2.1b
Feuer, das, - ü3/10
Feuerdrama, das, Pl.: Feuer-
dramen Stat. 3/5
Feuerwehr, die, -en 4/3.2
Feuerwerk, das, -e 10/2.1b
Figur, die, -en 10/5.1a
Filmabschnitt, der, -e
Stat. 1/3.1
Filmausschnitt, der, -e
Stat. 3/4.1a
Filmfestival, das, -s 11/2.5
Filmpreis, der, -e 11/2.5
Filmset, das, -s ü11/5
Filtertüte, die, -n 12/2.3

Finale, das, - Ü12/2b
Finnisch, das, * Ü1/5
fischen 1/3.1
Fischpastete, die, -n Stat. 2/5
Fischstäbchen, das, - 6/2.2
fit 10/2.5a
fit halten, gehalten 2/3.1b
flach 12/1.3b
flexibel Ü9/2
Fließband, das, "-er 12/2.1
Flirt, der, -s 6/4.5a
Flohmarkt, der, "-e 5/5.8
Florist/in, der/die, -en/-nen Ü9/1
Flug, der, "-e 3/2.2
Flügel (Instrument), der, - 8/2.1a
Flughafen, der, "- 7/2.1a
Flughafenpersonal, das, * 7/4.1
Flugzeit, die, -en 3/2.2
Flugzeugbauer/in, der/die, -/-nen Ü9/1
flüssig Stat. 4/2.6
flüstern 10
Folge (1), *die, -n* 7/6.2.b
Folge (2), *die, -n* 10
folgende Ü7/8
Fondue, das, - 6/3.6b
formen 12/3.1
forschen Ü12/2
Forscher/in, der/die, -/-nen Ü12/2b
Forschung, die, -en 4/2
Forschungsgruppe, die, -n 9/2.1b
Forschungsinstitut, das, -e 4/2.1
Forschungslabor, das, -e 12/1.3b
Fotograf/in, der/die, -en/-nen Ü10/8
Franken (Schweizer Franken), der, - Ü3/3
Frankfurter Würstchen, das, - 6/3.6b
französisch 1/3.3
Frauchen, das, - Stat. 3/5
frei haben (einen Wunsch) 1/3.5a
Freizeitgestaltung, die, -en Stat. 2/3.3

Freizeitmedium, das, Pl.: Freizeitmedien 4/2.1
fremd Stat. 4/2.5
Fremdsprache, die, -n 1/2.3
fressen, gefressen Stat. 3/5
Freude, die, -n 2/3.1
Freundlichkeit, die, -en 11/1
friedlich Stat. 3/5
Frisörsalon, der, -s 9/1.1
froh 7/6.2.b
Frohes neues Jahr! 10/2.1b
früher 4/2.1
Frühjahrssemester, das, - Ü1/4
Führerschein (Klasse B), der, -e 9/2.1a
Funktion, die, -en 1/5
funktional Stat. 2/1.2
furchtbar 4/4.1b
Fußballspiel, das, -e Ü8/3
Fußballspieler/in, der/die, -/-nen Ü7/10
Fußball-WM, die, -s Ü7/10
Fußgängerzone, die, -n 7/1.1
Fußweg, der, -e 3/2.7
füttern Ü7/4

G

Gabel, die, -n 6/2.8
Gänsebraten, der, - Ü10/7a
ganz 1/2.2
Ganze, das, * 7/2.5
Garage, die, -n 7/4.1
Garantie, die, -n 5/5.4
Gardine, die, -n 10/5.1
Gartenhaus, das, "-er Stat. 3/4.1b
Gärtnerei, die, -en Ü9/1
Gast, der, "-e 6/3.2
Gasthof, der, "-e Stat. 4/1.2
gebraucht 5/5.1
Geburt, die, -en 2/4.1
Geburtsdatum, das, * Ü9/3
Geburtsort, der, -e Ü9/3
Geburtstagsparty, die, -s 2/4.1
Gedächtnis, das, -se 11/3.1b
Gedächtnisspiel, das, -e Stat. 1/2.2
Gedanke, der, -n Ü1/1
Gefahr, die, -en Stat. 3/5
gefährlich 11/2.1

Gefühl, das, -e 4/4.3b
gegen 2/3.3b
Gegensatz, der, "-e 3
gegenseitig 10/1.2a
Gegenwart, die, * Stat. 2/5
Gegner/in, der/die, -/-nen Stat. 4/3
Geheimnis, das, -se 12/4.1
gehen (um etw. oder jdn), *gegangen* 2/3.3b
gehörlos Ü11/2a
Gehweg, der, -e Ü2/7
Geist, der, -er 10/1.2a
gelaunt (sein) 10/5.3
gemischt 6/2.2
genau 1/1.1a
Generation, die, -en 2/1.3
Genuesisch, das, * (Sprache) 1/2.2
genug 6/4.7a
Genuss, der, "-e Stat. 3/5
Geowissenschaften, die, Pl. Ü12/2b
Gepard, der, -en Ü1/8
gerade (zur Zeit) 1/1.3b
gerade ≠ ungerade 1/3.5a
Gerät, das, -e 12/1.2b
Gericht (1), *das, -e* 1/1.3b
Gericht (2), *das, -e* 6/2.2
Geruch, der, "-e 1/3.5a
Gesangsverein, der, -e 4/3.1b
geschäftlich 8/2.1a
Geschäftsidee, die, -n Stat. 1/1
Geschäftspartner/in, der/die, -/-nen 12/4.1
Geschäftsreise, die, -n 3/1.2
Geschenk, das, -e 2/2.7
Geschichte, die, * 1/1.1a
geschieden (sein) 2/1.1
Geschirr (spülen) 6/3.1a
Geschlecht, das, -er 6/4.6
Geschmack, der, "-er 12/4.1
Geschwister, die, Pl. 2/2.5a
Gesellschaftstanz, der, "-e Ü1/5
Gesicht, das, -er 11/1
Gesichtsausdruck, der, "-e 11/1
Gespritzte, der, - 6/3.3
gestalten Stat. 2/1.1
gestreift Ü2/5a

gewährleisten 12/4.1

Gewehr, das, -e Stat. 3/5

gewinnen, gewonnen 4/4.3a

Gewissheit, die, -en Stat. 2/5

Giraffe, die, -n Ü1/8

Gitarre, die, -n 1/1.7a

glacieren 12/4.1

Glashütte, die, -n Stat. 3/4.4

Glasindustrie, die, -n Stat. 4/4d

gleich 12/2.7b

gleichzeitig 11/4.2b

Gleis, das, -e 3/2.6

Glückwunschlied, das, -er 2/4.2

GmbH, die, -s 9/2.2a

Goldring, der, -e 5/5.6

Gottesdienst, der, -e Stat. 4/5

Grafik, die, -en 2/3.2a

Grafiker/in, der/die, -/-nen Ü9/4

Grammatik, die, -en 9/4.5

Grammophon, das, -e 5/1

gratulieren 2/4.3

Grauhörnchen, das, - Stat. 3/5

griechisch 8/1.2

Griechisch, das, * 1/2.6b

grillen 7/1.1

Grilltomate, die, -n 6/2.2

Großeltern, die, *Pl.* 2/2.1

Großelterndienst, der, -e 2/3.1

Großfamilie, die, -n 2/3.1a

Großhandelskaufmann/ -kauffrau, der/die, "-er/-en Ü1/1

Großküche, die, -n 9/1.1

Großvater/-mutter, der/die, "-/"- 2/1.3

gründen 4/3.1b

Grundkurs, der, -e Ü1/5

Grundlage, die, -n Ü1/5

Grundschule, die, -n 7/1.2

Grußkarte, die, -n 2/4.1

gucken 6/1.3

Gummibärchen, das, - Ü12/9

Gummibaum, der, "-e 10/3.1

Gurke, die, -n 6/2.2

gut erhalten 5/5.6

Gute Fahrt! 3/4

Gutschein, der, -e 10/3.1a

H

Haarfarbe, die, -n 6/4.6

Hafen, der, "- 8/1.2

Halbzeit, die, -en Stat. 3/5

Hälfte, die, -n 5/3.1

Halle, die, -n Stat. 4/1.6

*Halloween, das, ** 10/1.1

haltbar 12/2.1

*Haltbarkeit, die, ** 12/4.1

halten, gehalten 5/2.5b

Handballverein, der, -e 4/3.1b

Handlung, die, -en 11/2.1

Hard-Rock-Band, die, -s 4/1.4

harmonisch Stat. 2/3.3

hart Ü9/1

Hauptrolle, die, -n 11/2.4

*Hauptsache, die, ** Ü8/3

Hauptschulabschluss, der, "-e Ü1/1

Hauptsitz, der, -e Ü12/5a

Hausapotheke, die, -n 7/6.1

Hausordnung, die, -en 2/3.3b

*Hausrat, der, ** 7/5.1

Haustier, das, -e 4/2.1

Haustür, die, -en Stat. 2/5

heben, gehoben 5/2.7

heilig 10/5.1a

Heilige Abend, der, * 10/2.1b

heim (= zu Hause) Stat. 2/5

Heimtrainer, der, - 5/5.6

heiraten 1/2.2

hektisch Stat. 3/2.4

Herausforderung, die, -en 1/1.3b

herkommen, hergekommen Stat. 1/2.2c

Herrchen, das, - Stat. 3/5

herrennen, hergerannt (vor jdm) Stat. 2/5

herstellen 12/3.7a

Herstellung, die, * 12/3.1

Herzlichen Glückwunsch! 2/4.1

Herzliches Beileid! 2/4.1

herzlichst Ü7/8

Herzproblem, das, -e 12/1.3b

hey 6/3.7

Hilfspriester/in, der/die, -/-nen Stat. 4/5

himmlisch Stat. 4/5

hin (und zurück) 3/2.1b

hineinstellen 10/1.2a

Hinfahrt, die, -en 3/2.3

hinten 2/1.1

hinterlassen, hinterlassen (eine Nachricht) 9

hinzugeben, hinzugegeben Ü12/10a

hoch (2) 9/5.7

hochheilig Stat. 4/5

Hochschule, die, -n 8/2.1a

höchstens Stat. 4/3

Hochzeit, die, -en 2/4.1

Hochzeitsszene, die, -n 7/6.2.b

Hof, der, "-e 2/3.3b

hoffen 2/3.5b

Hoffnung, die, -en Ü8/6

höflich 9/5.7

Höflichkeit, die, -en 9

hold Stat. 4/5

holen Stat. 4/2.1

Holz, das, "-er Stat. 3/1.2a

Holzstiege, die, -n Stat. 2/5

Hörer, der, - Stat. 4/2.4

*Horror, der, ** 11/3.6

Hörtext, der, -e 11/4.2b

Hotelfachmann/-frau, der/die, "-er/-en Ü6/5

Hotelfachschule, die, -n Ü6/5

Hotelhalle, die, -n Stat. 4/1.6

Hotelkaufmann/Hotel- kauffrau, der/die, "-er, -en Stat. 4/1

Hotelmanager/in, der/die, -/-nen Stat. 4/1

Huhn, das, "-er 7/1.2

*Humor, der, ** 11/2.1

humorvoll 11/2.1

Hundeschlitten, der, - Ü3/10

*Hunger, der, ** Ü6/8

Husky-Hündin, die, -nen Stat. 3/5

Hut, der, "-e Ü2/5a

hüten 12/4.1

Hütte, die, -n Stat. 3/4.4.b

hyperaktiv Stat. 3/1.2

I

ich hätte gern ... 3/2.3

ich würde gern ... 6/1.3

ideal 7/4.1

Ideal, das, -e 7/2.5
Idee, die, -n 10/3.3
idyllisch Ü7/1
igitt 11/1.2b
ignorieren 10/4.3a
im Dunkeln 11/2.1
im Freien Ü1/5
im Grünen 7/2.5
Imbiss, der, -e Stat. 1/4
imitieren 9/2.2b
Immobilie, die, -n 7/4.1
Import, der, -e 10/1.2
importieren 12/3.1
in Höhe von Ü7/8
indonesisch Ü6/6
Industrie, die, -n Ü7/1a
Industriekaufmann/-frau,
der/die, "-er/-en 9/2.1a
Industriestandort, der, -e
Ü7/1a
Info, die, -s (Kurzform)
Ü7/8
Informatik, die, * Ü12/2b
Informatiker/in, der/die,
-/-nen 5/3.3
informativ Stat. 2/1.3
informieren 5/3.1
Inhalt, der, -e 7/5.1
Innenstadt, die, "-e 8/1.2
insgesamt 4/1.2
Institut, das, -e 9/5.2
Institutsleiter/in, der/die,
-/-nen Stat. 1/1.5
intelligent Stat. 2/3.3
Intensivkurs, der, -e 1/1.3b
Interesse, das, -n 1/1.6
interessiert 2/3.3b
interkulturell 9/5.7
Internetanschluss, der, "-e
11/4.4a
Internet-Browser, der, -
Stat. 2/1.1
Internetsurfer/in, der/die,
-/-nen Stat. 2/1.1
interviewen 1/1.6
inzwischen Stat. 2/5
irgendwann 12/1.3b
irgendwie Stat. 2/5
irgendwo Stat. 2/5
Italiener/in, der/die,
-/-nen 1/1.3b
italienisch 1/2.2

J

Jagd, die, -en Stat. 3/5
Jäger/in, der/die, -/-nen
Stat. 3/5
Jahresende, das, * 10/2.1b
Jahreslauf, der, "-e 10/2
Jahreszahl, die, -en 12/1.2.a
Jahrhundert, das, -e 1/2.2
jährlich 12/4.1
Jahrtausend, das, -e 4/2.1
japanisch 1/1.1a
Japanisch, das, * Ü1/6
Jazz, der, * 6/1.1b
je 10/2.1b
jenseits Ü11/2
Jet, der, -s Stat. 3/5
Jobbörse, die, -n 9/2.1b
Joghurt, der oder das, -s
6/3.6b
Journalist/in, der/die, -en/
-nen 6/3.3
Jubiläum, das, Pl.: Jubiläen
2/4.3
Jugend, die, * Ü12/2
Jugendliebe, die, -n Ü8/6
Jumbo Jet, der, -s Stat. 3/5
Jura, * 1/1.1

K

Kabel, das, - Stat. 3/5
Kaffeefilter, der, - 12/1.1a
Kaffeehaus, das, "-er Stat. 2/2.2
Kakao, der, * 12/3.1
Kakaobohne, die, -n 12/3.1
Kaltmiete, die, -n 7/4.1
Kameruner, der, - 6/3.6c
Kamm, der, "-e 3/1.1
kämpfen Stat. 1/4
Kaninchenzüchter/in,
der/die, -/-nen 4/3.1b
Kapitän/in, der/die, -e/
-nen 11/3.1a
Karat, das, -(e) 5/5.6
kariert 2/2.8b
Karneval, der, -e oder -s
10/2.1b
Karriere, die, -n Ü9/8
Karteikarte, die, -n 9/4.5
Karten spielen 6/1.1b
Kartoffelkrokette, die, -n 6/2.2

Kartoffelsalat, der, -e 6/2.2
Käse-Fondue, das, -s 6/3.6b
Kasse, die, -n 8/3.1
Kassenzettel, der, - 5/5.4
Katastrophe, die, -n 4/4.1b
Katze, die, -n 7/1.2
Käufer/in, der/die, -/-nen
5/3.1
Kauffrau/-mann, die/der,
-en/"-er Ü1/1
Kaution, die, -en 7/4.1
Keller, der, - 7/4.1
Kennenlernen, das, * 6
Kenntnis, die, -e 9/2.1a
Kerze, die, -n 10/1.2a
Kichererbse, die, -n 1/3.5a
Kilometer, der, - 4/1.2
Kinderbetreuung, die, * 2/3.1a
Kinderlärm, der, * 2/3.3b
kinderlieb Stat. 2/3.3
Kinderwagen, der, - 2/3.3b
Kindheit, die, * Stat. 1/4
Kirschwasser, das, - 12/4.5b
Klang, der, "-e 1/3.5a
klappen Stat. 2/5
Klarinette, die, -n Ü11/2a
klarkommen mit jdm, klar-
gekommen 2/3.3b
Klasse (2. Klasse bei der
Bahn), die, * 3/2.1b
Klasse! 11/1.2b
Klassiker, der, - Stat. 4/2.7
klassisch Ü11/4
klatschen Stat. 2/5
Klavier, das, -e 4/1.3
kleben (+ auf) 7/6.1
Kleinfamilie, die, -n Ü2/9
Kleingruppe, die, -n Ü1/5
Kleinstadt, die, "-e 8/1.2
Klettverschluss, der, "-e
12/1.1a
Klimaanlage, die, -n Ü3/5a
Klingeln, das, * Stat. 3/5
klingen, geklungen 9/5.6
Kloß, der, "-e 6/2.2
klug, klüger, am klügsten
Stat. 2/3.3
Knabe, der, -n Stat. 4/5
knallen Stat. 4/5
knapp 7/1.2
Knoblauch, der, * 6/3.6b
Knutschfleck, der, -en 10/3.2

Koch/Köchin, der/die,
"-e/-en 6/3.2

Kochbuch, das, "-er 5/5.2

koffeinfrei 3/3.3

Kombination, die, -en
Stat. 1/2.1b

kombinieren Ü5/1

Komik, die, * 11/2.1

komisch Ü1/5

Komma, das, *Pl.:* Kommata
6/3.4

Kommentar, der, -e Stat. 1/4

Kommunikationsexperte/
-expertin, der/die, -n/-nen
Stat. 1/1.2

Kommunikationswissen-
schaften, die, Pl. Ü9/1

Komödie, die, -n 11/2.4

komplex 1/1.3b

komponieren Stat. 4/5

Komponist/in, der/die,
-en/-nen 8/4.4

Konditor/in, der/die, -en/-nen
12/4.3

Konferenz, die, -en 3/1.2

König, der, -e 1/2.2

Konservierungsmittel, das, -
12/4.1

Kontaktanzeige, die, -n
Stat. 2/3.3

Kontaktbörse, die, -n 6/4.5a

Konzentration, die, *
Stat. 3/1.2a

konzentrieren (sich) Stat. 1/1.2

konzentriert Stat. 3/1.2a

Konzertmeister/in, der/die,
-/-nen 8/4.5a

Konzertsaal, der, *Pl.:*
Konzertsäle Ü11/2a

Kooperationspartner/in,
der/die, -/-nen 1/1.1a

Kopfhörer, der, - 5/4.3b

Kopie, die, -n (Kopien machen)
Stat. 1/3.2

kopieren Ü3/8a

Koreanisch, das, * Ü1/6

körperlich Stat. 1/4

Körpersprache, die, -n
9/5.7

korrigieren 1/1.4

Kosmetikfirma, die, Pl.:
Kosmetikfirmen 1/1.1a

Kostüm, das, -e 10/2.1b

Krakauer, die, - 6/3.6c

kränken 10/3.2

Krankenpflege, die, * 9/2.1a

Kräuter, die, *Pl.* 12/3.1

kreativ Stat. 2/1.2

Kreditkarte, die, -n 3/1.1

Krimi, der, -s Ü5/2b

Kritik, die, * 2/3.3c

kritisieren 11/4.6

Küchenführung, die, *
Stat. 4/1.2

Küchenhilfe, die, -n 6/3.2

Kuckuck, der, -e 5/5.4

Kuckucksuhr, die, -en 1/3.3

Kuh, die, "-e 7/1.1

kühl 12/2.1

kühlen 7/6.1

Kühlmaschine, die, -n 12/2.1

Kühlung, die, * 12/2.1

Kuhstall, der, "-e Stat. 3/5

Kultobjekt, das, -e 12/4.5b

kulturell 8

Kulturhauptstadt, die, "-e 8/1

Kulturminister/in, der/die,
-/-nen 8/1.2

Kulturverein, der, -e Ü4/9b

kümmern (sich um jdn)
8/4.9b

Kundenkarte, die, -n 3/1.1

Kundenkontakt, der, -e 9/2.1a

Kunst, die, * *oder:* Künste
5/5.1

Künstler/in, der/die,
-/-nen 8/1.2

Kürbis, der, -se 10/1.1

Kuss, der, "-e 10/3.1a

L

Lackierer/in, der/die,
-/-nen 9/2.1a

Laden, der, " Ü10/4a

lagern 12/4.2

Lagerung, die, -en 12/4.1

Lamm, das, "-er 10/6.1a

Landleben, das, * 7

ländlich-mondän 7/2.5

Landluft, die, * 7/1

Landstraße, die, -n Ü7/1a

Landwirtschaft, die, -en 9/1.1

Langeweile, die, * 2/3.1

Langstock, der, "-e 11/4.2b

Laptop, der, -s Ü12/3b

Lärm, der, * 2/3.3b

lassen (etw. tun lassen), lassen
Stat. 2/5

Latein, das, * 1/2.6b

Latte Macchiato, der, - 3/3.3

Laufdiktat, das, -e Stat. 2/2.2

Läufer/-in, der/die, -/-nen
4/1.2

Laufvogel, der, "- Ü1/8

Laune, die, -n 10/5.4

Laut, der, -e 2/2.9

lebendig 12/2.1

Lebenslauf, der, "-e 9

Lebenspartner/in, der/die,
-/-nen 6/4.5a

Lebkuchen, der, - Stat. 4/4e

ledig 2/1.4

leer 5/3.2

Legende, die, -n Stat. 2/5

Lehrbuch, das, "-er 11/4.a

lehren 8/2.1a

Leid, das, -en 8/4.9b

Leistung, die, -en 11/2.5a

Leiter/in, der/die, -/-nen
4/2.1

Lernende, der/die, -n
11/4.2b

Lerner/in, der/die, -/-nen
Stat. 1/4

Lernhilfe, die, -n Stat. 1/4

Leser/in, der/die, -/-nen
Ü11/1c

Lesung, die, -en 8/1.2

Lettisch, das, * Stat. 1/1.2

letzte 2/1.1

Licht, das, -er 11/4.6

Liebespaar, das, -e 10/1.2a

liebevoll 8/4.9b

Liebste, der/die, -n 10/1.2a

Link, der, -s Stat. 2/1.1

linke 11/3.4

Lippe, die, -n 7/2.3

Lippenstift, der, -e 3/1.1

Literatur, die, -en 8/1.2

Literaturfestival, das, -s
8/1.2

Literaturnobelpreis, der, -e
Stat. 2/4.1

LKW (= Lastkraftwagen),
der, - 4/1.1

LKW-Fahrer/in, der/die, -/-nen 4/1.1
loben Stat. 2/5
lockig Stat. 4/5
Löffel, der, - 6/2.8
logisch 6/3.7
lohnen (sich) 8/2.1a
Lokomotive, die, -n Stat. 2/5
Lokomotivführer/in, der/die, -/-nen 9/3.3
löschen 5/4.3b
lösen 10/2.5b
losgehen, losgegangen Stat. 3/5
loslassen, losgelassen Stat. 3/5
losrennen, losgerannt 7/6.2.b
Lösungswort, das, "-er ü7/7
Lotto, das, * 10/4.3
Lottoschein, der, -e 10/4.3a
Luftverschmutzung, die,* 7/1.1
Lüge, die, -n 7/3.2
lügen, gelogen 7/3.2c
Lust, die,* 5/2.4
lustig 1/3.5a

M

Magazin, das, -e 11/2.5a
Magister, der, * *(akad. Titel)* Stat. 1/1.2
Magisterarbeit, die, -en Stat. 1/1.2
Mail, die, -s ü7/8
Mailbox, die, -en ü1/5
mailen Stat. 1/4
Majonäse, die, -n 6/2.2
Mal, das, -e 4/1.2
malen 4/3.3
Maler/in, der/die, -/-nen 9/2.1
managen ü9/1
manche 2/3.3b
Mandel, die, -n 12/4.5b
Mann! *(Ausruf)* 4/4.1a
männlich Stat. 1/2.3b
Marathon, der, -s 4/1.1
Marillenmarmelade, die, -m 12/4.1
markenrechtlich geschützt 12/4.1

Marketingabteilung, die, -en 11/4.6
Marketing, das, * 11/4.6
Marktplatz, der, "-e 5/5.1
Marzipan, das, -e Stat. 2/4.1
Maske, die, -n 10/2.1b
Maß, die, - 10/1.1
Masse, die, -n ü12/10a
Material, das, Pl.: Materialien Stat. 3/1.2a
Mathematik, die, * ü12/2b
mathematisch 11/4.2b
Matratze, die, -n 10/3.2
Maulwurf, der, "-e 3/4.3a
Maurer/in, der/die, -/-nen 9/2.1a
Mausklick, der, -s 6/4.5a
meckern ü2/7
Mediendesigner/in, der/die, -/-nen ü9/2
Mediengestalter/in, der/die, -/-nen Stat. 2/1.1
Medienrevolution, die, * 12/1.3b
Medium, das, *Pl.:* Medien ü4/5
Medizin, die,* 12/3.1
Mehl, das, -e, *auch:* Mehlsorten 6/3.6a
mehrsprachig Stat. 1/4
Mehrsprachigkeit, die, * 1/1.6
Meinung, die, -en 1/2.3
Meise, die, -n 3/4.3a
Melodie, die, -n Stat. 4/5
Menge, die, -n Stat. 3/5
menschlich Stat. 3/5
Menüwahl, die, * 6/3.1a
merken 10/2.5a
Merkvers, der, -e 10/2.5
Messe, die, -n 3/1.2
Messeausweis, der, -e 3/1.1
Messer, das, - 6/2.8
Metall, das, -e 1/2.6b
Metropole, die, -n ü7/1
Miete, die, -n 2/3.3b
Mieter/in, der/die, -/-nen 2/3.3a
Migrant/in, der/die, -en/-nen 11/4.2b
Militär, das,* 9/1.3
Milliarde, die, -n 12/3.1

mindestens 4/3.2
Minibar, die, -s ü3/5a
Minister/in, der/die, -/-nen 8/1.2
mischen ü12/10a
Mischung, die, -en Stat. 3/1.2
Mist! 4/4.3a
mit freundlichen Grüßen *(Gruß im Brief)* 9/2.2b
Mitarbeiter/in, der/die, -/-nen 12/3.1
mitbringen, mitgebracht 3/3.2
mitfahren ü7/4
mitnehmen, mitgenommen 3/1.4
mitreißend 11/2.1
mitsprechen, mitgesprochen 2/1.3
Mitte, die,* *(in der Mitte)* 2/1.1
Mitteilung, die, -en 5
mitten in Stat. 4/4.4d
Möbelklassiker ü8/9
Mobilität, die, * 3
Mobilitätshilfe, die, -n 11/4.2a
möbliert 7/4.1
Modell, das, -e ü9/11
möglich 12/2.1
Möhre, die, -n 12/4.5b
Monatsmiete, die, -n 7/4.1
Morsecode, der, -s ü11/8
motivieren 1/1.3b
Motorrad, das, "-er 4/1.3
Mountainbike, das, -s Stat. 3/3.1
MP3-Format, das, -e 12/1.1a
MP3-Player, der, - 12/2.3
muhen Stat. 2/5
Mülleimer, der, - 10/3.1
Multimedia, das, - Stat. 2/1.1
mündlich Stat. 3/2.3
Musical, das, -s 8/1.3
Musikinstrument, das, -e ü9/5
Musikschule, die, -n ü7/6
Mutter, die, "- 2/1.3
Muttertag, der,* ü10/4a
Mutti, die, -s ü10/12a
Mythos, der, Pl.: Mythen Stat. 2/5

N

na 4/4.1b
nachdem Stat. 2/5
nachdenken, nachgedacht
Ü5/10
Nachfrage, die, -n 5/4
Nachricht, die, -en 3/3.1a
Nacht, die, "-e Ü3/7
Nachteil, der, -e 7/2.1a
Nachtleben, das, * 7/2.1a
nachts Stat. 3/2.1b
Nacktmull, der, -s Ü1/8
Nagel, der, "- *(etw. an den
Nagel hängen)* 11/2.1
näher kommen (sich) 11/2.1
nämlich Ü6/10
Nasenspray, das, -s 7/6.1
Nationaltheater, das, - 8/3.1
Natur, die, * 7/1.1
Naturprodukt, das, -e 12/4.1
*Naturschützer/in, der/die,
-/-nen* 4/3.1b
Nebel, der, - Stat. 2/5
Nebelkuh, die, "-e Stat. 2/5
Nebelmeer, das, -e Stat. 2/5
Nebenkosten, die, *Pl.* 7/4.1
Nebenrolle, die, -n 11/2.5
negativ 11/1.3
nervös 11/1
nett 11/4.5
Netz, das, * *(Internet)* 5/3.1
Neubau, der, *Pl.:* Neu-
bauten 7/4.1
neugierig 8/2.1a
*Nichtschwimmer/in, der/die,
-/-nen* Ü1/5
Nichtstun, das, * Ü4/5
niemand Ü1/8
nigerianisch 1/1.4
normal 1/2.2
normalerweise Stat. 3/5
Normaltarif, der, -e 3/2.3
Notarzt/Notärztin, der/
die, "-e/-nen 7/6.1
Note, die, -n 11/4.2b
Notebook, das, -s 3/1.1
nötig (sein) 12/2.1
Notizblock, der, "-e Stat. 4/2.3
Nummer, die, -n Ü7/8
nummerieren Ü5/2a
Nuss, die, "-e 6/3.6a

Nussknacker, der, - Stat. 4/5
nutzen 5/1.1
Nutzer/in, der/die, -/-nen
9/2.1b
nützlich 1/2.4

O

ob 3/4.3a
Ober, der, - 6/3.3
Obstanbaugebiet, das, -e
Stat. 1/3.9
Obstbauer, der, -n Stat. 1/3.9
Ofen, der, *Pl.:* Öfen Ü7/11
offen (sein für etw.) Ü4/9b
öffnen 5/3.2
oh 4/2.4
Oktoberfest das, * 10/1.1
Olive, die, -n Stat. 2/4.3
Oma, die, -s 2/2.1
Onkel, der, - 2/1.3
Opa, der, -s 2/2.2
Opel, der, - (Automarke) 5/5.7a
Open-Air-Bühne, die, -n 8/1.2
Oper, die, -n 8/1.2
optimal 12/4.1
optimistisch 11/4.6
Organist/in, der/die, -en/-nen
8/4.5a
Orgel, die, -n 8/2.1a
orientieren (sich) 11/3.1a
Orientierung, die, * 11/2.1
Originalsprache, die, -n
Stat. 4/2.5
originell Ü12/2b
Osterei, das, -er 10/2.1b
Osterhase, der, -n 10/2.1b
österreichisch 6/2.7
Osterrute, die, -n 10/5.1a
Ostersonntag, der, -e 10/5.1a
out (sein) 4/2.1

P

paar 10/5.1
Paket, das, -e Ü10/9a
Panik, die, * Stat. 2/5
Parfüm, das, -s 10/4.1
Parkautomat, der, -en 8/4.1
Parkett, das, -e oder -s 8/3.1
Parkplatzsuche, die, *
Stat. 3/2.4

Partnerprofil, das, -e 6/4.6
Partnerstadt, die, "-e 8/1.4
Partnersuche, die, * 6/4.5a
Passagier/in, der/die,
-e/-nen 11/3.1a
Passagierraum, der, "-e
Stat. 3/5
passend Ü1/4
Passwort, das, "-er 5/2.3
Patent, das, -e 12/2.1
Patentamt, das, "-er Ü12/2.3
PC, der, -s 5/5.7a
*PDA, der, -s (Persönlicher
Digitaler Assistent)* 5/1
Peperoni, die, -s Stat. 2/4.3
per 6/4.5
perfekt 4/4
Personal, das, * 11/4.6
Personalchef, der, -s 11/4.6
persönlich 9/2.2a
persönliche Daten, die, *Pl.*
Ü9/3
Persönlichkeit, die, -en
8/4.10
pfeifen, gepfiffen 1/3.1
Pferd, das, -e 7/1.2
Pferdeschlitten, der, - Stat. 3/4.3
Pflaster, das, - 7/6.1
Pflege, die, * 9/2.1a
Pflegestation, die, -en 9/2.1a
Physik, die, * Ü12/2b
Physiker/in, der/die, -/-nen
12/1.3b
Picknick, das, -s oder -e 10/5.6
Plakat, das, -e 2/3.1
Plastik, das, * Ü5/10
Platte, die, -n 6/2.2
Plätzchen, das, - Stat. 4/5
Platzkarte, die, -n 3/2.7
Plus, das, " 1/2.3
Politik, die, * 1/1.3b
politisch 4/3.1b
Polizeikommando, das, -s
Stat. 3/5
Polizist/in, der/die, -en/-nen
Stat. 3/5
Pool, der, -s Ü3/5a
Pop, der, * Ü5/10
populär 1/2.7
Portemonnaie, das, -s 3/1.1
Portugiese/Portugiesin,
der/die, -n/-nen 1/2.2

Portugiesisch, das, * 1/2.2
positiv 11/1.3
Post, die, * 5/2.1
prächtig 10/5.1a
Praktikum, das, Pl.: Praktika
1/1.3b
praktisch 5/3.3
Präsentation, die, -en Ü9/12
präsentieren 8/3.4
Präsident/in, der/die, -en/
-nen 1/2.3
Premiere, die, -n Ü11/4a
Priorität, die, -en 2/3.2a
Privatunterricht, der, *
11/4.2b
pro (2) ≠ contra Stat. 1/4
problematisch 2/3.2a
Produktion, die, -en 12/1.3b
Produktionsanlage, die, -n
Stat. 4/4.1
Produktionsmethode, die, -n
12/3.1
Produktpalette, die, -n
Stat. 4/4.1
Produzent/in, der/die,
-en/-nen 12/3.1
produzieren 12/1.3b
Professor/in, der/die,
-en/-nen 12/2.1
Profil, das, -e 9/2.1a
Programm, das, -e Ü5/1
programmieren 9/1.1
Prosit Neujahr! 10/2.1b
Provinz, die, -en Stat. 3/5
Prozess, der, -e 12/3.1
Prozession, die, -en 10/5.1a
Prüfung, die, -en 2/4.3
psychiatrisch Stat. 2/5
Puderzucker, der, * Ü12/10a
Punkt, der, -e 11/4.2b
pusten 1/3.1
Putenbruststreifen, der, -
6/2.2
putzen 4/4.1a

Q

Quadratkilometer, der, -
Stat. 2/4.5
Qualität, die, -en 12/4.2
Quintett, das, -e Ü6/1b
Quizshow, die, -s 3/3.3

R

Radiosender, der, - Ü5/1
Radrennen, das, - 4/3.2
rammen Stat. 2/5
randalieren Stat. 3/5
rasieren 4/2.5
Rätsel, das, - 1/2.2
Raumwissenschaften, die, Pl.
Ü12/2b
rausschmeißen, raus-
geschmissen Stat. 4/3
reagieren (auf etw.) 4
Reaktion, die, -en 4/4.1b
realistisch 6/4.5a
Recherche, die, -n Stat. 2/1.1
recherchieren 3/2.1b
rechnen Ü7/6
rechte 11/3.4
Rechtschreibung, die, * 5/3.2
reden 4/4.2
Redewendung, die, -en 11/4.6
regelmäßig 4/1.2
Regenschirm, der, -e Stat. 4/2.7
Regieassistent/in, der/die,
-en/-nen Ü11/6
Region, die, -en 10/1.2a
Regionalzug, der, "-e 3/2.6
Regisseur/in, der/die,
-e/-nen 11/2.1
reiben, gerieben Ü12/10a
Reihenfolge, die, -n 6/4.2b
Reim, der, -e 10/2.5a
reinigen 7/6.1
Reisebüro, das, -s 3/2.2
Reiseführer, der, - 3/1.1
Reisegruppe, die, -n 8/3.1
Reiseleiter/in, der/die,
-/-nen 8/2.2a
reisen 1/1.1a
Reisepass, der, "-e 3/1.1
Reiseplan, der, "-e 3/2.5
reiten, geritten 4/1.1
Reitturnier, das, -e 4/3.2
Reitverein, der, -e 4/3.2
Reklamation, die, -en 5/5.4
reklamieren 5
Rekord, der, -e 1/3
rennen, gerannt Stat. 3/5
Renner, der, - 9/2.1b
renovieren 4/3
Rente, die, -n: in Rente sein
11/4.2b

Rentner/in, der/die, -/-nen
Stat. 2/5
Reportage, die, -n Stat. 2/4.2
Reservierung, die, -en
3/2.3
Restaurantfachmann/frau,
der/ die, "-er/ -en 6/3.1
Restaurantkritiker/in,
der/die, -/-nen 6/3.3
retten Ü8/1
Rettung, die, -en Stat. 3/5
Rettungssanitäter/in, der/die,
-/-nen Ü7/10
Rezeption, die, -en Stat. 4/1.2
Rhabarbermarmelade, die, -n
1/3.5a
rhythmisch 2/1.3
Rhythmus, der, Pl.: Rhythmen
10/2.5a
richten (etw. an jdn) 9/2.1a
Richtige, das, * 7/1.2
Riesenwut, die, * 11/1.2b
Rind, das, -er (= Kuh) 9/1.1
Rinderzucht, die, -en 9/1.1
Rindfleisch, das, * 6/2.4
Rindsroulade, die, -n 6/2.2
robust Stat. 3/5
Rock, der, * (Rockmusik)
1/2.6a
Rohstoff, der, -e 12/4.1
Rollen, das, * Stat. 2/2.3a
Roman, der, -e 8/4.8
Romanheld/in, der/die,
-en/-nen 8/4.9b
Romantik, die, * Stat. 4/5
romantisch 10/5.1
Rosenmontag, der, -e 10/2.1b
Rostbratwürstchen, das, -
Stat. 4/4e
Rotkraut, das, * 6/2.2
Rotwein, der, -e 6/2.2
Route, die, -n 8/2.2a
Rückantwort, die, -en 5/2.6
Rückflug, der, "-e 3/2.3
Rückruf, der, -e 9/5.2
Rucolasalat, der, * Ü6/6
rühren 12/3.5a
Rumpsteak, das, -s 6/2.2
rumturnen Stat. 3/5
rund (2) 7/2.3
rund um (etw.) 6/3
rundlich Stat. 2/3.3

s

Sachbearbeitung, die, * 9/2.1a
Sachertorte, die, -n 12/4.1
Saft, der, "-e 6/2.2
Sahnehaube, die, -n 6/2.2
Saison, die, -s Stat. 4/1.2
Salami, die, -s Stat. 2/4.3
Salatteller, der, - 6/2.2
Salsa, die, * 4/1.3
salzig 6/2.8
sammeln 4/1.3
Sammlung, die, -en Ü8/1a
Sänger/in, der/die, -/-nen 7/5.3
Sardelle, die, -n Stat. 2/4.3
Satzanfang, der, "-e 9/5.7
sauer 11/1.3
Sauna, die, Pl.: Saunen 4/2.1
S-Bahn-Impression, die, -en 3/4.1
Schallplatte, die, -n 5/1
Schallplattenspieler, der, - Ü5/1
scharf, schärfer, am schärfsten 10
Schatz, der, * 5/2.4
schauen 3/4.2
schaumig Stat. 4/2.6
Schauspieler/in, der/die, -/-nen 6/3.1a
Schauspielschule, die, -n 11/2.5a
scheinen, geschienen Stat. 3/3.1
Schema, das, Pl.: Schemata 4/2.8a
schenken 2/2.7
Schere, die, -n 7/6.1
Schichtarbeit, die, -en Ü9/1
Schichtarbeiter/in, der/die, -/-nen Ü9/1
Schichtdienst, der, -e 9/2.1a
schicken 1/3.5
Schicksal, das, -e 11/2.1
schießen, geschossen Stat. 3/5
Schiff, das, -e 1/2.2
Schiffskapitän/in, der/die, -e/-nen 9/3.1a
Schiffsschraube, die, -n 12/1.1a
schlagen, geschlagen Ü10/13

Schlagobers, der, * (österr. für Schlagsahne) 12/4.1
schlank Stat. 1/2.4
schlecht (jdm ist ...) 7/6.2.b
schlicht 7/2.5
Schlitten, der, - Stat. 2/2.1
Schluss, der, * 2/3.3b
schminken 4/2.5
Schmuck, der, * 5/5.1
schmücken 10/5.1a
Schnäppchen, das, - 5/5.1
Schnäppchenjagd, die, -en 5/5
Schneeschuh, der, -e 6/2.7
schneiden, geschnitten 4/4.3a
Schokoladenfondue, das, -s 12/4.5
Schöne, der/die, -n Ü10/13
schrecklich Ü10/4a
Schrift, die, -en 11/4.1
schriftlich 9/2.1a
Schriftzeichen, das, - 5/1
Schritt, der, -e Ü1/5
Schrittkombination, die, -en Ü1/5
Schulabschluss, der, "-e 9/2.2a
Schulbildung, die, * Stat. 1/4
schuld sein, gewesen 11/2.1
Schulfach, das, "-er 1/1.6
Schulfreund/in, der/die, -e/-nen Ü12/3b
Schulzeit, die, * 7/2.7
Schuss, der, "-e Stat. 3/5
Schuster, der, - Stat. 1/4
schützen 7/5.3
schwedisch Stat. 3/5
Schweizer/in, der/die, -/-nen 12/1.3b
Schwester, die, -n 2/1.1
Schwiegereltern, die, Pl. 2/2.2
Schwiegersohn, -tochter, der/die, "-e/"- 2/2.2
schwierig 3/4.3a
Seefahrt, die, -en 12/1.3b
Seehafen, der, "- Ü7/1
segeln 1/2.2
sehbehindert 11/4.2b
Sehr geehrte/r ... (Anrede im Brief) Ü7/8

Sekt, der, -e 10/2.1b
Sekunde, die, -n 4/1.2
Selbstevaluation, die, -en Stat. 1/2.3
selbstständig Stat. 1/1
selbstständig machen (sich) Ü9/6
Selbsttest, der, -s 1/2.7
selten 5/1.1
senden 9/2.2b
Sendung, die, -en Ü5/1
Seniorenheim, das, -e Stat. 3/1.2a
sensibel, sensibler, am sensibelsten Stat. 2/3.3
Serienproduktion, die, -en 12/2.1
servieren 6/3.1a
Serviette, die, -n Ü6/4
setzen 11/3.9
Shooting Star, der, -s 11/2.5a
Shrimp, der, -s 6/2.7
Sieger/-in, der/die, -/-nen 4/1.2
Signalton, der, "-e Ü9/10
Silberhochzeit, die, -en Ü2/11
Silvester, das, * 10/2.1b
simsen Ü5/4
singen, gesungen 2/4.2
Single, der, -s 2/1.4
Sinn, der, -e 11
Sitzplatz, der, "-e 3/2.7
Skandal, der, -e 6/3.5
Skandinavien Ü6/10
skandinavisch Stat. 1/4
Skat, der, -e oder -s 6/1.1b
skaten 4/2.1
Ski, der, -er Stat. 2/5
Skischule, die, -n 6/2.7
Skispringen, das, * Stat. 2/2.1
Skizze, die, -n 8/4.9a
SMS, die, - oder -e Ü1/5
Snack, der, -s Ü6/6
So ein Pech! 4/4.1b
so genannte 12/3.1
so lange Stat. 2/2.2
so wie 1/3.2b
Socke, die, -n 10/3.1a
sofort 3/3.3
Software, die, * 4/1.1
sollen 3
Sommerfest, das, -e 10/2.1b

Sommerregen, der, * 1/3.5a
Sonnenbrille, die, -n 3/1.1
Sonnenschein, der, * 2/4.2
sonst 7/5.3
sorgen (sich) Ü11/1c
Sozialleistung, die, -en 9/2.1a
Sparbuch, das, "-er 10/3.2
sparen 4/2.1
Spaßfaktor, der, -en 2/3.1
Speeddating, das, -s 6/4.7
speichern 5/3.2
Speisekarte, die, -n 6
Spezialität, die, -en 6/2.2
speziell Stat. 3/1.2a
spielen 1/1.7a
Spielfigur, die, -en Stat. 4/3
Spielregel, die, -n Stat. 4/3
Spielzeug, das, -e 5/5.2
Spinne, die, -n 4/4.3a
spontan 4/2.3
Sportart, die, -en Stat. 2/1.5
Sportartikel, der, - 5/3.1
Sportprogramm, das, -e
2/3.1a
Sportverein, der, -e 4/3.2
Sprachinstitut, das, -e 1/1
Sprachverein, der, -e Ü4/9b
Sprichwort, das, "-er Stat. 1/4
spülen (Geschirr) 6/3.1a
Spur, die, -en (auf den Spuren
von jdm) Stat. 3/4.1
staatlich 1/1.1a
Stadion, das, *Pl.:* Stadien
Ü7/10
Stadtführer/in, der/die,
-/-nen 8/4.8
stammeln Stat. 2/5
Stammgast, der, "-e Stat. 4/1.2
Stammtisch, der, -e 6/1.1b
Standesamt, das, "-er 2/4.1
ständig 4/4.2
starten Ü7/1a
Startfeld, das, -er Stat. 4/3
statt 6/2.5
stecken (in etw.) 5/2.1
Stecknadel, die, -n 11/4.6
Stein, der, -e 11/2.1
Stelle (2), die, -n 7/6.1
stellen (2) Ü3/7
Stellplatz, der, "-e 7/4.1
sterben, gestorben Ü8/8
Sternschnuppe, die, -n 1/3.5a

Stichwort, das, "-er 9/2.2
still Stat. 4/5
Stille Post, die, * 10/3.3b
Stille, die, * Ü11/2
Stillstand, der, * 3/4.1b
Stimme, die, -n 9/5.7
Stimmung, die, -en Stat. 2/5
stinksauer 11/1.2b
stoppen Ü8/1a
stören 2/3.3b
stoßen, gestoßen 7/6.1
Strafraum, der, "-e Stat. 3/5
strahlen 2/4.2
Straßenfest, das, -e 10/2.1b
Strategie, die, -n 11/3
Streckenrekord, der, -e 4/1.2
Streichholz, das, "-er 1/3.1
Streifen, der, - 6/2.2
Streit, der, -s 2/3.3b
streng 12/4.1
stressig 4/2.1
Strich, der, -e Ü11/8
Struktur, die, -en 7/3.1
Stück (2), das, -e 8/4.4
Studie, die, -n 9/2.1b
Studienreise, die, -n Ü12/2b
Studium, das, *Pl.:* Studien-
gänge 1/1.1b
stürmen 2/4.2
Suchmaschine, die, -n
Stat. 2/1.1
Sumpf, der, "-e Stat. 2/5
surfen 4/2.8b
Süßigkeit, die, -en 10/1.2a
Süßstoff, der, * 3/3.3
Symbol, das, -e 5/3.2
Sympathie, die, -n 8/4.9b
sympathisch 11/2.1
systematisch 9/4
Szene, die, -n 7/6.2.b

T

tabellarisch 9/2.2
tagsüber 9/1.1
Talent, das, -e Ü11/2a
Tannenzweig, der, -e Stat. 4/5
Tante, die, -n 2/1.3
Tanz, der, "-e 10/2.1b
Tänzer/in, der/die, -/-nen
9/3.3
Tanzkurs, der, -e Ü1/4

Tanzschule, die, -n 4/3.1b
Tarif, der, -e 3/2.3
Taschenmesser, das, - 10/4.2
Taschentuch, das, "-er 9/5.3
Tätigkeit, die, -en 9/4.1a
Tatsache, die, -n 12/2.8
Team, das, -s 6/3.1a
Technik, die, -en 1/1.1a
technisch 12/2.1
Technische/r Zeichnerin/
Zeichner, die/der, -nen/-
9/2.1a
Technologie, die, -n 12/1.3b
Teddy, der, -s 3/1.1
Teebeutel, der, - 12/1.1a
Teig, der, -e 12/4.4b
Teil, der, -e Ü7/2a
teilnehmen, teilgenommen
8/2.1a
Teilzeit, die, * 9/1.1
Telefongespräch, das, -e
7/4.2
telefonisch 9/2.1
Teller, der, - 6/2.2
Tennis, das, * Stat. 2/3.3
Tennisplatz, der, "-e Ü3/5a
Tennisverein, der, -e 4/3.1b
Teppich, der, -e Ü11/5
Terrasse, die, -n 7/2.5
testen 4/1.2
texten Stat. 4/4.3
Textgrafik, die, -en 11
Theaterintonation, die, * 8
Theaterkasse, die, -n 8/3.1
Theaterregisseur/in, der/die,
-e/-nen 11/2.1
theoretisch Ü11/1b
Theorie, die, -n Stat. 3/1.2a
Therapie, die, -n Stat. 3/1.2a
Thriller, der, - 11/2.4
Thunfisch, der, -e Stat. 2/4.3
Ticket, das, -s 3/2.7
Tierarzt/Tierärztin, der/
die, *Pl.:* Tierärzte/Tier-
ärztinnen 5/5.4
Tierische, das, * Stat. 3/5
Tierschutzverein, der, -e
4/3.1a
Tipp, der, -s Ü6/1
tippen Ü9/7
Tischler/in, der/die, -/-nen
9/4.1a

Titel, der, - 8/1.2
Toast, der, -s 6/2.2
Toast Hawaii, der, Pl.: Toasts
Hawaii 6/2.2
Tochterfirma, die, Pl.:
Tochterfirmen Stat. 4/4.1
Tod, der, -e Ü8/7a
todkrank 11/2.1
tolerant Stat. 2/3.3
Ton, der, "-e 1/3.1
Toncollage, die, -n 4/1.3
tönen Stat. 2/5
Tonne, die, -n 12/4.1
Tor, das, -e Stat. 3/5
Tortenform, die, -en
Ü12/10a
tot 8/4.9b
total 8/2.1a
Touristenattraktion, die,
-en 8/2.2b
Tradition, die, -en 10/2.1b
traditionell 10/2.1b
Tragikomödie, die, -n 11/2.1
tragisch 8/4.9b
Traktor, der, -en 7/1.1
Träne, die, -n 2/4.2
transportieren 12/2.1
Trauer, die, * 11/1.1
trauern (um etw.) 11/1.1
Traumberuf, der, -e 9/3.3
Traumprinz/-prinzessin,
der/die, -en/-nen 6/4.5
traute Stat. 4/5
treffen, getroffen 4/2.1
Treffpunkt, der, -e Ü1/5
trennen (sich) von jdm
11/2.1
Treppe, die, -n 2/3.3a
treten, getreten Stat. 3/5
Trick, der, -s 11/2.1
Trinkschokolade, die, -n
12/3.1
trocken 10/5.1
Tropfen, die, *Pl.* 7/6.1
trotzdem 7/6.2.b
tschechisch 6/2.7
Tschechisch, das, * 4/4.4
Tuch, das, "-er 10/3.2
Tunnel, der, - 11/4.6
türkisch 6/3.6a
Türkisch, das, * Stat. 2/3.1
Turnverein, der, -e 4/3.1b

U

überall Stat. 1/4
überbacken, überbacken 6/2.2
überfahren, überfahren
Stat. 2/5
überfliegen, überflogen
12/4.1
überraschen 12/4.1
Überraschung, die, -en
10/1.2a
Überschrift, die, -en Stat. 3/5
Übersetzer/in, der/die,
-/-nen Ü9/7
Übersetzung, die, -en Stat. 1/1.2
übersichtlich ≠ *unüber-*
sichtlich Stat. 2/1.3a
übertragen, übertragen
11/4.4a
übertreiben, übertrieben
5/2.6
Übertreibung, die, -en
10/3.3a
überwachen Stat. 4.41
überzeugen 12/4.1
überziehen, überzogen
Ü12/10a
Übung macht den Meister.
Ü5/4
um die Welt gehen Stat. 4/5
um zu 12
umbuchen Stat. 3/5
umdrehen Stat. 2/5
Umfrage, die, -n 1/3.5b
Umgangssprache, die, -n 1/2.2
Umgebung, die, -en 7/2.2
Umsatz, der, "-e 12/3.1
Umschlag, der, "-e 5/2.1
umschreiben, umgeschrieben
Stat. 2/5
Umschulung, die, -en 9/1
umsteigen, umgestiegen
3/2.1b
umtauschen 5/5.4
umziehen (sich), umgezogen 4/2.5
umziehen, umgezogen
7/1.2
Umzugscheckliste, die, -n 7/5.1
Umzugskarton, der, -s 7/5.1
Umzugstag, der, -e 7/5.1
unaufhaltsam Stat. 2/5
unbedingt 8/2.1a

unbekannt (≠ bekannt)
Ü10/13
unbequem (≠ bequem)
Ü8/9b
unersetzlich Stat. 3/5
unfreundlich ≠ freundlich
Ü6/7
ungesund ≠ gesund 4/2.8b
ungesüßt 12/4.1
ungewöhnlich ≠ *gewöhnlich*
Stat. 3/4.6.a
unglaublich 5/5.4
Unglück, das, * Stat. 3/5
unglücklich (≠ glücklich)
8/4.9b
Universitätsdiplom, das, -e
1/1.3b
Unpünktlichkeit ≠ *Pünktlich-*
keit, die, * Ü4/6a
unsicher (≠ sicher) Ü9/9
unterbrechen (jdn), unterbrochen 9/5.2
unterhalten (sich), unterhalten 6/1.1b
unterheben, untergehoben
12/4.4b
Unterkunft, die, "-e 8/3.4
Unterricht, der, * 1/2.6b
unterschreiben, unter-
schrieben 4/2.3
Unterschrift, die, -en 4/2.3
unterstreichen, unter-
strichen 1/1.7a
Untersuchung, die, -en
Ü12/9b
unverheiratet (≠ verheiratet)
Ü8/4a
unwichtig (≠ wichtig) 7/2.4
unzufrieden ≠ zufrieden
9/3.4 b
urban Stat. 2/5
Urgroßeltern, die, *Pl.* 2/2.2
Urlaubsfoto, das, -s Ü6/10
Ursprung, der, "-e 10/1.2a
ursprünglich Ü10/5a

V

Vakuum, das, * 12/1.1a
Valentine, der, -s 10/1.2a
Valentinstag, der, -e 10/1.1
Vanilleeis, das, - 6/2.2

variieren 5/5.2
vegetarisch 6/2.2
Venus, die, * *(hier: für Frau)*
Stat. 2/3.3
verabschieden 2/4.3
veranstalten Ü12/2b
Veranstaltung, die, -en 8/1.2
verarbeiten 12/4.1
Verband, der, "-e 7/6.1
verbessern 12/3.1
verbinden 2, verbunden Ü9/10
verbinden lassen (sich) 9/5.2
Verbindung, die, -en 2/3.2a
verbrennen, verbrannt 7/6.1
verbringen, verbracht 4/3.2
verdoppeln 9/2.1b
verdrängen Stat. 3/5
Verein, der, -e 4/3
vereinbaren 7/4.2
Vereinigung, die, -en 9/1.1
Vereinsheim, das, -e 4/3
Vereinsleben, das, * 4/3.1b
Verfilmung, die, -en 11/2.5a
Vergangene, das, * 8
Vergangenheit, die, * 3/4.4
Vergleich, der, -e 1/3.2
verjagen Stat. 3/5
Verkehrsstau, der, -s 7/1.1
verkleiden 10/1.2a
verlassen, verlassen 6/3.7
verletzen Ü11/4a
verlieben (sich) 8/4.8
verliebt (in jdn) 8/4.9a
verlobt (mit jdm) 8/4.9a
Verlobte, der/die, -n 8/4.8
Vermieter/in, der/die,
-/-nen 2/3.3b
vermissen 2/4.2
Vermutung, die, -en 3
verpacken 7/5.1
verpassen Ü12/6a
Verpflegung, die, * 7/5.1
verreisen 3/4.3
verrückt 1/3.5
verrühren 12/4.5a
Vers, der, -e 10/2.5a
verschenken Ü5/10
verstecken 10/2.1b
verstehen (sich mit jdm),
verstanden Ü1/4
Vertrag, der, "-e Ü5/10b

vertreiben, vertrieben
10/1.2a
Verwandte, der/die, -n 3/1.2
Verwandtschaft, die, * 2/2
verzichten 3/4.3a
verzweifelt 11/2.1
VHS, die, * (*Abk. für* Volks-
hochschule) Ü1/4
Videofilm, der, -e 5/3.1
Videospiel, das, -e 10/4.4
Viel Glück! 2/4.1
Vielen Dank! 2/4.3
vielleicht 1/1.3b
Villa, die, *Pl.:* Villen 7/2.5
virtuell Stat. 4/5
Visitenkarte, die, -n 3/1.1
Vogel, der, "- 9/2.2b
Vogel Strauß, der, "/-e Ü1/8
Vogelart, die, -en Stat. 3/3.1
Vogelreservat, das, -e Stat. 3/3.1
Volksempfänger, der, - Ü5/1
Vollzeit, die, * 9/1.1
von Hand 12/4.1
vor allem Ü6/5
vor Ort Ü8/1a
vorankommen, voran-
gekommen Stat. 4/2.5
Vorbeikommen, das, * 4/1.2
vorbeikommen, vorbei-
gekommen Stat. 2/5
vorbeilassen, vorbei-
gelassen 9/5.4
vorbeilaufen, vorbei-
gelaufen 5/2.1
vorbereiten Ü4/1a
Vorbereitung, die, -en
Ü10/7a
vorfinden, vorgefunden
Stat. 3/4.4.b
Vorgang, der, "-e 12
vorhaben 3/4.4
Vorkenntnis, die, -se Ü1/5
vorlesen, vorgelesen 1/1.1b
vorn 2/1.1
Vorschlag, der, "-e 5/2.4
vorsichtig 12/4.5a
Vorspeise, die, -n Stat. 2/5
Vorteil, der, -e 1/2.3
Vorweihnachtszeit, die, *
Stat. 4/5
VW-Käfer, der, - (*Automarke*)
5/5.6

W

wach Ü7/4
wachen Stat. 4/5
wachsen, gewachsen Ü1/6
Wahl, die, -en 8/1.4
wählen 2/3.5b
Wahnsinn! 11/1.2b
wahrscheinlich 3
Wal, der, -e Ü1/8
Wald, der, "-er 7/1.1
Waldweg, der, -e 7/1.1
Walhai, der, -e Ü1/8
Walking, das, * Ü1/5
Wanderfalke, der, -n Ü1/8
warum 1/3.5a
Was ist los? 11/1.3
was so los ist 6/1.1b
Waschzeug, das, * 7/5.1
Web, das, * Stat. 2/1.1
Webdesign, das, -s Ü9/2b
Webdesigner/in, der/die,
-/-nen Stat. 2/1
Webseite, die, -n Ü1/6
wecken Stat. 3/5
weggehen, weggegangen
Ü12/1a
weiblich Stat. 1/2.3b
weich 12/3.1
Weihnachtsbaum, der, "-e
10/1.1
Weihnachtsfeier, die, -n
Ü4/9b
Weihnachtsmann, der, "-er
10/2.1b
Weihnachtsmarkt, der, "-e
Stat. 4/5
Weihnachtspyramide, die, -n
10/1.1
Weihnachtsstollen, der, -
Stat. 4/5
weil 1
Weimarer/in, der/die, -/-nen
Ü8/1a
Wein, der, -e 6/2.2
weinen 11/1.1
weise 3/4.3a
Weise, die, -n 11/2.1
Weißbier, das, -e 2/2.9
Weißwein, der, -e 6/2.2
Weißwurst, die, "-e 2/2.9
weitere 1/2.1

weitergehen, weiter-
gegangen 10/4.3a
weiterkommen, weiter-
gekommen 1/1.7b
weiterleiten 5/4.3b
weiterziehen, weitergezogen
Stat. 3/4.4.a
Wellness, die, * 4/2.1
weltbekannt Ü7/1a
weltberühmt Ü8/1a
Weltrekord, der, -e Ü5/4
Weltsprache, die, -n 1/2.4
Wende, die, * 9/1.1
wenige 4
Werbeagentur, die, -en
Stat. 2/1.1
werfen, geworfen 5/2.2b
wertvoll 5/5.6
Wettbewerb, der, -e 1/3.5
widmen 11/2.1
wiederfinden, wieder-
gefunden Ü5/10b
Wiederholung, die, -en Ü3/2
*wiederkommen, wieder-
gekommen* Stat. 4/1.2
Wiedersehen, das, - 2/4.3
Wiener, die, - 6/3.6c
Wiener Schnitzel, das, - 6/2.2
wieso 4/4.1b
Wikinger/in, der/die, -/-nen
Ü10/13
*Winterschwimmer/in,
der/die, -/-nen* Ü4/1a
Wirtschaft, die, * 1/1.1a
Wissenschaft, die, -en Stat. 1/4
*Wissenschaftler/in, der/die,
-/-nen* Stat. 1/2.4
witzig Stat. 2/5
Wochenendarbeit, die, -en
9/2.1b
wofür 2/3.1a
wohl 12/4.1
Wohnfläche, die, -n 7/4.1
Wohnhaus, das, "-er 8/2.1a
Wohnungsbesichtigung,
die, -en 7/4.2
womit 4/3.4
worauf 6
woraus Stat. 2/1.5
Wörterbuchauszug, der, "-e
Stat. 1/1.4

Wortschatz, der, * 9/4
Wortstellung, die, * Stat. 3/3.2
worum (geht es) Ü11/4a
wovon 4/4.2
wozu 12/2
Wunde, die, -n 7/6.1
wunderbar Ü8/3
Wunsch, der, "-e 1/1.1a
würfeln Stat. 4/3
Wut, die, * 11/1.1
wütend 4/4.1a

Y

Yoga, das, * 4/2.1
*Yoruba, das, * (Sprache)*
1/1.3b

Z

z. T. = zum Teil 9/2.1a
Zahn, der, "-e 12/1.2
*Zahnarztpraxis, die, Pl.:
Zahnarztpraxen* Ü9/2
Zahnpasta, die, *Pl.:* Zahn-
pasten 12/1.1a
*Zahntechniker/in, der/die,
-/-nen* Ü9/2
Zehn-Finger-System, das, -e
Ü9/9
Zeichnung, die, -en 11/3.9
Zeile, die, -n 11/4.2a
Zeitform, die, -en 8/4.8
Zeitpunkt, der, -e 12/1.1a
Zeitschrift, die, -en 5/3.1
Zentrale, die,- n 1/1.1a
Zentrum, das, *Pl.:* Zentren
7/4.1
ziehen (nach), gezogen
1/1.3b
Zimmermädchen, das, - Ü6/5
Zimmerservice, der, *
Stat. 4/1.2
zischen Stat. 4/5
Zitat, das, -e 1/2.3
Zitrone, die, -n 7/6.1
zubinden, zugebunden 12/1.3b
zu dritt Stat. 1/1.5a
zueinander finden, gefunden
11/2.1
zufrieden 6/2.8

Zugang, der, "-e Ü7/1a
zugeben, zugegeben 12/4.5a
Zugspitze, die, * 7/2.5
Zukunft, die, * 3/4.4
zum Beispiel (z. B.) 1/1.1a
zum Glück Ü4/7
zum Schluss 12/3.6
Zungenbrecher, der, - 6/2.7
zurechtfinden (sich),
zurechtgefunden 11/2.1
*zurechtkommen, zurecht-
gekommen* Stat. 3/5
zurück 3/2.1b
zurückbekommen, zurück-
bekommen 5/5.5
zurückfahren, zurück-
gefahren Ü6/10
zurückgehen, zurückgegangen
Stat. 4/3
*zurückkommen, zurück-
gekommen* Stat. 1/3.8
zurücknehmen, zurück-
genommen 6/2.8
zurückrufen, zurück-
gerufen Ü7/8
zurückwandern Ü10/5a
zurzeit Ü9/10
zusammen sein Ü2/2b
zusammenfassen 11
zusammenkommen, zu-
sammengekommen 10/5.6
zusammenleben Ü2/2b
Zusammenleben, das, *
7/1.2
zusammenpassen Ü8/4a
*zusammenschlagen, zu-
sammengeschlagen* 10/5.1a
Zusammensein, das, * 4/3
zusammenstellen Stat. 4/1.4
zusammenzählen Stat. 3/2.4
Zuschauer/in, der/die, -/-nen
Stat. 3/5
Zuschrift, die, -en 2/3.3b
zusehen, zugesehen Stat. 2/2.1
Zutat, die, -en Ü12/10a
zu viel 11/4.6
zuwinken Stat. 2/5
zwar Ü1/8
Zweck, der, -e 12

Liste der unregelmäßigen Verben

Die Liste enthält alle unregelmäßigen Verben von studio d **A1** und studio d **A2**.
Die meisten trennbaren Verben finden Sie unter der Grundform.
Beispiele: mitbringen → bringen; abfahren → fahren

Infinitiv	Präsens	Perfekt
abhängen von (+ *Dat.*)	etwas hängt ab von	etwas hat abgehangen von
abschließen	sie schließt ab	sie hat abgeschlossen
absteigen	*er steigt ab*	*er ist abgestiegen*
anbieten	er bietet etwas an	er hat etwas angeboten
anbraten	*sie brät das Fleisch an*	*sie hat das Fleisch angebraten*
anfangen	er fängt an	er hat angefangen
anwenden	sie wendet die Regel an	sie hat die Regel angewendet
anziehen (sich)	sie zieht sich an	sie hat sich angezogen
aufstehen	er steht auf	er ist aufgestanden
aufziehen	er zieht Kühe auf	er hat Kühe aufgezogen
aussteigen	sie steigt aus	sie ist ausgestiegen
backen	er bäckt	er hat gebacken
beginnen	der Kurs beginnt	der Kurs hat begonnen
bekommen	sie bekommt etwas	sie hat etwas bekommen
benennen	sie benennt etwas	sie hat etwas benannt
beraten	er berät ihn	er hat ihn beraten
beschreiben	sie beschreibt etwas	sie hat etwas beschrieben
betrinken (sich)	*er betrinkt sich*	*er hat sich betrunken*
bewerben (sich)	sie bewirbt sich	sie hat sich beworben
bieten	er bietet zehn Euro	er hat zehn Euro geboten
bitten (um etwas)	er bittet um etwas	er hat um etwas gebeten
bleiben	sie bleibt	sie ist geblieben
brechen (sich etw.)	sie bricht sich das Bein	sie hat sich das Bein gebrochen
brennen	es brennt	es hat gebrannt
bringen	er bringt etwas	er hat etwas gebracht
denken	sie denkt	sie hat gedacht
durchstreichen	*er streicht etwas durch*	*er hat etwas durchgestrichen*
dürfen	sie darf	sie hat gedurft
einladen	er lädt sie ein	er hat sie eingeladen
einreiben	*sie reibt etwas ein*	*sie hat etwas eingerieben*
einsteigen	er steigt ein	er ist eingestiegen
eintragen	*sie trägt es ein*	*sie hat es eingetragen*
einwerfen	sie wirft etwas ein	sie hat etwas eingeworfen
entscheiden (sich)	er entscheidet sich	er hat sich entschieden
erfahren	*er erfährt etwas*	*er hat etwas erfahren*
erfinden	*sie erfindet etwas*	*sie hat etwas erfunden*
erkennen	sie erkennt jdn/etwas	sie hat jdn/etwas erkannt
essen	er isst	er hat gegessen
fahren	sie fährt	sie ist gefahren
fallen	er fällt	er ist gefallen
fernsehen	sie sieht fern	sie hat ferngesehen
finden	er findet etwas	er hat etwas gefunden
fliegen	sie fliegt	sie ist geflogen
geben	er gibt	er hat gegeben

gefallen (jdm)	es gefällt ihr	es hat ihr gefallen
gehen	er geht	er ist gegangen
gewinnen	sie gewinnt	sie hat gewonnen
halten	er hält	er hat gehalten
hängen	es hängt	es hat gehangen
heben	er hebt etwas	er hat etwas gehoben
heißen	sie heißt	sie hat geheißen
helfen	er hilft	er hat geholfen
kennen	sie kennt ihn	sie hat ihn gekannt
klingen	es klingt	es hat geklungen
kommen	er kommt	er ist gekommen
können	sie kann	sie hat gekonnt
lassen	er lässt es	er hat es gelassen
laufen	sie läuft	sie ist gelaufen
leidtun	es tut ihr leid	es hat ihr leid getan
lesen	er liest	er hat gelesen
liegen	es liegt	es hat gelegen
losrennen	er rennt los	er ist losgerannt
lügen	sie lügt	sie hat gelogen
messen	*sie misst*	*sie hat gemessen*
mögen	er mag es	er hat es gemocht
müssen	sie muss	sie hat gemusst
nehmen	er nimmt	er hat genommen
nennen	sie nennt etwas	sie hat etwas genannt
pfeifen	er pfeift	er hat gepfiffen
raten	sie rät	sie hat geraten
reiten	er reitet	er ist geritten
rufen	er ruft	er hat gerufen
scheinen	*die Sonne scheint*	*die Sonne hat geschienen*
schießen	*sie schießt*	*sie hat geschossen*
schlafen	sie schläft	sie hat geschlafen
schließen	er schließt	er hat geschlossen
schneiden	er schneidet	er hat geschnitten
schreiben	sie schreibt	sie hat geschrieben
schwimmen	er schwimmt	er ist geschwommen
sehen	sie sieht	sie hat gesehen
sein	er ist …	er ist … gewesen
senden	er sendet etwas	er hat etwas gesendet
singen	sie singt	sie hat gesungen
sitzen	er sitzt	er hat gesessen
sprechen	sie spricht	sie hat gesprochen
springen	er springt	er ist gesprungen
stattfinden	*es findet statt*	*es hat stattgefunden*
stehen	sie steht …	sie hat gestanden
sterben	er stirbt	er ist gestorben
tragen	er trägt etwas	er hat etwas getragen
treffen	sie trifft ihn	sie hat ihn getroffen
trinken	er trinkt	er hat getrunken
tun	sie tut etwas	sie hat etwas getan
übergeben	*er übergibt etwas*	*er hat etwas übergeben*
übertreiben	sie übertreibt	sie hat übertrieben
umsteigen	er steigt um	er ist umgestiegen

unterbrechen (jdn)	sie unterbricht ihn	sie hat ihn unterbrochen
unterhalten (sich)	sie unterhält sich	sie hat sich unterhalten
unterstreichen	er unterstreicht es	er hat es unterstrichen
verbinden	sie verbindet es	sie hat es verbunden
verbringen	er verbringt	er hat verbracht
vergessen	sie vergisst es	sie hat es vergessen
vergleichen	er vergleicht	er hat verglichen
verlassen	sie verlässt jdn/etwas	sie hat jdn/etwas verlassen
verlieren	er verliert	er hat verloren
verschreiben	*sie verschreibt etwas*	*sie hat etwas verschrieben*
verstehen	er versteht	er hat verstanden
vertreiben	er vertreibt jdn	er hat jdn vertrieben
vorschlagen	sie schlägt etwas vor	sie hat etwas vorgeschlagen
wachsen	es wächst	es ist gewachsen
waschen	sie wäscht	sie hat gewaschen
wehtun	es tut weh	es hat wehgetan
wissen	er weiß	er hat gewusst
ziehen	sie zog	sie hat gezogen

Liste der Verben mit Präpositionen

Die Liste enthält alle Verben mit festen Präpositionen von studio d **A1** und studio d **A2**.

Akkusativ

achten	auf	Bitte achten Sie auf den Verkehr.
anmelden (sich)	für	Du musst dich morgen für den Kurs anmelden.
antworten	auf	Bitte antworten Sie auf meine Frage.
ärgern (sich)	über	Manchmal ärgere ich mich über dich.
aufpassen	auf	Lars muss heute auf seinen kleinen Bruder aufpassen.
bewerben (sich)	um	Frau Kalbach bewirbt sich um die Stelle.
bitten	um	Sophie bittet ihre Freundin um einen Tipp.
diskutieren	über	Sie diskutieren immer über das gleiche Problem.
entschuldigen (sich)	für	Pedro entschuldigt sich für seinen Fehler.
erinnern (sich)	an	Ich kann mich nicht an den Film erinnern.
freuen (sich)	über	Franziska freut sich über ihren Erfolg.
freuen (sich)	auf	Die Kinder freuen sich auf Weihnachten.
informieren (sich)	über	Ich möchte mich über den Kurs informieren.
kümmern (sich)	um	Wir kümmern uns um Ihre Probleme.
reagieren	auf	Wir müssen schnell auf seine Frage reagieren.
sprechen	über	Katrin und Jan sprechen über ihre Zukunft.
trauern	um	Peter trauert um seinen Vater.
verlieben (sich)	in	Nadine hat sich in einen großen Mann verliebt.
vorbereiten (sich)	auf	Wir müssen uns auf den Test vorbereiten!
warten	auf	Fabian wartet auf seinen Vater.

Dativ

beschäftigen (sich)	mit	Wir beschäftigen uns heute mit dem Thema „Medien".
besprechen	mit	Georg bespricht das Problem mit seiner Frau.
bestehen	aus	Der Test besteht aus zwei einfachen Aufgaben.
ekeln (sich)	vor	Manche Menschen ekeln sich vor einer Spinne.
fragen	nach	Der Tourist fragt nach dem Weg.
gehören	zu	Das Saarland gehört zur Euregio SaarLorLux.
gratulieren	zu	Wir gratulieren dir zu deinem neuen Job!
mischen	mit	Man mischt Mehl und Backpulver mit Eiern und Zucker.
passen	zu	Die grüne Hose passt nicht zum rosa Hemd!
schützen	vor	Die Jacke schützt vor dem Regen.
treffen (sich)	mit	Heute treffen wir uns mit guten Freunden.
trennen (sich)	von	Peter hat sich von seinem Freund getrennt.
verabreden (sich)	mit	Wann verabreden wir uns endlich mit deinem Freund?
verbinden	mit	Können Sie mich bitte mit dem Sekretariat verbinden?
verloben (sich)	mit	Heute hat sich Jens mit seiner Freundin verlobt.
verstehen (sich)	mit	Verstehst du dich gut mit deinen Kollegen?

Hörtexte

Hier finden Sie alle Hörtexte, die nicht oder nicht komplett in den Einheiten und Übungen abgedruckt sind.

7 Zu Hause

2 [1]

b)

Dagmar: Jetzt erzählt doch mal, wie geht es euch so in Stuttgart?

Heiko: Ja, uns gefällt es total gut! In der Stadt ist immer etwas los. Wir haben schon viele Leute kennen gelernt und sind abends oft unterwegs. Das geht sehr gut mit Bussen oder S- und U-Bahn. Sie fahren auch nachts und wir brauchen das Auto fast nie.

Jens: Das ist natürlich praktisch. Auf dem Land können wir jetzt ohne Auto im Grund gar nichts unternehmen. Die Busverbindungen sind einfach zu schlecht.

Annette: Aber sonst fühlt ihr euch doch sehr wohl in Buckow, nicht wahr, Dagmar?

Dagmar: Ja, es ist toll. Es gibt zwei große Seen mit viel Wald drumherum. Wir verbringen viel Zeit in der Natur, gehen spazieren, fahren Fahrrad.

Heiko: Und euren beiden Kleinen gefällt es auch?

Dagmar: Vor allem für die Kinder ist es toll! Endlich haben sie viel Platz zum Spielen. In Berlin mussten wir jeden Schritt organisieren. Aber sie finden es schade, dass ich so wenig zu Hause bin. Ich muss ja jeden Tag nach Berlin zur Arbeit fahren. Da bin ich auch oft müde. Das ist schon blöd.

Jens: Ja, und deshalb unternehmen wir abends eigentlich nur selten etwas. Es gibt auch nur ein Kino, kaum Konzerte und nur wenige Kneipen. Man kann eben leider nicht alles haben. Aber jetzt erzählt mal von euch. Wie ist denn eure neue Wohnung?

Annette: Also, die Wohnung ist sehr schön und groß genug. Aber es gibt viel Lärm, weil sie direkt an der Straße liegt. Außerdem ist sie ziemlich teuer, aber so ist das eben in Stuttgart.

Dagmar: Und das Landleben vermisst ihr gar nicht?

Heiko: Schon. Zum Beispiel den schönen Garten von Annettes Eltern. Im Sommer haben wir oft gegrillt und Leute eingeladen. Das können wir in Stuttgart natürlich nicht mehr. Jetzt treffen wir uns mit unseren Freunden zum Picknick im Park, oder wir gehen in die Disko.

2 [2]

+ Griaß Godd.
- Wo bisch du gwää?
+ I bi zum Bäcker ganga Brezad kaufn. Er hod aber keene ket.
- Hosch Hunger, willsch n Ebbfl? Oder gange mr nunder in die Stadt und ässeh was?
+ Ha jo, ganga mr.

2 [3]

Stadt – in einer Stadt – Sie wohnt lieber in einer Stadt.
Mensch – ein Stadtmensch – Sie ist nämlich ein Stadtmensch.
schon – schon lange weg – Er wollte schon lange weg aus der Stadt: zu viele Menschen
die Straßen – zu volle Straßen
schlecht – zu schlechte Luft
selbstständig – selbstständig arbeiten – Er arbeitet selbstständig.
Stelle – eine Stelle – Er hat eine Stelle gefunden.

4 [2]

- Wohnungsgesellschaft Stuttgart, Reichert. Was kann ich für Sie tun?
+ Guten Tag, hier Bendermacher. Sie haben eine Anzeige für eine 2-Zimmer-Wohnung in der Stuttgarter Rundschau ...
- Ja, wir haben eine 2-Zimmer-Wohnung in Möhringen und eine im Zentrum. Welche meinen Sie denn?
+ Die in Möhringen, ich arbeite am Flughafen, wissen Sie. Können Sie mir sagen, wo diese Wohnung genau ist?
- Aber natürlich, also, die Wohnung liegt in der Mörikestraße. Das ist zwar Möhringen Zentrum, aber nicht an der Hauptstraße. Es ist also relativ ruhig, und zum Flughafen sind es nur 6 km.
+ Das wäre ziemlich praktisch für mich. Sagen Sie, muss man eine Kaution bezahlen? Und die Nebenkosten, wie hoch sind die?
- Einen Moment, bitte. Die Kaution beträgt zwei Monatsmieten. Und die Nebenkosten liegen bei 120 Euro monatlich. Haben Sie Interesse?
+ Ja, ich möchte mir die Wohnung gerne anschauen. Am besten schon diese Woche, ich könnte z. B. am Donnerstag um 19 Uhr?
- Das ist gut, ja. Dann treffen wir uns am Donnerstag um 19 Uhr in der Mörikestraße 14.
+ Schön, vielen Dank und auf Wiederhören.
- Auf Wiederhören.

- Klaiber, guten Tag.
+ Guten Tag, mein Name ist Pierolt. Ich habe Ihre Anzeige gelesen und interessiere mich für die Wohnung. Die monatliche Miete beträgt 365,– Euro, richtig?
- Ja, aber ich sage Ihnen am besten gleich, dass wir nur an Berufstätige vermieten möchten. Sind Sie denn berufstätig?
+ Ja, ich arbeite als Krankenschwester.
- Prima, also, wir haben die Wohnung frisch renoviert, und die Möbel sind auch in Ordnung. Die Wohnung ist hell und hat eine praktische Küchenecke.
- Ich wollte noch gerne wissen, ob man Haustiere halten kann. Ich habe nämlich eine Katze.
+ Ja, eine Katze ist okay. Wir mögen nur keine Hunde.

– Gut, wann kann ich die Wohnung denn besichtigen? Wann haben Sie Zeit?

+ Zum Beispiel morgen Nachmittag um 16.30 Uhr. Geht das auch bei Ihnen?

– Ja, das geht.

+ Gut, dann kommen Sie bitte in die Calwer Straße 23.

– Alles klar, danke schön und bis morgen.

6 2

b)

Dagmar: Mir ist gestern was passiert, zu blöd. Du weißt ja, ich bin ein Fan vom „Marienhof", das ist diese Serie im Fernsehen. Nun, gestern haben wir uns wieder eine Folge angesehen und ich habe dabei Abendbrot gemacht ...

Freundin: Ja ... und?

Dagmar: Tja – dann war die Hochzeitsszene: Sie wollten sich gerade das Ja-Wort geben. Das war so spannend – da habe ich mich geschnitten!

Jens: Ja, und ich wollte gerade in die Zeitung gucken – was denn abends noch so kommt – und habe erst gar nicht gemerkt, was passiert ist.

Freundin: Oh je.

Jens: Mir ist ganz schlecht geworden, als ich das Blut gesehen habe.

Dagmar: Ja, aber losgerannt bist du trotzdem ...

Jens: ... und wir hatten sogar Pflaster und Jodsalbe in der Hausapotheke.

Freundin: Stimmt. Ich muss auch mal wieder meine Hausapotheke kontrollieren.

Ü 10

de-radio: ... und heute wieder in unserer beliebten Zuhörer-Reihe „Traumjob – ja oder nein?" meldet sich Ihre Rita Rastlos von de-radio. Guten Tag Herr Renner, was tun Sie hier?

Herr R.: Ja, Herta BSC gegen den VfL Wolfsburg, das ist schon spannend.

de-radio: Sie sind aber nicht privat hier?

Herr R.: Nein, ich bin Rettungssanitäter und muss bei den Spielen dabei sein.

de-radio: Ein toller Job, oder? Männer lieben doch Fußball ...

Herr R.: Ich mag Fußball, natürlich. Aber das hier ist Arbeit. Mögen Sie denn Fußball?

de-radio: Ja schon. Die Fußball-Weltmeisterschaft war klasse! Mussten Sie denn auch während der WM arbeiten?

Herr R.: Natürlich! Ich war immer hier in Berlin dabei. Das Spiel Brasilien gegen Kroatien war doch nicht schlecht ... und dann Deutschland gegen Schweden.

de-radio: Ein schöner Job! Sie müssen nicht vor dem Fernseher sitzen ...

Herr R.: Na ja, Fußball-WM ist ja nicht immer und ich arbeite auch im Krankenhaus als Sanitäter. Das ist manchmal ganz schön stressig, glauben Sie mir.

de-radio: Und? Passiert denn da viel bei den Fußballspielen?

Herr R.: Ja, das kann man sagen. Meine Kollegen und ich haben viel zu tun. Im Sommer ist es heiß, da bekommen viele Leute Probleme.

de-radio: Macht Ihnen Ihr Job Spaß?

Herr R.: Ja klar! Ich helfe gern. Und die Atmosphäre bei den Fußballspielen gefällt mir. Ich hoffe ja auch immer noch, dass ich mal interessante Fußballer kennen lerne, den Ballack zum Beispiel ...

de-radio: Na, das sieht gut aus, das sieht gut aus, ...

8 Kultur erleben

2 2

1. Wir stehen hier auf dem Theaterplatz. Das große Gebäude links ist das Deutsche Nationaltheater. Vor dem Theater steht das Goethe-Schiller-Denkmal. Es zeigt die beiden Dichter. Sie haben oft zusammen gearbeitet und damals ihre Theaterstücke in diesem Theater aufgeführt.

2. Direkt gegenüber ist seit 1995 das Bauhaus-Museum. Dort kann man Möbel und Kunst aus der Bauhauszeit in Weimar sehen.

3. Wir stehen jetzt vor dem Schillerhaus. Friedrich Schiller wohnte hier nur drei Jahre. Heute ist das Haus ein Museum. Man kann hier Schillers Arbeitszimmer und die Wohnräume besichtigen.

4. Das Goethe-Wohnhaus am Frauenplan ist ein Nationalmuseum. Es ist die größte Touristenattraktion Weimars. Goethe lebte und arbeitete hier von 1788 bis zu seinem Tod 1832. Er hatte hier Gäste aus der ganzen Welt.

5. Hier sehen Sie die Anna-Amalia-Bibliothek. In der Bibliothek stehen circa eine Million Bücher. Viele sind sehr wertvoll.

6. Gleich neben der Bibliothek ist die Hochschule für Musik „Franz Liszt". Hier kann man Musik studieren. Viele Studenten arbeiten später als Musiker, Sänger oder Dirigenten.

7. Ganz im Süden von Weimar war seit 1919 eine moderne Kunstschule. Heute ist hier die Bauhaus-Universität. Hier kann man zum Beispiel Architektur studieren.

3 1

+ Deutsches Nationaltheater Weimar, was kann ich für Sie tun?

– Ich habe eine Reisegruppe und möchte wissen, ob Sie heute oder morgen noch Karten für „Wilhelm Tell" haben.

+ Ja, für morgen gibt es noch Karten.

– Ich hätte gern zwölf Karten. In welcher Reihe ist noch etwas frei?

+ Im Parkett, Reihe 31–35.

– Ja, das ist gut. Gibt es eine Ermäßigung für Gruppen?

+ Nein, nur für Studenten und für Schüler. Ich kann Ihnen aber noch Karten für acht Euro anbieten.

– Prima, dann reservieren Sie mir bitte 12 Karten.
Kann ich die Karten an der Abendkasse abholen?
+ Ja, aber bitte kommen Sie bis 19 Uhr. Und auf
welchen Namen soll ich reservieren?
– Auf Miriam Novak.
+ Das geht dann in Ordnung.
– Vielen Dank. Auf Wiederhören.

Ü 2

b)
+ Guten Tag!
– Guten Tag! Was kann ich für Sie tun?
+ Gibt es noch Karten für „Alles auf Zucker" heute
Abend?
– Ja, natürlich! Der Film läuft ja schon seit Wochen.
Für wie viele Personen?
+ Wir sind vier Personen. Gibt es eine Ermäßigung
für Studenten?
– Nein, für Studenten leider nicht.
+ Schade. Was kosten die Karten?
– Das macht dann 24 Euro.
+ Bitte schön. Hier sind 25 Euro.
– Hier die Karten und ein Euro zurück. Vielen Dank
und viel Spaß heute Abend.

Ü 3

+ Ticket-Center Jena. Guten Tag!
– Guten Tag! Haben Sie noch Karten für das Fußball-
spiel am Samstag?
+ FC Carl Zeiss Jena gegen den Hamburger SV?
– Genau. Das Spiel meine ich.
+ Da sind noch Karten da. Wie viele brauchen Sie
denn?
– Ich brauche sechs Stück. Zwei Erwachsene und vier
Kinder.
+ Es gibt nur noch Karten in den hinteren Reihen,
Block fünf.
– Das ist kein Problem. Hauptsache, wir sind dabei.
+ Schön. Auf welchen Namen darf ich die Karten
reservieren?
– Lahr. L wie Ludwig. A wie Anton. H wie Heinrich.
R wie Richard.
+ Geht klar. Sie können die Karten bis eine Stunde
vor Spielbeginn abholen.
– Wunderbar! Vielen Dank und auf Wiederhören.
+ Auf Wiederhören.

Ü 7

b)
Goethe hat Christiane Vulpius 1788 im Weimarer
Park kennen gelernt. Sie war 23 Jahre alt und er war
39. Sie haben sich schnell verliebt. Die junge Frau
hat bald in Goethes Haus gewohnt. Aber viele
Bekannte von Goethe haben sie nicht akzeptiert,
weil sie eine einfache Arbeiterin war. Goethe und
Christiane hatten einen gemeinsamen Sohn: August.
Erst 1806 haben Goethe und Christiane geheiratet.
Christiane hat viel im Haushalt gearbeitet. Sie hat
das Theater sehr geliebt und es oft besucht. Goethe
und Christiane Vulpius haben bis zu Christianes
Tod 1816 zusammengelebt.

9 Arbeitswelten

3 1

Person 1
Als Kind wollte ich Schiffskapitän werden, denn
mein Onkel war Schiffskapitän und hat immer tolle
Geschichten vom Leben auf Schiffen und in fremden
Ländern erzählt. Ich bin dann aber doch an Land
geblieben und Bautechniker geworden.

Person 2
Als kleines Mädchen wollte ich Schauspielerin oder
Tänzerin werden, weil ich gerne schöne Kleider
angezogen und getanzt habe. Ich bin aber Lehrerin
für Biologie und Chemie geworden.

Person 3
Ich wollte schon immer Tierärztin werden, denn das
ist ein Beruf mit Tradition in meiner Familie. Mein
Vater und mein Großvater waren schon Tierärzte,
und das bin ich dann auch geworden.

Person 4
Weil ich als Junge immer Hunger hatte, wollte ich
Bäcker werden und jeden Tag frisches Brot und
frische Brötchen essen. Das habe ich mir ganz toll
vorgestellt. Nach der Schule habe ich dann aber eine
Ausbildung zum Bankangestellten gemacht.

5 1

+ Guten Tag, Stadtwerke Bochum GmbH. Sie
sprechen mit Frau Nolte. Was kann ich für Sie tun?
– Guten Tag, hier ist Kalbach, könnte ich bitte mit
Herrn Bach sprechen?
+ Tut mir leid. Herr Bach ist in einer Besprechung.
Kann ich Ihnen helfen?
– Ich wollte wissen, ob meine Bewerbung schon
angekommen ist.
+ Oh, das weiß nur Herr Bach. Das kann ich Ihnen
leider auch nicht sagen.
– Wann kann ich bitte Herrn Bach sprechen?
+ Die Besprechung dauert bis ca. 15 Uhr. Möchten
Sie eine Nachricht hinterlassen?
– Nein, danke. Ich rufe dann nach 15 Uhr noch
einmal an. Auf Wiederhören.

5 6

1. Könnten Sie mal die Tür aufmachen?
2. Kann ich Sie morgen zurückrufen?
3. Gib mir morgen bitte mein Buch zurück!
4. Wir wollen jetzt frühstücken.

Ü 1

b)
+ Herr Tefs, was machen Sie beruflich?
– Ich bin Flugzeugbauer, aber nach der Ausbildung
hatte ich Lust auf ein Studium. Ich lebe jetzt in
Dresden und studiere Geschichte, Politik und
Kommunikationswissenschaften. Das ist sehr inte-
ressant und macht viel Spaß.
+ Und wie gefällt Ihnen Dresden?
– Dresden gefällt mir gut, es ist eine tolle Stadt. Ich
wohne im Stadtzentrum, da ist viel los. Und die
Menschen hier sind sehr nett und freundlich.

+ Und wie finanzieren Sie Ihr Studium?

– Das Geld für das Studium verdiene ich mit verschiedenen Jobs. Ich habe lange in Freiberg gelebt und arbeite noch immer für das Freiberger Flower-Power-Festival, ein Musikfest. Außerdem arbeite ich für die Band „Modern Gallery" und habe zusammen mit zwei Freunden eine Flugzeugkneipe – die „Cessna 172". Mein Leben ist etwas chaotisch, aber so bin ich eben.

+ Was wollen Sie nach Ihrem Studium machen?

– Nach dem Studium? Da möchte ich nach Berlin, in die Politik!

Ü 10

Guten Tag, Sie sind mit „Copy Maxe" verbunden. Wir sind zurzeit leider nicht zu erreichen. Bitte hinterlassen Sie nach dem Signalton Ihren Namen, Ihre Telefonnummer und den Grund für Ihren Anruf. Wir rufen Sie dann gern zurück.

Nachricht 1
Guten Tag, Meister am Apparat. Ich möchte Informationen über die Preise für Einladungskarten – ca. 50 Stück. Meine Telefonnummer ist 0179/34567912.

Nachricht 2
Guten Tag, Hartmann mein Name. Ich wollte wissen, was bei Ihnen eine Farbkopie auf A2-Größe kostet. Rufen Sie mich bitte unter der 0151/18172163 zurück.

Nachricht 3
Guten Tag, hier das Sekretariat von Frau Professor Fromm. Haben Sie die Dokumente gedruckt? Rufen Sie bitte unter der 06221/9736563 zurück. Danke schön.

Nachricht 4
Christian Langer. Ich wollte zwei T-Shirts bedrucken. Ich brauche sie bereits am Mittwoch. Geht das? Meine Nummer: 0162/14312899. Danke für den Rückruf.

Ü 11

+ Optotecno, Frau Gerno am Apparat. Was kann ich für Sie tun?

– Guten Tag! Mein Name ist Klose, asferon GmbH. Ich möchte bitte mit Herrn Klinsmann sprechen.

+ Oh, Herr Klinsmann ist zurzeit leider in einer Sitzung.

– Das ist schlecht.

+ Möchten Sie eine Nachricht hinterlassen?

– Ich rufe an, weil es Probleme mit unserem Computer gibt, Modell Maxdata Pro 660X. Es ist dringend.

+ Könnten Sie bitte das Modell wiederholen?

– Maxdata Pro 660X.

+ Gut. Herr Klinsmann wird Sie so schnell wie möglich zurückrufen. Unter welcher Nummer?

– 0151/18 20 22 63. Danke schön und auf Wiederhören.

+ Auf Wiederhören.

6 1

b)
Wir haben fünf Europäer und Europäerinnen nach Bräuchen in ihrem Land gefragt.

1. Viele Leute in Italien machen mit der Familie oder mit Freunden am Sonntag einen Ausflug. Beim Picknick essen wir die Ostertorte, das ist ein salziger Kuchen mit Spinat und gekochten Eiern.

2. Bei uns in Bern kommen am Ostersonntag alle auf den Marktplatz und schlagen ihre bunten Eier zusammen. Das Ei, das nicht kaputt geht, gewinnt.

3. Am Ostersonntag färben und bemalen die Mädchen und Frauen in Tschechien die Ostereier. Am Ostermontag gehen die jungen Männer auf dem Land mit Osterruten von Haus zu Haus und singen Osterlieder.

4. In Griechenland feiern wir unsere Ostern eine Woche später und wir färben die Eier. Am Freitag gehen wir in die Messe und am Sonntag haben wir eine Familienfeier und wir braten Lamm.

5. Bei uns in Sevilla gibt es in der „Heiligen Woche" Prozessionen mit prächtig geschmückten Figuren.

Ü 6

b)
1. + Gefallen Ihnen die Rosen nicht?
   – Oh doch, die gefallen mir sehr gut.
2. + Helft ihr Claudia bei den Partyvorbereitungen?
   – Nein, sie hat uns auch nicht geholfen.
3. + Hat euch der Gänsebraten geschmeckt?
   – Danke, der hat uns sehr gut geschmeckt. Nicht wahr, Rita?
4. + Hast du Bernd zum Geburtstag gratuliert?
   – Ja, ich hab' ihm schon vor zwei Wochen gratuliert.
5. + Kannst du mir beim Einpacken der Geschenke helfen?
   – Ja klar, ich helfe dir gern.

Ü 12

b)
+ Hallo, mein Junge.

– Hallo, Mutti. Wie geht's?

+ Sehr gut, danke. Möchtest du morgen Abend zu unserer Grillparty kommen?

– Sehr gern! Ich habe seit Tagen nichts Richtiges gegessen. Wo feiert ihr denn?

+ Wenn schönes Wetter ist, dann im Garten von Irene.

– Ja, das ist eine gute Idee. Und wer kommt?

+ Die Nachbarn. Und deine Schwester kommt auch.

– Also sind wir acht Personen. Soll ich etwas mitbringen?

+ Nein, mein Junge. Der Kühlschrank ist voll. Bring lieber mal eine Frau mit.

– Nicht schon wieder dieses Thema! Wir sehen uns morgen.

+ Ja, bis morgen, mein Junge.

2 ▣

[Vorsichtig gießt Lilly Wasser in ein Glas, dabei hält sie prüfend einen Finger hinein.]

Lilly: Ich begleite dich noch bis zur Fähre.

Jakob: Woher weißt du, dass ich dich mitnehme?

[Die beiden schmunzeln – die Kellnerin kommt.]

Kellnerin: So einmal ... und für Sie.

[Sie serviert.]

Lilly: Entschuldigung, könnten Sie uns bitte sagen, wie das Essen liegt?

[Die Kellnerin schaut verständnislos.]

Kellnerin: Bitte?

Lilly: Wenn Sie sich vorstellen, der Teller ist eine Uhr, auf welcher Zahl liegt dann das Essen?

[Jakob runzelt die Stirn.]

Kellnerin: Ähää – also –äh – die Kartoffeln auf drei – so, zehn vor drei. Die Erbsen ...

[Sie dreht den Teller.]

Kellnerin: ... auf sechs – so zwanzig nach, na – warten Sie, warten Sie – so zwanzig, fünfundzwanzig nach sechs – nein, nach fünf, vor sechs – nach fünf – 'tschuldigung.

Jakob: Lilly, ich glaube, sie kann die Uhr nicht lesen.

Kellnerin: Bitte was?

Stimme aus dem OFF: Rita, kommst du mal, bitte!

Kellnerin: Jaa.

[Verwirrt geht die Kellnerin zum Tresen.]

Jakob: Erbsen auf halb sechs.

[Lächelnd nickt Lilly.]

Lilly: Jaa.

3 ▣

Also bitte zuhören. Ich erkläre die Szene. Das Auto fährt langsam über die Brücke. Im Auto sitzen zwei Personen. Ein Mann läuft unter die Brücke. Er will nicht, dass man ihn sieht. Unter der Brücke ist ein Fluss. Im Fluss schwimmt ein Mann. Neben der Brücke stehen Bäume. Zwischen den Bäumen parkt ein Polizeiauto. Zwei Polizisten verstecken sich hinter dem Auto. Und Action!

4 ▣

Hermann: Anette, du hast vor einigen Jahren Deutsch als Fremdsprache studiert. Was hast du dann gemacht?

Anette: Ja, dann brauchte ich natürlich Arbeit und dann habe ich in der Zeitung Anzeigen aufgegeben, eigentlich in verschiedenen Zeitungen, und habe Anrufe erhalten und so habe ich meine Schüler bekommen. Teilweise haben Schüler abgesagt, weil ich blind bin. Das habe ich immer schon am Telefon gesagt. Und teilweise haben sie auch abgesagt, vielleicht, weil sie keine Zeit hatten oder sich für einen anderen Kurs entschieden hatten. Aber es kamen einige Schüler zusammen, die ich unterrichtet habe.

Hermann: Wo arbeitest du im Moment?

Anette: Im Moment arbeite ich in der Stiftung Blindenanstalt in Frankfurt am Main.

Hermann: Wie sieht der Alltag in deinem Kurs aus?

Anette: Der Kurs beginnt um neun Uhr. Und wenn alle da sind, fangen wir an mit einem Aufwärmgespräch. Jeder erzählt irgendwie ein besonderes Ereignis vom Vortag und aktuell haben wir gerade die WM. Alle Fußballspiele natürlich. Das ist unser Thema.

Hermann: Woher kommen deine Kursteilnehmer?

Anette: Meine Kursteilnehmer kommen aus Algerien, Eritrea und Pakistan.

Hermann: Sind sie blind?

Anette: ... und Kosovo – habe ich vergessen. Zwei sind sehbehindert, das heißt, die schreiben ganz normal mit einem Kuli oder mit einem dicken Filzstift, aber sie brauchen 'ne größere Schrift, wie die Schlagzeile in einer Zeitung. Und drei sind blind, die arbeiten mit Brailleschrift.

Hermann: Hier steht eine Maschine auf deinem Kurstisch. Was ist das für eine Maschine?

Anette: Das ist eine Maschine, mit der man Brailleschrift schreiben kann.

Hermann: Du hast mir vor unserem Gespräch über deine Hobbys erzählt. Welche Hobbys hast du?

Anette: Ich lese sehr gern, ich geh' gern mit dem Hund spazieren, ich genieße gerne die Sonne im Garten, jetzt gerade. Aber so mein wichtigstes Hobby ist Musik. Ich spiele irische und schottische Folkmusik und spiele als Instrument tin whistle und low whistle, das sind irische Flöten.

Hermann: Wie wichtig ist für dich der Computer?

Anette: Sehr wichtig, weil ich mit dem Computer natürlich für meine Schüler täglich die Materialien herstelle. Dann geht natürlich fast die ganze Post über Computer. Ich habe ziemlich viel Kontakt privat und dienstlich im In- und Ausland per E-Mail. Ich hole mir sämtliche Informationen für den Beruf aber eben auch privat aus dem Internet und kann mir natürlich Bücher einscannen und andere Dokumente.

Hermann: Erzähl uns über deinen Hund. Wie heißt er?

Anette: Der Hund heißt Schokki. Das ist ein ungarischer Name und bedeutet Schokolade. Es ist ein schwarzer Labrador. Eine Hündin, also ein weiblicher Hund, und Schokki ist jetzt 15 Jahre.

Hermann: 15 Jahre? Aber noch ganz fit.

Anette: Ja, aber sie arbeitet nicht mehr. Sie bekommt mittlerweile Rente, weil sie eben das nicht mehr kann. Sie ist zu alt und kann nicht mehr so gut sehen und auch nicht mehr so gut hören. Aber sie hat mich zehn Jahre lang immer begleitet und war auch immer dabei.

Hermann: Jetzt begleitest du sie?

Anette: Jetzt begleite ich sie. Sie begleitet mich immer noch, aber eben wie gesagt, als Rentnerin und an der Leine.

Ü 4

a)

+ Guten Tag, Herr Emmerland. Wann waren Sie das letzte Mal im Kino?
- Ich gehe sehr selten ins Kino. Wirklich.
+ Würden Sie eigentlich gern einmal vor der Kamera stehen?
- Oh, nein. Ich arbeite lieber hinter der Kamera, denn das ist mein Job. Ich gehe jedenfalls nicht vor die Kamera. Nein, nein.
+ Sie arbeiten an einem neuen Filmprojekt. Worum geht es?
- Es ist ein klassischer Actionfilm. Ein Auto kommt und parkt vor einer Bank. Eine Frau steigt aus dem Auto. Sie geht über die Straße in die Bank.
+ Und dann? Was passiert dann?
- Das Auto steht noch auf der Straße vor der Bank, aber ein Mann liegt verletzt neben dem Auto. Mehr erzähle ich Ihnen aber wirklich nicht.
+ Das ist nicht nett.
- Ich lade Sie zur Premiere ein. Ist das ein Angebot?
+ Wenn ich über den roten Teppich laufen kann und Sie sich im Kino neben mich setzen? Nein, das müssen Sie nicht organisieren. Danke für das Gespräch.

12 Erfindungen und Erfinder

4 3

Hermann: Du hast mir erzählt, dass du eine Sacher-torte gebacken hast, hier. Was – äh – ist das genau? Was braucht man dafür?
Silke: Ja, eine Sachertorte. Das ist eine österrei-chische Spezialität – aus Wien. Man braucht für eine Torte vier Eier, 200 g Zucker, 280 g Mehl, 180 g Öl, etwas Milch und Backpulver. Und natürlich Koch-schokolade.
Hermann: Aha, und dann? Was macht man dann?
Silke: Zuerst wird die Schokolade weich gemacht. Dann werden die Eier getrennt. Das Eiweiß wird zu Eischnee geschlagen und das Eigelb wird mit Zucker und Öl gerührt. Dann wird die weiche Schokolade dazugegeben. Und danach werden nach und nach Mehl, Backpulver und Milch unter den Teig gerührt. Zum Schluss wird der Eischnee vorsichtig unter den Teig gehoben und dann wird die Torte gebacken.
Hermann: Hm, das klingt eigentlich ganz einfach. Aber wenn man das noch nie gemacht hat, kann man das dann?
Silke: Ja, das kann jeder, das ist nicht schwer.
Hermann: Äh – gebacken? Heißt das im Backofen?
Silke: Ja, man muss den Backofen bei 160 Grad vorheizen und dann wird die Torte 30 bis 45 Minuten gebacken.
Hermann: Und dann ist sie fertig?

Silke: Noch nicht ganz. Wenn die Torte kalt ist, wird sie ganz dünn mit Aprikosenmarme-lade bestrichen und danach wird sie mit der weichen Schokolade begossen – und wenn alles kalt ist, dann kann man sie servieren. Am besten schmeckt sie mit Schlagsahne.
Hermann: Hmmm – na, das probieren wir doch jetzt gleich mal. Danke.
Silke: Ja – Guten Appetit!
Hermann: Danke – hm, wirklich gut – hervorragend! Fantastisch.

4 4

a)
Ausschnitt aus 4.3

Ü 3

Interview 1
+ Guten Tag. Mein Name ist Peter Friesinger, vom Deutschlandfunk. Kann ich Ihnen ein paar Fragen stellen?
- Ja, klar. Kein Problem.
+ Wie heißen Sie?
- Maximilian Heine.
+ Und Sie nehmen hier bei „Jugend forscht" teil?
- Ja, klar. Ich interessiere mich für Mathematik und Informatik und möchte das später auch studieren.
+ Und was ist Ihr Projekt hier bei „Jugend forscht"?
- Eine Schulfreundin und ich haben ein Computer-programm geschrieben. Das Programm findet gefährliche Computerviren.
+ Sehr praktisch! Sie sitzen sicherlich sehr viel am Computer. Ist das für Sie auch die wichtigste Erfindung?
- Ja, stimmt. Ich kann ohne meinen Laptop nicht mehr leben.

Interview 2
+ Guten Tag. Ich heiße Peter Friesinger, vom Deutschlandfunk. Können Sie mir ein paar Fragen beantworten?
- Gern.
+ Wie ist Ihr Name?
- Ich heiße Caroline Fuhrmann.
+ Wofür interessieren Sie sich?
- Ich interessiere mich am meisten für Biologie. Für dieses Fachgebiet habe ich auch mein Projekt angemeldet.
+ Und was machen Sie?
- Ich habe verschiedene Getränke untersucht.
+ Wozu denn das?
- Ich habe festgestellt, dass man von sauren Geträn-ken schlechte Zähne bekommen kann.
+ Oh, wirklich?
- Ja, ja. Trinken Sie lieber Wasser.
+ Aha, danke für den Tipp. Und was ist für Sie die wichtigste Erfindung?
- Der Buchdruck. Gutenberg war ein wichtiger Mann.

1. Im Jahr 1817 wurde das erste Zweirad erfunden.
2. 1982 kam der erste Laptop, der Epson HX20, auf den Markt.
3. 1714 wurde das erste Patent für die Schreibmaschine angemeldet.
4. Die erste Zeitung der Welt erschien im Sommer 1605 in Straßburg.
5. 1880 entwickelte der amerikanische Physiker Charles Summer Tainter die erste Schallplatte.

Station 4

1 6

Wir sind hier im Hotel „Zittergrund" und sehen uns ein bisschen um. Uns interessiert, was die Menschen im Hotel so machen.

Interview 1
+ Hallo, könnte ich Sie kurz fragen, was Sie hier im Hotel machen?
– Ja, natürlich, ich bin hier als Koch, in der Hotelküche. Wir sind insgesamt vier Köche, ich habe mich auf Fischgerichte spezialisiert.

Interview 2
+ Hallo, könnten Sie mir auch kurz sagen, was Sie hier machen?
– Ja, gerne. Ich bin Gast. Ich mache hier 14 Tage Urlaub.

Interview 3
+ Guten Tag, können Sie mir auch kurz sagen, was Sie hier im Hotel machen?
– Was ich hier mache? Ja, ich arbeite hier als Zimmermädchen. Wenn die Gäste frühstücken, putze ich die Zimmer. Danach mache ich die Zimmer für die neuen Gäste fertig, Betten beziehen, frische Handtücher bereit legen usw.

Interview 4
+ Entschuldigung, darf ich Sie fragen, ob Sie hier im Hotel arbeiten?
– Ja, gerne, ich bin die Hotelmanagerin.
+ Und was gehört da zu Ihren Aufgaben?
– Ich organisiere die ganze Arbeit im Hotel, teile das Personal ein, schreibe Rechnungen, begrüße auch die Gäste.

Bildquellen

Cover oben: © Picture Press, Wartenberg – unten: © Stiftung Lebendige Stadt

S. 8–9 j: © Caro, Sorge – c, m: © Cornelsen Verlag, Christiany – a, f, k: © Cornelsen Verlag, Funk – n: © Cornelsen Verlag, Kiepert – e: © Joerg Lantelmé – b: © pa/dpa-Bildarchiv, Winter – g: pa/dpa, Weigel – h: © pa/KPA, Chromorange – l: © pa/dpa-Report, Link – d: © ullstein bild/KPA, Weber – i: © Version, Sachs

S. 10 oben: © Cornelsen Verlag, Schulz – unten: © Cornelsen Verlag, Funk

S. 15 © Cornelsen Verlag, Schulz

S. 16 oben links: © Joker, Magunia – rechts: © Lübke – unten links: © Schapowalow/Atlantide

S. 17 links: © pa/dpa-Report, Wolfraum – rechts: © Cornelsen Verlag, Corel-Library

S. 18 © Caro, Sorge

S. 20 © Das Fotoarchiv, Potente

S. 22 links: © Cornelsen Verlag, Funk – rechts oben: © de Spiegelaere – rechts unten: © pa/epd, Kellner

S. 23 oben links: © ullstein bild, Rufenach – oben rechts: © pa/ZB-Fotoreport, Schutt – unten links: © pa/dpa, Zennaro – unten rechts: © pa/dpa-Fotoreport, Schutt

S. 24 oben: © Cornelsen Verlag, Schulz – Mitte links: © Visum, Feldhoff & Martin – Mitte: © pa/akg-images – Mitte rechts: © pa/Bildagentur Huber – unten: © pa/dpa-Report, Schutt

S. 28 links: © C. Beyer – Mitte: © pa/akg-images – rechts: © C. Beyer

S. 29 © pa/AKG

S. 30 © pa/dpa-Report, Paech

S. 31 oben: © Keystone, Zick – 2. von unten: © Getty, Roundtree – unten: © vario-images

S. 33 oben: © pa/ZB-Report, Bauer – unten: © pa/akg-images

S. 34 oben: © pa/akg-images – 2. von oben: © pa/ZB, dpa-Report – 1: © Bauhaus/Breuer, Bartsch – 3: © VG-Bild-Kunst, Bonn 2006

S. 36 oben: © Cornelsen Verlag, Schulz – a: © pa/ZB-Fotoreport – b: © Cornelsen Verlag, Homberg – c: © pa/dpa-Bildarchiv – d: © Cornelsen Verlag, Schulz – e: © Stock4B

S. 37 oben: © Comstock (RF) – unten: © Fotopress/IVB

S. 39 © Comstock (RF)

S. 40 © Cornelsen Verlag, Schulz

S. 43 © Cornelsen Verlag, Schulz

S. 44 oben: © pa/dpa-Zentralbild – unten: © ullstein bild, Wodicka

S. 45 © Comstock (RF)

S. 47 © ullstein bild/ddp

S. 48 © Fotex, Tränkner

S. 50 a: © pa/ZB-Fotoreport, Thieme – b: © pa/ZB-Fotoreport, Grubitzsch – c: © pa/dpa-Bildarchiv, Wolfraum – d: © ullstein bild/KPA

S. 51 © Cornelsen Verlag, Kämpf

S. 52 © Cornelsen Verlag, Schulz

S. 53 Hintergrund links: © pa/KPA – rechts: © Version, Sachs

S. 54 Quelle: Ostsee-Holstein-Tourismus e.V.

S. 55 © pa/dpa-Bildarchiv, Findeis

S. 56 oben/unten links: © Cornelsen Verlag, king and queen media – unten rechts: © Cornelsen Verlag, Corel-Library

S. 57 oben: © Cornelsen Verlag, king und queen media – Mitte: © Cornelsen Verlag, Schulz – unten a,b,c: © Cornelsen Verlag, king and queen media

S. 58 links: © pa/dpa-Bildarchiv, Weihrauch – rechts: © pa/dpa-Bildarchiv, Scholz – unten: © Abendzeitung/Aumüller

S. 59 oben: © Jahreszeiten Verlag – unten: © pa/dpa, Penny

S. 60 links: © Schapowalow, Huber – Mitte: © f1 online – rechts: © ullstein bild, AKG

S. 61 oben links: © mauritius-images/UpperCut – oben rechts: © ullstein bild, Springer-Pics – unten links: © Cornelsen Verlag, Corel-Library – unten Mitte: © vario-press, Kerpa – unten rechts: © StockFood, Newedel

S. 62 b: © f1 online, Johnér – c: © Schapowalow/Huber – d: © pa/Keystone, Engeler – e: © pa/dpa-Fotoreport, Haid – f: © pa/Keystone, Trezzini

S. 64 unten: © Keystone, Schnoor

S. 66 © mediacolors

S. 67 a: © StockFood, Eising – b: © AURA, Ammon – c: © Visum, Gallup – d: © Schapowalow, Atlantide – e: © pa/Bildagentur Huber, Mezzanotte

S. 69 © Comstock (RF)

S. 70 oben links: © mauritius-images/Photonon-stop – oben rechts: © mauritius images, O'Brie – unten: © mauritius images, Siepmann

S. 74 © Gerrit Hahn

S. 75 © Gerrit Hahn

S. 76 © Senator Film Verleih

S. 77 © Senator Film Verleih

S. 78 © Cornelsen Verlag, Schulz

S. 79 © Cornelsen Verlag, Funk

S. 80 oben links: © Cornelsen Verlag, Funk – oben rechts: © pa/dpa-Bildarchiv, Lehtikuva – unten: © Cornelsen Verlag, Funk

S. 82 von links nach rechts: © 2006 Patmos Verlag GmbH & Co. KG, Düsseldorf – © 2006 R. Brockhaus Verlag Wuppertal – © Fischer S. Verlag GmbH – © Ullstein Buchverlage GmbH, Berlin 2005

S. 83 © Buena Vista/DIF

S. 84 © Cornelsen Verlag, Mackensen

S. 86 links: © pa/dpa-Bilderdienste/KPA – 2. von links: © pa/dpa-Report, Woitas – rechts: © EB-Stock – rechts unten: © pa/dpa-Report, Kasper

S. 88 © Initiative „Partner für Innovation" – © mauritius-images (RF) – © ullstein bild, Hoffmann

S. 90 von oben nach unten: © ullstein bild, Violiet – © ullstein bild – © ullstein bild – © pa/dpa-Bildarchiv, Fotoreport Linde

S. 92 oben u. rechts: © www.infozentrum-schoko.de – links: © E. Postpischil

S. 94 © Sacher Hotels Betriebsgesellschaft mbH

S. 95 oben: © StockFood, Howard Smith – Mitte: © StockFood, Eising – unten: © StockFood, Teubner

S. 96 © Stiftung Jugend forscht e. V.

S. 97 © Cornelsen Verlag, Schulz

S. 98 1: copyright free –
2: © ullstein bild –
3: © Universitätsbibliothek Heidelberg –
4: © pa/dpa-Bildarchiv – 5: © www.decode
systems.com

S. 100 © Forbfruit

S. 102 a: © mauritius images/Comstock (RF) –
b: © pa/dpa-Bildarchiv – c: © Corbis (RF) –
d: © ullstein bild, Froese

S. 108 oben: © 2006 Beiersdorf AG – Mitte und
unten links: © Cornelsen Verlag, king and
queen media – unten Mitte und rechts:
© Cornelsen Verlag, Schulz

S. 109 oben: © Cornelsen Verlag, king and queen
media – 2. von oben: © Cornelsen Verlag,
Schulz – a,b,c,d,e: © Cornelsen Verlag, king
and queen media – f: © transit – unten rechts:
© Cornelsen Verlag, king and queen media

S. 110/ Hintergrund: © pa/Bildagentur Huber –
111 links: © mauritius/Photononstop – Mitte:
© Deutsches Weihnachtsmuseum – rechts
oben/unten: © Cornelsen Verlag, Corel-
Library

S. 113 Cornelsen Verlag, Schulz

S. 118 Cornelsen Verlag, Corel-Library

S. 123 links: © StockFood – rechts: © Cornelsen
Verlag, Funk

S. 124 © Cornelsen Verlag, Funk

S. 126 © Cornelsen Verlag, Funk

S. 128 oben: © Cornelsen Verlag, king and queen
media – unten: © Cornelsen Verlag, Schulz

S. 129 © Cornelsen Verlag, Corel-Library

S. 130 oben: © Cornelsen Verlag, Kuhn – unten:
© Cornelsen Verlag, Funk

S. 131 © pa/dpa-Report, Kasper

S. 132 oben: © Corbis, Beck – unten: © Cornelsen
Verlag, Funk

Textrechte

S. 14 © GG Musikverlag GmbH: „Vier Wände"

S. 64 © GG Musikverlag GmbH/Moderato Fernseh-
und Musikproduktion GmbH: „Was soll ich ihr
schenken"

Nicht alle Copyrightinhaber konnten ermittelt
werden; deren Urheberrechte werden hiermit
vorsorglich und ausdrücklich anerkannt.